# 湘学研究

XIANG RESEARCH
2023 Vol.1（Issue 21）

主　　编◎钟　君
执行主编◎刘云波

2023年第1辑（总第21辑）

中国社会科学出版社

图书在版编目(CIP)数据

湘学研究.2023年.第1辑：总第21辑/钟君主编.—北京：中国社会科学出版社，2023.6
ISBN 978-7-5227-2668-7

Ⅰ.①湘⋯　Ⅱ.①钟⋯　Ⅲ.①学术思想—思想史—研究—湖南　Ⅳ.①B2

中国国家版本馆CIP数据核字(2023)第192817号

| | |
|---|---|
| 出版人 | 赵剑英 |
| 责任编辑 | 王　琪 |
| 责任校对 | 杜若普 |
| 责任印制 | 王　超 |

| | |
|---|---|
| 出　版 | 中国社会科学出版社 |
| 社　址 | 北京鼓楼西大街甲158号 |
| 邮　编 | 100720 |
| 网　址 | http://www.csspw.cn |
| 发行部 | 010-84083685 |
| 门市部 | 010-84029450 |
| 经　销 | 新华书店及其他书店 |

| | |
|---|---|
| 印刷装订 | 北京明恒达印务有限公司 |
| 版　次 | 2023年6月第1版 |
| 印　次 | 2023年6月第1次印刷 |

| | |
|---|---|
| 开　本 | 710×1000　1/16 |
| 印　张 | 14.5 |
| 字　数 | 216千字 |
| 定　价 | 78.00元 |

凡购买中国社会科学出版社图书，如有质量问题请与本社营销中心联系调换
电话：010-84083683
版权所有　侵权必究

# 《湘学研究》编辑委员会

主　　任　王伟光
副 主 任　钟　君
委　　员　路建平　许又声　张海鹏　朱有志
　　　　　刘建武　刘云波　汤建军　王佳林
　　　　　侯喜保　蔡建河　唐浩明　王继平
　　　　　朱汉民　李育民　李跃龙　杨念群
　　　　　曹　新　李　斌　郭　钦　陶庆先


主　　编　钟　君
执 行 主 编　刘云波
副 主 编　李　斌　张建坤
编辑部成员　毛　健　李　超

# 目　录

**湘学人物研究**

明代贺氏名宦世家考 ······················································ 刘　涛（1）
探源·辨体·正名：谭嗣同《仁学》杂糅抄袭诸说
　　驳议 ······················································ 张玉亮（16）
略论左宗棠武器装备思想 ···················· 杨　波　沈　飚（34）
胡林翼与但湘良交游考论 ···················· 莫宇翔　伍成泉（49）
抗战时期柳湜的宪法思想 ································ 李　驰（65）

**湖南红色文化研究**

毛泽东实事求是思想的三个来源 ·················· 曾　媛（81）
游步瀛与伟大建党精神 ································ 田　智（93）
长征时期红二、六军团在怀化的三次重大行动研究 ······ 林其君（103）
湖湘红色影视教育资源的开发及其实践
　　——以纪录片《闪闪发光的学校》为例 ·········· 谢　嘉（117）

**湖南社会文化史研究**

论湖南手工艺民族文化的传承与保护 ················ 熊元彬（127）
清代同治以前湘乡县学校的运营过程研究
　　——以《同治湘乡县志》为中心的考察 ······ 易烨婷　聂志军（139）
民国时期湖南的木材日常消费 ···················· 杨　乔（151）
最早的炎帝神名考释
　　——也谈大骨四方风的南方神名 ················ 彭志瑞（159）

## 湘学文献研究

保靖县档案馆藏民族社会调查概述 …………………… 张振兴（169）
方志所见李元度佚文五则考释 ………………………… 王志强（184）
《红苗归流图》考述 …………………………… 杨　婷　成臻铭（195）

## 笔谈与书评

笔谈：历史上湖南对外交通述略 ……………………… 伍新福（208）
一部介绍明代以降湘西民族教育的力作：《潕溪书院研究》
　　评介 ………………………………………… 张　津　伍　磊（215）

湘学人物研究

# 明代贺氏名宦世家考

刘　涛<sup>*</sup>

**摘　要：** 湖广长沙府湘乡县贺氏宗族自明成化至万历末（1465—1619），涌现出贺从政、贺表、贺幼殊、贺详四代名宦。贺幼殊未获旧志立传，实则其是宗族承上启下关键人物，洪朝选为其撰去思碑。贺幼殊能够成为名宦与其先世密切相关，其高祖父贺从政、其父贺表均是名宦，成为贺幼殊的榜样。贺幼殊家风传承获沈一贯推崇，其幼子贺详亦成名宦，为何乔远所称道。

**关键词：** 贺幼殊　贺从政　贺表　贺详　名宦

目前，学术界关于贺幼殊已有论述，但未全面深入研究贺幼殊宗族宦绩。裴喆《明曲家诸葛昧水考》一文查阅《明神宗实录》所载，发现雍正《建水州志》记载有误，认为诸葛昧水（诸葛元声）实则万历九年（1581）应云南副使贺幼殊聘请而前往云南临安府成为其幕僚。①

---

\* 作者简介：刘涛，肇庆学院肇庆经济社会与历史文化研究院、龙岩学院闽台客家研究院研究员。

① 裴喆：《明曲家诸葛昧水考》，《南京师范大学文学院学报》2010年第3期。

贺幼殊任福建汀州府同知宦绩未见载汀州府与连城县地方志，亦未获其宦游地与故里地方志立传。鉴于此，本文从贺幼殊宦绩考证入手，搜集《明实录》、地方志、文集等史料，揭示贺氏名宦世家的形成过程，并分析其成因。

## 一　贺幼殊汀州宦绩

贺幼殊，洪朝选《汀郡贰守贺侯少川去思碑》称其"字子英，号少川"①，同治《湘乡县志》误作"字少川"②。

贺幼殊是"嘉靖三十一年壬子"③举人，自嘉靖四十三年（1564）到隆庆六年（1572）任汀州府同知。乾隆《汀州府志》载"贺幼殊，湘乡人，以上俱嘉靖间任"④，贺幼殊是嘉靖年间最后一任汀州同知。贺幼殊前任尹尚贤于嘉靖四十三年（1564）在任。嘉靖四十三年（1564）闰二月丙申，"同知尹尚贤等罪"，而夺"尚贤等俸，戴罪立功"⑤。贺幼殊继任曾可渔"万历元年任汀州同知"⑥。贺幼殊在万历元年（1573）前已由汀州同知升任工部都水司员外郎。沈一贯《蓬溪县知县、累赠奉直大夫、都水员外郎贺公墓志铭》述及贺幼殊之父贺表"又二年，为都水司员外郎。会上登极赠今官"⑦，"上"指万历帝。《明神宗实录》载：万历五年（1577）正月庚戌，升"工部郎中贺

---

①　洪朝选：《芳洲先生文集》，香港华星出版社2002年版，第382页。
②　齐德五：同治《湘乡县志》卷十七《人物志》，清同治十三年（1874）刻本，中国国家图书馆藏，第8页。
③　刘履泰、刘象贤：康熙《湘乡县志》卷六《选举志》，载江苏古籍出版社编《中国地方志集成·湖南府县志辑》第19辑，江苏古籍出版社2002年版，第88页。
④　曾日瑛等修，李绂等纂：乾隆《汀州府志》卷十六《职官一》，《中国方志丛书》第75号，台北成文出版社1967年版，第213页。
⑤　《明世宗实录》卷五百三十一，台北"中研院"历史语言研究所校印《明实录》第9册，1962年，第8652页。
⑥　曾日瑛等修，李绂等纂：乾隆《汀州府志》卷二十《名宦》，载《中国方志丛书》第75号，台北成文出版社1967年版，第273页。
⑦　沈一贯：《喙鸣文集》卷十四《墓志铭》，明末（1621—1644）刻本，天津图书馆藏，第47页。

幼殊"①，已由工部都水司员外郎升任郎中。

贺幼殊分管连城县，"自吾郡贰守少川贺侯之摄吾邑"②，"吾邑"指连城县，"而政始有经，士始知学，民始安于田间，奸伪巧诈之徒始戢"③。

贺幼殊治理连城县"其善政多矣！不能殚述也"④，符合史实，理由有二。

其一，贺少川去思碑作者洪朝选与贺幼殊素昧平生，其根据连城士子黄卷所云撰写去思碑。"连城黄生卷来致其邑人父老之命。"⑤"黄生卷"指黄卷，康熙《连城县志》"成父希闳之志，敦敏嗜学，试辄冠军，而文宗五荐第一，声噪八闽"⑥。贺幼殊去思碑所云采自连城百姓，"自侯去吾邑，邑之人欲为侯纪其德政于碑，侯再三以为不可。今侯奏绩京师，将去此而践休显。吾民之思，终不能忘也，敢以石上之文请"⑦。

其二，洪朝选于隆庆三年（1569）遭弹劾。《明嘉靖二十年进士题名碑录（辛丑科）》载："洪朝选，福建泉州府同安县军籍。"⑧《明穆宗实录》载：隆庆三年（1569）二月甲午，"乞罢刑部左侍郎洪朝选……得旨……朝选……令致仕"⑨；隆庆三年（1569）三月辛亥，"原任刑部左侍郎洪朝选，既以考察被劾致仕，又上疏自辩。于是御史郝杰等复交章劾其考察奏辩，例当发为编民，得旨令冠带闲住"⑩。

---

① 《明神宗实录》卷五十八，台北"中研院"历史语言研究所校印《明实录》第9册，1962年，第1337页。
② 洪朝选：《芳洲先生文集》，香港华星出版社2002年版，第380页。
③ 洪朝选：《芳洲先生文集》，香港华星出版社2002年版，第380页。
④ 洪朝选：《芳洲先生文集》，香港华星出版社2002年版，第380页。
⑤ 洪朝选：《芳洲先生文集》，香港华星出版社2002年版，第380页。
⑥ 连城县地方志编纂委员会编：《连城县志》卷七《人物志》，方志出版社1997年版，第158页。
⑦ 洪朝选：《芳洲先生文集》，香港华星出版社2002年版，第382页。
⑧ 《明清历科进士题名碑录》第1册，台北华文书局股份有限公司1969年版，第734页。
⑨ 《明穆宗实录》卷二十九，台北"中研院"历史语言研究所校印《明实录》第10册，1962年，第778—779页。
⑩ 《明穆宗实录》卷三十，台北"中研院"历史语言研究所校印《明实录》第10册，1962年，第788页。

黄卷述及连城县地处汀州府边缘，环境恶劣，物产匮乏，民生凋敝，文化落后，百姓争相脱离王朝版籍，桀骜不驯，明王朝官员对其不闻不问："连之为邑，介在郡东鄙，水则惊滩怒漱，无菱茨蒲苇之饶，山则林莽土石，无金锡连铅之产，故民多贫；诗书文物不登于上国之观，故士多失业；虚粮逃税不除于征输之籍，故户多耗亡；采风问俗之使不临，驰传乘轺之宾不至，故人多抵冒而犯法"①，"连"指连城县，"郡"指汀州府。黄卷所云是可信的。李旦《安东楼记》云：连城"西赣东延，南极漳、潮之交，咸与汀接壤"②，"赣、延漳、潮"分别指江西赣州府，福建延平府与漳州府、广东潮州府。马森《汀郡节推刘侯生祠记》亦云："连城为郡外邑，居闽、粤之界。其地多荒林野径，榛聚莽草。"③

黄卷述及贺幼殊连城主要宦绩，"姑举其大者"④，主要有三部分。

其一，革除弊政，轻徭薄赋，安抚"新民"。

> 民既当日承禀文移，召呼逮问往来邮使，又当市鱼肉给薪米，以代俸禄刍薪。甚者致珍错极滋味盛鲜脍以悦适，其意不嗛则罪立至。下至丞、簿、尉，亦各效袭取给，以自赡利，民一当役辄破产。侯至悉除之，其自奉泊如也。⑤

> 始汀之八属，惟连为多耗粮。岁久耗益甚，民不能堪，则合户逃去。而应徭者，旧例署其力，则以身应役。署其银，则纳其银于官。而署银者，官辄利其入，得加征之，谓之常例加额，而里甲纲

---

① 洪朝选：《芳洲先生文集》，香港华星出版社2002年版，第380页。
② 连城县地方志编纂委员会编：《连城县志》卷八《艺文志》，方志出版社1997年版，第209—210页。
③ 连城县地方志编纂委员会编：《连城县志》卷八《艺文志》，方志出版社1997年版，第214页。
④ 洪朝选：《芳洲先生文集》，香港华星出版社2002年版，第381页。
⑤ 洪朝选：《芳洲先生文集》，香港华星出版社2002年版，第381页。

银之外，有大日小日；库役火耗之外，有秤头。侯至，悉罢去，民欣然就役，而久逃之户闻之，悉复业。①

始广寇之乱，比郡罹其害尤甚，人多逃匿散处他乡村。逃者、散处者，异时官辄以法绳之。而当举籍之时，或增或损，率不应其登耗之户，三隘新民骚然蝟兴。侯至抚安招谕，乃不复动。其抚绥新附，有如此者。②

始官有所科率追逮，辄差人下乡，差一人则引数人。由是乡井聚落之间，哗然不宁。而催科有数额粮而一时并征者，刑责有狱未具而先毙者，民以为病。侯至，区处有方，其于民情土俗，先已周知。故至连而凡事务从宽厚，民始畏慑，后乃悦服，至爱侯如父母。③

"广寇"指广东人张琏、萧晚于嘉靖庚申（1560）起事。马森《汀郡节推刘侯生祠记》载："嘉靖庚申以来，广寇张琏、萧晚等，蜂屯蚁聚，四出劫掠，所经连城之界无虚月，掳人民，烧储积，侵扰无孑遗。"④ "三隘贼"因嘉靖辛酉（1561）大饥荒而响应"广寇"。"辛酉之岁，民以大饥死者，相枕于道。其穷横者，往往相聚行劫，而三隘为盛"⑤，"三隘之众为贼煽动，反侧为变""自是三隘悉归顺，为编兵良民"⑥。贺幼殊关注"新民"问题，源于连城长期以来动荡不安。李旦《安东楼记》云："昔秋冬，往往剽掠村落，甚至市镇近城者之地，间有乘虚而入者，盖其负固恃险，乍出乍没，驰之则猖獗，捕之则

---

① 洪朝选：《芳洲先生文集》，香港华星出版社2002年版，第381页。
② 洪朝选：《芳洲先生文集》，香港华星出版社2002年版，第381页。
③ 洪朝选：《芳洲先生文集》，香港华星出版社2002年版，第382页。
④ 连城县地方志编纂委员会编：《连城县志》卷八《艺文志》，方志出版社1997年版，第214页。
⑤ 连城县地方志编纂委员会编：《连城县志》卷八《艺文志》，方志出版社1997年版，第214页。
⑥ 连城县地方志编纂委员会编：《连城县志》卷八《艺文志》，方志出版社1997年版，第215页。

逃匿，终莫得而歼灭者，其势则然也"①；马森《汀郡节推刘侯生祠记》亦云：连城"为游寇渊薮。山谷不逞之徒，亦时纵剽夺"②。

其二，发展文教。

> 始国初儒风丕振，有一科登名者三人，嗣后生师漠然相视，朋徒怠散，连十数科，无一人应有司之求者。侯至，周视学舍，感慨太息。命诸生以期会文，捐俸供给，亲为之考裁订正，教之以作文之法，士彬彬然乡风焉！③

"一科登名者三人"指永乐九年辛卯（1411）、景泰庚午科福建乡试中，连城有三人中举。《八闽通志》载：（永乐）"九年辛卯乡试""罗矩、余逊、徐行（俱连城县学）"④，"景泰元年庚午乡试""蒋永洪、谢文宝、江誉（俱城连县学。郡志以此三人为四年癸酉科，误。）"⑤，"城连县学"应改作"连城县学"。连城县儒学是培养士子的重地。连城人林华《重建儒学记》亦云："士习业者，宿于外舍。是虽有学之名，而造士之实几乎废矣。"⑥ 连城县自弘治八年（1495）以降，到万历元年（1573），福建乡试汀州府籍中式的弘治十一年（1498）、十四年（1501）、十七年（1504），正德二年（1507）、五年（1510）、八年（1513）、十一年（1516）、十四年（1519），嘉靖十三年（1534）、十九年（1540）、二十二年（1543）、二十五年（1546）、二十八年

---

① 连城县地方志编纂委员会编：《连城县志》卷八《艺文志》，方志出版社1997年版，第209—210页。
② 连城县地方志编纂委员会编：《连城县志》卷八《艺文志》，方志出版社1997年版，第214页。
③ 洪朝选：《芳洲先生文集》，香港华星出版社2002年版，第381页。
④ 黄仲昭修纂，福建省地方志编纂委员会整理：《八闽通志》卷五十一《选举·科第·汀州府》下册，福建人民出版社1991年版，第198页。
⑤ 黄仲昭修纂，福建省地方志编纂委员会整理：《八闽通志》卷五十一《选举·科第·汀州府》下册，福建人民出版社1991年版，第199页。
⑥ 连城县地方志编纂委员会编：《连城县志》卷八《艺文志》，方志出版社1997年版，第200页。

(1549)、三十一年（1552）、三十七年（1558）、四十年（1561），隆庆元年（1567）、四年（1570）等十八科①，均无连城籍士子中式，而嘉靖七年举人黄康，虽来自"连城"②，却由"府学"③，即由汀州府儒学生员中举。

贺幼殊为此围绕连城县儒学，进行大刀阔斧的改革。

其三，移风易俗。

> 始邑之属，喜嚣讼。讼一人则连十数人，而土产毒草，每当责负举息，辄先服毒图赖。官不察则坐为死狱。其或大家犯者，尤引避，宁失入，不敢释。侯至先示之，使知耻乡方，然后于犯者正其罪。而失入者，虽富家不以嫌故疑畏，俗始大革。其止讼理冤，有如此者。④

连城虽有王守仁发布《十家牌法告谕各府父老子弟》《告谕各府父老子弟》《告谕》⑤，"王文成公"指王守仁，谥号文成。王守仁时任南赣汀漳巡抚。王守仁明确要求百姓"事要含忍，毋得辄兴词讼"⑥，又忠告百姓"夫嚣讼之人，争利而未必得利，求仲而未必能仲；外见疾于官府，内破败其家业；上辱父祖，下累子孙。何苦而为此乎？此邦之俗，争利健讼，故吾言恳恳于此"⑦。王守仁的告示在连城不仅未能发

---

① 曾日瑛等修，李绂等纂：乾隆《汀州府志》卷二十一《选举一》，载《中国方志丛书》第75号，台北成文出版社1967年版，第288—290页。
② 曾日瑛等修，李绂等纂：乾隆《汀州府志》卷二十一《选举一》，载《中国方志丛书》第75号，台北成文出版社1967年版，第289页。
③ 曾日瑛等修，李绂等纂：乾隆《汀州府志》卷二十一《选举一》，载《中国方志丛书》第75号，台北成文出版社1967年版，第289页。
④ 洪朝选：《芳洲先生文集》，香港华星出版社2002年版，第381—382页。
⑤ 连城县地方志编纂委员会编：《连城县志》末卷《增添》，方志出版社1997年版，第326—328页。
⑥ 连城县地方志编纂委员会编：《连城县志》末卷《增添》，方志出版社1997年版，第326页。
⑦ 连城县地方志编纂委员会编：《连城县志》末卷《增添》，方志出版社1997年版，第327页。

挥应有的作用，反而衍生食用毒草等过激行为，直至贺幼殊到任后方才改观。

贺幼殊宦游汀州府八年，最终升任京官，实则是对其宦绩的认可。

## 二 贺幼殊家世

连城地方社会认为贺幼殊成为名宦与其家风家训有关。贺幼殊高祖贺从政及其父贺表均是地方名宦，对贺幼殊产生积极的影响。洪朝选《汀郡贰守贺侯少川去思碑》述及贺幼殊高祖、其父均是名宦：

> 侯名幼殊，字子英，号少川，湖广之湘乡人，以乡进士起家为今官。高祖某任鹤庆知府，以靖寇功升参政。父某任蓬溪知县，有善政。侯克世其家，云乃系之。①

"高祖某"指贺幼殊高祖贺从政，"父某"指贺幼殊之父贺表。

贺从政，"字廷佐，号肃庵"②，"天顺三年己卯"③举人，曾任云南顺州知州、广南知府、鹤庆知府、参政。康熙《湖广通志》误作"贾从政"④，乾隆《湖南通志》误作"贺宗政"⑤。

康熙《湘乡县志》载贺从政仕履宦绩：

> 先任云南顺州知州，训土官子弟若生徒，抚境内夷民如赤子。

---

① 洪朝选：《芳洲先生文集》，香港华星出版社2002年版，第382—383页。
② 刘履泰、刘象贤：康熙《湘乡县志》卷七《人物志》，载江苏古籍出版社编《中国地方志集成·湖南府县志辑》第19辑，江苏古籍出版社2002年版，第105页。
③ 刘履泰、刘象贤：康熙《湘乡县志》卷六《选举志》，载江苏古籍出版社编《中国地方志集成·湖南府县志辑》第19辑，江苏古籍出版社2002年版，第88页。
④ 徐国相：康熙《湖广通志》卷二十《选举二》，清康熙二十三年（1684）刻本，中国国家图书馆藏，第67页。
⑤ 《四库全书存目丛书》编纂委员会编：乾隆《湖南通志》卷八十四《选举四》，《四库全书存目丛书》史部第217册，齐鲁书社1996年版，第677页。

屡使木邦、缅甸等处，秉礼持廉，不少假借。夷酋惮其方严，欲去之不能，乃赂大吏，交章荐之，擢守广南府。广南风土民物极其恶陋，公化导抚绥，劳来保障，一如顺州。未几，复以才望调鹤庆，以丁外艰归。①

道光《广南府志》知府名单未载贺从政②，实则漏载所致。光绪《鹤庆州志》称贺从政"先知顺州，成化间擢广西知府，寻改鹤庆。性慈恕，郡人至今移之，天启年间崇祀"③。

康熙《长沙府志》基本沿用康熙《湘乡县志》记载④。乾隆《湖南通志》引用"府志"⑤，即康熙《长沙府志》，改为"未几，调鹤庆，丁父丧归"⑥。道光《湘乡县志》称"见《湖南通志》"⑦，即乾隆《湖南通志》，采用康熙《长沙府志》所载"未几，复以才望调鹤庆，丁外艰归"⑧。沈一贯《蓬溪县知县、累赠奉直大夫、都水员外郎贺公墓志铭》仅称贺从政"知鹤庆府"⑨，述及其"没而祀乡贤、名宦两祠"⑩，

---

① 江苏古籍出版社编：康熙《湘乡县志》卷七《人物志》，《中国地方志集成·湖南府县志辑》第19辑，江苏古籍出版社2002年版，第105页。
② 李熙龄：道光《广南府志》卷三《秩官》，民国年间（1912—1949）抄本，中国国家图书馆藏，第16页。
③ 王宝仪：光绪《鹤庆州志》卷二十一《名宦（循吏附）》，民国年间（1912—1949）抄本，中国国家图书馆藏，第2页。
④ 苏佳嗣：康熙《长沙府志》卷十一《人物志上》，清康熙二十四年（1685）刻本，中国国家图书馆藏，第53页。
⑤ 《四库全书存目丛书》编纂委员会编：乾隆《湖南通志》卷一百九《人物三》，《四库全书存目丛书》史部第218册，齐鲁书社1996年版，第401页。
⑥ 《四库全书存目丛书》编纂委员会编：乾隆《湖南通志》卷一百九《人物三》，《四库全书存目丛书》史部第218册，齐鲁书社1996年版，第401页。
⑦ 胡钧：道光《湘乡县志》卷六《人物》，清道光五年（1825）刻本，中国国家图书馆藏，第16页。
⑧ 胡钧：道光《湘乡县志》卷六《人物》，清道光五年（1825）刻本，中国国家图书馆藏，第17页。
⑨ 沈一贯：《喙鸣文集》卷十四《墓志铭》，明末（1621—1644）刻本，天津图书馆藏，第46页。
⑩ 沈一贯：《喙鸣文集》卷十四《墓志铭》，明末（1621—1644）刻本，天津图书馆藏，第46页。

贺从政之父贺潽"以其贵,称奉直云"①,贺从政后裔称其为"鹤庆"②,源于贺从政鹤庆任上宦绩显著。康熙《长沙府志》称其获祀湘乡县乡贤祠③。洪朝选《汀郡贰守贺侯少川去思碑》所载贺从政于鹤庆任上以军功升任参政符合史实,为贺从政故里地方志以及贺从政墓志铭缺载,应据此增补。

沈一贯《蓬溪县知县、累赠奉直大夫、都水员外郎贺公墓志铭》载贺表生平宦绩:

> 公讳表,字君立……十七而补弟子员,督学杨使君文卿,余鄞人也,于长沙独才公与益阳夏宝。夏上第,而公亦举甲午。时湘乡之士希遂者,公得举,倾市观之,以为旌。复困春官。癸丑,及长君计偕,复北而谒,铨得蓬溪。蓬川之瘠邑也,又旱赋不可办,而使者旁午相持。公谓:"古者用一缓二,今不能竭泽而渔,宁以身获罪。"于是,民乐有父母,而忘其岁。越二载,竟以事忤直指左迁,触炎犯潦而东归。痫作,卒于长沙,年五十有四。④

贺表卒于嘉靖三十五年丙辰(1556),享年五十四岁,由此逆推其生年为弘治十六年(1503)。贺表在正德十四年己卯(1519)入泮,获湖广提学副使杨文卿器重。贺表在嘉靖十三年(1534)甲午中举,其时湘乡中举仅贺表一人,且湘乡多年未有中举者。嘉靖四年乙酉(1525)周贤中举后,直至嘉靖十三年(1534)甲午方有贺表中举,历

---

① 沈一贯:《喙鸣文集》卷十四《墓志铭》,明末(1621—1644)刻本,天津图书馆藏,第46页。
② 沈一贯:《喙鸣文集》卷十四《墓志铭》,明末(1621—1644)刻本,天津图书馆藏,第46页。
③ 苏佳嗣:康熙《长沙府志》卷七《祀典志》,清康熙二十四年(1685)刻本,中国国家图书馆藏,第73页。
④ 沈一贯:《喙鸣文集》卷十四《墓志铭》,明末(1621—1644)刻本,天津图书馆藏,第46—47页。

经嘉靖七年（1528）、十年（1531）两科未有中举者①。"长君"指贺表长子贺幼殊。"计偕"指贺幼殊进京参加会试考试，贺幼殊于嘉靖三十一年壬子（1552）中举，计划在翌年参加会试，贺表与之一同北上，获任四川蓬溪知县。贺表任内励精图治，蓬溪面貌焕然一新，贺表深得人心。两年后，贺表因忤逆四川巡按御史而仕途折戟。随后，贺表因痫疾发作，在长沙病逝。

康熙《蓬溪县志》知县名单述及贺表②，贺表实则蓬溪名宦。康熙《湘乡县志》称贺表曾任"四川蓬州知州"③，乾隆《长沙府志》作"四川蓬州县令"④。贺表实则仅任蓬溪知县。道光《湘乡县志》引用"府志"而称贺表"因疾致仕"⑤，实则避谈贺表忤逆四川巡按御史在前而患病在后的史实。

沈一贯《蓬溪县知县、累赠奉直大夫、都水员外郎贺公墓志铭》载贺表去世14年后，即隆庆四年（1570），因其长子贺幼殊担任汀州府同知，而获赠奉政大夫。贺表去世后"十四年，而长君贰汀州，考赠奉政大夫"⑥，"考"指贺表。

贺表在隆庆六年（1572）因贺幼殊升任工部郎中而获赠父子同职。"又二年，为都水员外郎"⑦，"都水员外郎"即工部都水司员外郎。

贺表在万历元年（1573）因万历帝登基而获赠奉政大夫。贺表

---

① 江苏古籍出版社编：康熙《湘乡县志》卷六《选举志》，《中国地方志集成·湖南府县志辑》第19辑，江苏古籍出版社2002年版，第88页。

② 潘之彪：康熙《蓬溪县志》卷上《官守年表》，清康熙五十二年（1713）徐缵功刻本，中国国家图书馆藏，第29页。

③ 江苏古籍出版社编：康熙《湘乡县志》卷六《选举志》，《中国地方志集成·湖南府县志辑》第19辑，江苏古籍出版社2002年版，第88页。

④ 吕肃高修，张雄图纂：乾隆《长沙府志》卷二十五《选举志》，《中国地方志丛书·华中地方》第299号，台北成文出版社1976年版，第649页。

⑤ 胡钧：道光《湘乡县志》卷六《人物》，清道光五年（1825）刻本，中国国家图书馆藏，第24页。

⑥ 沈一贯：《喙鸣文集》卷十四《墓志铭》，明末（1621—1644）刻本，天津图书馆藏，第47页。

⑦ 沈一贯：《喙鸣文集》卷十四《墓志铭》，明末（1621—1644）刻本，天津图书馆藏，第47页。

"会上登极,赠今官"①,"今官"指奉政大夫。

贺幼殊于万历八年(1580)云南副使任上请翰林院编修沈一贯为贺表撰写墓志铭。"既贺君仕至臬使,从滇南讯余曰:先子葬二十有四年,而未有珉,请属子"②,"贺君"指贺幼殊,"臬使"指副使,"滇南"指云南,"先子"指贺幼殊先父贺表。《明神宗实录》载:万历八年四月戊戌,"复除广西副使贺幼殊于云南"③,该墓志铭作于万历八年(1580)。万历十年(1582)七月庚午,升"翰林院编修沈一贯为左春坊左中允"④。

贺幼殊挚友沈一贯,《明隆庆二年进士题名碑录(戊辰科)》载:"沈一贯,浙江宁波府鄞县民籍。"⑤ 贺幼殊曾安排其二子向沈一贯请教,"楚贺君幼殊为都水郎时,辱临不肖,使其二子问业"⑥。

贺幼殊教育其子尊师重教,沈一贯追忆贺幼殊教子有方:

二子恂恂,疏布所师。余乡人言:"贺之庭训也。"贺君谓其子:"吾为汝伏谒太史公,制一缯,退必筐之,毋扬扬坏我家法。"⑦

"太史公"指翰林院编修沈一贯。

---

① 沈一贯:《喙鸣文集》卷十四《墓志铭》,明末(1621—1644)刻本,天津图书馆藏,第47页。
② 沈一贯:《喙鸣文集》卷十四《墓志铭》,明末(1621—1644)刻本,天津图书馆藏,第46页。
③ 《明神宗实录》卷九十八,台北"中研院"历史语言研究所校印《明实录》第9册,1962年,第1969页。
④ 《明神宗实录》卷一百二十六,台北"中研院"历史语言研究所校印《明实录》第9册,1962年,第2349页。
⑤ 《明清历科进士题名碑录》第2册,台北华文书局股份有限公司1969年版,第900页。
⑥ 沈一贯:《喙鸣文集》卷十四《墓志铭》,明末(1621—1644)刻本,天津图书馆藏,第46页。
⑦ 沈一贯:《喙鸣文集》卷十四《墓志铭》,明末(1621—1644)刻本,天津图书馆藏,第46页。

沈一贯援引贺幼殊家教格言来教育其子，"余每诵以诫余子"①。

贺详，"字约甫，号长白"②，"万历三十一年癸卯"③ 中举，康熙《湘乡县志》载贺详"谒选得安溪令。安溪荐绅多大僚，公以强项令无所屈挠，致相忌四，公之拂衣归里"④，"安溪"指泉州府安溪县。康熙《长沙府志》亦云贺详"令安溪，以强项致忌，遂拂衣归里"⑤，康熙《安溪县志》仅载万历间知县贺详"四十四年任"⑥。

何乔远《闽书》称贺详"修邑志，建塔兴士"⑦，"邑志"指万历四十七年（1619）所修《清溪志》。《天启元年辛酉春三月清源郡人吕图南序》称："《清溪志》者，志清溪之山川、土田、民风、建置与文若献也。秉其事者，稚孝何先生也。先生博极群书，慕古修道，材宏而笔无曲，志之信也。始之者，清溪邑侯贺君也。始贺君郑重邑乘，而属之何先生，方属草而贺君行矣"⑧，"清溪"是安溪县古称。"清溪邑侯贺君"指安溪知县贺详。"稚孝何先生"指何乔远，字稚孝，《明万历十四年进士题名碑录（丙戌科）》载："何乔远，福建泉州府晋江县民籍。"⑨《邑人李懋桧序》亦云："是志也，贺父母瑞原始其事"⑩，"贺父母"指贺详。

---

① 沈一贯：《喙鸣文集》卷十四《墓志铭》，明末（1621—1644）刻本，天津图书馆藏，第46页。
② 江苏古籍出版社编：康熙《湘乡县志》卷七《人物志》，《中国地方志集成·湖南府县志辑》第19辑，江苏古籍出版社2002年版，第106页。
③ 江苏古籍出版社编：康熙《湘乡县志》卷六《选举志》，《中国地方志集成·湖南府县志辑》第19辑，江苏古籍出版社2002年版，第89页。
④ 江苏古籍出版社编：康熙《湘乡县志》卷七《人物志》，《中国地方志集成·湖南府县志辑》第19辑，江苏古籍出版社2002年版，第106页。
⑤ 苏佳嗣：康熙《长沙府志》卷十二《人物志下》，清康熙二十四年（1685）刻本，中国国家图书馆藏，第34页。
⑥ 福建省安溪县志工作委员会整理：康熙《安溪县志》卷六《风俗人物志之三》，福建省安溪县志工作委员会内部出版2003年版，第96页。
⑦ 何乔远：《闽书》卷五十四《文莅志》，福建人民出版社1994年版，第1477页。
⑧ 福建省安溪县志工作委员会整理：康熙《安溪县志》卷首《原志序》，福建省安溪县志工作委员会内部出版2003年版，第10页。
⑨ 《明清历科进士题名碑录》第2册，台北华文书局股份有限公司1969年版，第1019页。
⑩ 福建省安溪县志工作委员会整理：康熙《安溪县志》卷首《原志序》，福建省安溪县志工作委员会内部出版2003年版，第12页。

贺详此举深受贺幼殊的影响。贺幼殊曾纂《湘乡县志》，湘乡知县揭士奇为万历庚寅（1590）《湘乡县志》所作序文称"幸乡达贺少川先生"①，刘象贤《湘乡县志叙》载康熙《湘乡县志》"以贺少川先生之旧志为源"②。

贺详实则安溪名宦，何乔远称：

> 湘乡贺公详，佩懿体道，轨则敷文。治县三年，政教修明，民俗和阜，乃留心邑乘，命晋江何乔远志之。乔远厘为七卷，列为十八目。起手季秋，竣事孟冬，是为万历四十七年己未之岁，乔远谨识。③

贺详任内政通人和，于万历四十七年（1619）季秋七月创修县志，是年孟冬十月修成前已离任故里。乾隆《安溪县志》根据何乔远所云，为贺详立传④，但未提贺详离任原因。

贺详宦绩实则尚有二事。

其一，万历四十六年（1618）改建安溪县鼓楼：

> 万历四十六年，令贺详以谯楼太高，萧墙太迫，改为正门，移楼于后。前以豁观，后以壮镇，改扁额曰"龙凤名区"。从邑之有凤麓、龙津而名也。⑤

---

① 江苏古籍出版社编：康熙《湘乡县志》卷首《旧序》，《中国地方志集成·湖南府县志辑》第19辑，江苏古籍出版社2002年版，第7页。
② 江苏古籍出版社编：康熙《湘乡县志》卷首《序》，《中国地方志集成·湖南府县志辑》第19辑，江苏古籍出版社2002年版，第1—2页。
③ 福建省安溪县志工作委员会整理：康熙《安溪县志》卷十二《疆圉险要志》，福建省安溪县志工作委员会内部出版2003年版，第262页。
④ 庄成：乾隆《安溪县志》卷五《宦绩》，清乾隆二十二年（1757）刻本，中国国家图书馆藏，第15页。
⑤ 福建省安溪县志工作委员会整理：康熙《安溪县志》卷二《山川形势志之二》，福建省安溪县志工作委员会内部出版2003年版，第38页。

其二，万历四十七年（1619）参与修葺安溪县城：

> 四十七年，洪水为灾，城垣圮坏，令周之冕、贺详、王用予相继修治，增砌泊岸。①

## 结　论

综上所述，从中可见以下两点。

第一，贺氏宗族形成名宦世家的原因。贺氏宗族流传赵宋宗室后裔元代改姓的祖源叙事，沈一贯《蓬溪县知县、累赠奉直大夫、都水员外郎贺公墓志铭》述及贺表"其先赵宋王孙也，家湘潭，入元有八十七郎者，赘贺季家，遂冒姓"②，促使贺氏宗族奋发图强，虽然贺表"故饶于产"③，却未为富不仁，而是通过"学而优则仕"之路，传承尊师重教家风。

第二，明代湖湘历史人物研究应重点进行文本分析，重建史实。应还原文本书写过程，揭示选择性失忆与选择性记忆处理内容，并分析其成因与目的。

---

① 福建省安溪县志工作委员会整理：康熙《安溪县志》卷二《山川形势志之二》，福建省安溪县志工作委员会内部出版2003年版，第37页。
② 沈一贯：《喙鸣文集》卷十四《墓志铭》，明末（1621—1644）刻本，天津图书馆藏，第46页。
③ 沈一贯：《喙鸣文集》卷十四《墓志铭》，明末（1621—1644）刻本，天津图书馆藏，第47页。

# 探源·辨体·正名：谭嗣同《仁学》杂糅抄袭诸说驳议

张玉亮[*]

**摘　要**：谭嗣同的思想及其代表作《仁学》历来颇受争议，从章太炎自编年谱表达"怪其杂糅"之意见，对其取材杂糅的指摘代不乏人，连带对其中一些内容或表述是否有"抄袭"之嫌，也言人人殊。本文从编撰学的角度，通过文献钩沉并结合当时西人著述通例，对杂糅说、抄袭说进行了驳正，试图廓清对《仁学》取材、体例等问题的既有误解，并对《仁学》的别名、分卷、是否羼入非谭氏本人思想等疑案提出一家之言，以期引起进一步的研讨。

**关键词**：谭嗣同　《仁学》　孙宝瑄　杂糅　体例

谭嗣同是近代历史上著名的维新变法先驱，也是"戊戌六君子"中对后世影响最大的一个。其代表作《仁学》自从问世之初就被目为"杂糅"之作，对其中一些重要内容，后世也有抄袭的指摘。本文通过

---

[*] 作者简介：张玉亮，中华书局副编审，《中国出版史研究》编辑部副主任。本文曾提交于第十二届文献学青年学者沙龙（湖南大学岳麓书院2021年5月），其主题"编撰学的视角"启发了笔者完成此文，在此感谢孙显斌先生的精心组织和与会专家学者提出的宝贵意见。

追溯材料来源、辨析编撰体例，对杂糅、抄袭诸说提出己见，并对其命名、分卷等有关问题的文献记载进行考辨，以期廓清对这部思想经典的误解。

## 一 是否抄袭：《仁学》的材料来源

### （一）明标出处，并非抄袭

关于《仁学》的抄袭之说，主要是由一则日记材料中的记载引发的。这就是被近代史学界广为征引的《孙宝瑄日记》。① 其日记于光绪二十八年壬寅（1902）二月十二日曰：

> 余昔年在海上，与同志诸人论乾卦，自谓颇有精理。壮飞先生竟载其说于《仁学》中。

据此，也确实容易让人得出抄袭的结论。但如果遍读《仁学》全文，可以发现，其中涉及乾卦的，只有第四十八篇：

> ……且吾言地球之变，非吾之言，而《易》之言也。《易》冒天下之道，故至赜而不可恶，吾尝闻□□□之论乾卦矣，于《春秋》三世之说有合也。《易》"兼三才而两之"，故有两三世。内卦逆而外卦顺……

这里的"□□□"，国民报社本、文明书局本少一"□"。可见，现存早期5个版本，皆较为明确地表示此处系引用他人观点。由此可知，这连篇累牍的引用，并非谭嗣同未予注明出处的不告而取，而是明

---

① 该书最初被引用的版本，是上海古籍出版社的整理本《忘山庐日记》。但其实这只是《孙宝瑄日记》的名称之一而已，其日记还有"竹梧山房日记""日益斋日记"等名称。加之该整理本有一些文字篡改等情况，笔者在参与重新整理时，将其名为《孙宝瑄日记》。详参中华书局版《孙宝瑄日记》代前言。

确了渊源所自，因此不可视作抄袭。

《仁学》中的□所在多有。其中代表人名的"□□□"或"□□"，还有不少。如第十三篇：

谭嗣同曰："西人虽日为枪炮杀人之具，而其心实别有所注，初不在此数十年之梦幻。所谓顾天之明命，众惑尽祛而事业乃以勃兴焉。"

第十八篇：

□□□曰："《论语》第七篇，当是《默而》第七，刘歆私改'默'为'述'，窜入'述而不作，信而好古，窃比于我老彭'十四字以申其古学，篇名遂号《述而》矣。""我非生而知之者，敏以求之者也。""生知"与"敏求"相反相对，文义自足，无俟旁助；而忽中梗"好古"二字，语意都不连贯，是亦歆窜矣。世岂甘为莽、歆之奴隶也乎？则好古亦其宜也。

□□□曰："于文从古，皆非佳义。从艸则苦，从木则枯，从艸木则楛，从网则罟，从辛则辜，从攴则故，从口则固，从歹则殂，从广则痼，从监则鹽，从牛则牯，从广口则痼，从水口则涸。且从人则估，估客非上流也。从水为沽，孔子所不食也。从女为姑，姑息之谓细人。吾不知好古者何去何从也。"

第二十六篇：

吾闻□□之讲《大学》，《大学》盖唯识之宗也。唯识之前五识，无能独也，必先转第八识；第八识无能自转也，必先转第七识；第七识无能遽转也，必先转第六识；第六识转而为妙观察智，《大学》所谓致知而知至也。佛之所谓知，意识转然后执识可转，故曰："欲诚其意者，必先致其知。"致知藉乎格物；致知者，万事之母。孔曰："下学而上达也。"朱紫阳补格致传，实用《华严》之五教。《华严》，小教小学也，非《大学》所用……

## 第二十七篇：

□□□曰："三教其犹行星轨道乎？"佛生最先，孔次之，耶又次之。乃今耶教则既昌明矣，孔教亦将引厥绪焉，而佛教仍晦盲如故。先生之教主，教反后行；后生之教主，教反先行，此何故欤？岂不以轨道有大小、程途有远近，故运行有久暂而出见有迟速哉？佛教大矣，孔次大，耶为小。小者先行，次宜及孔，卒乃及佛，此其序矣。

□□□曰："佛其大哉，列天于六道，而层累于其上。孔其大哉，立元以统天。耶自命为天已耳，小之，其自为也。"

## 第二十八篇：

□□□曰："三教教主一也，吾拜其一，则皆拜之矣。"斯言也，吾取之。

## 第四十七篇：

□□□曰："在宥"，盖"自由"之转音。旨哉言乎！人人皆能自由，是必无国之民。……若西书中《百年一觉》者，殆仿佛《礼运》大同之象焉。盖治国如此，而家始可言齐矣。然则《大学》言"家齐而后国治，国治而后天下平"，非欤？曰："非也。"□□□曰：彼所言者，封建世之言也。封建世，君臣上下，一以宗法统之。天子大宗也，诸侯、卿大夫皆世及，复各为其宗。民田受之于上，而上之制禄，亦以农夫所入为差。此龚定庵所以有《农宗》之作也。

第四十九篇：

今夫方便施舍，广行善事，此世俗所谓度人者。然仅能益众生之体魄，聊为小补，众生迷误，则如故也。虽法施广大，宏愿薰习，不难资以他力，要视众生之自力何如，非可人人强之也。由是以谈，度人未能度到究竟，而己之功德则已不可量矣，故曰："度人，非度人也，乃度己也。"尝以此说质之□□，则曰："子前之说是也。后之说谓人未能度到究竟，亦尚有未尽。今试予人一钱，扶人一步，其为度也微矣。然而由此充之，锲而不舍，极于无量劫，终必度到究竟。以度到究竟之因缘，自此而结，度人者勿以善小而勿为矣。"

以上不惮烦琐逐条征引，下边作一简单分析。

首先，可以看出，《仁学》中的□表示人名时，多出现在上卷（前三十篇），下卷（第三十一至五十篇）相对较少。

其次，谭嗣同征引时，绝大多数都明确了所引学说或意见的发表者。仅有两处例外。一是第四十七篇，前一"□□□曰"，国民报社本、文明书局本仅有"曰"字；后一"□□□曰"，国民报社本仅有"曰"字，文明书局本并"曰"字亦脱。值得指出的是，国民报社本虽系首个单行本，但出版于1901年10月，比《亚东时报》本晚，且据笔者之前的考述，《亚东时报》本所据才是更接近谭氏稿本的。因此不能作为谭氏抄袭的论据。二是第十三篇，"谭嗣同曰"，他本皆作"□□□曰"。这处异文也需要结合谭嗣同自己的著述加以辨正。

谭氏在致其师长欧阳中鹄的长书中曾征引其友人观点：

吴雁舟曰："西人虽日日研求枪炮一切杀人之具，而其心却时时顾天之明命。"故其政俗几乎开五大洲太平之局；亦彼教灵魂之说足以竦动其心,遂亹亹于善也。①

此处与吴嘉瑞观点有非常接近之处,然亦有所不同。以此作为抄袭之论据,亦嫌不足。

对于这些□,当是为避免给友人招惹麻烦刻意而为。如皮锡瑞光绪二十七年(1901)五月初六日日记:"《戊戌政变记》缺我名,亦关切之意也。"②

### (二)征引旧著,自我抄袭

那么,谭嗣同在《仁学》中真的没有抄袭吗?也并非如此。通过对比谭氏其他著述可以发现,《仁学》中的不少内容,在谭嗣同自己之前的著述中就已出现。

1. 关于撤勇

在后来被刻为《兴算学议》的给欧阳中鹄的长信中,谭嗣同表达了对撤勇的忧虑:"撤勇过者纷纷,极为可虑。前刘岘帅令郑连拔招勇五营,方至鄂,忽奉旨遣散。平日克扣已极,每人每日止给钱四五十文,士卒典尽卖绝,忍饿从军。及是,又不给川资,五营同变,将其营官捆打,将遂杀之……"在《仁学》中,则更进一步(第三十六篇):

> 月得饷银三两余,营官又从而减蚀之,所余无几,内不足以赡其室家,外仅足以殖其生命,而且饥疲劳辱无所不至,寒凝北征,往往冻毙于道,莫或收恤……即或幸而不死,且尝立功矣,而兵难稍解,遽遣归农,扶伤裹创,生计乏绝,或散于数千里外,欲归不得,沦为乞丐,而杀游勇之令,又特严酷。……今制:获游民,先问其曾充营勇否,曾充营勇,即就地正法,而报上官曰:"杀游勇若干人。"

---

① 谭嗣同:《致欧阳中鹄》(光绪二十二年七月二十三日,1896 年 8 月 31),载《谭嗣同集》,浙江古籍出版社 2018 年版,第 547 页。
② 吴仰湘整理:《皮锡瑞日记》,中华书局 2020 年版,第 1018 页。

对撤勇无归、杀勇恶行加以痛斥。

2. 关于死节

在《北游访学记》中，谭嗣同论死节曰：

王铁珊之祖，死节者也，尝与论死节之理曰："君臣以义合者也，人合者也。君亦一民也，苟非事与有连，民之与民，无相为死之理，则敢为一大言以断之曰：'止有死事的道理，断无死君的道理。'死君者，是以宦官、宫妾自待也，所谓匹夫匹妇之谅也。况后世之君，皆以兵力强取之，非自然共戴者乎？又况有彼此种类之见，奴役天下者乎？"铁珊击节叹赏，称为圣贤之精微。

《仁学》第三十一篇则几乎照搬：

故夫死节之说，未有如是之大悖者矣。君亦一民也，且较之寻常之民而更为末也。民之于民，无相为死之理；本之与末，更无相为死之理。然则古之死节者，乃皆不然乎？请为一大言断之曰："止有死事的道理，决无死君的道理。"死君者，宦官宫妾之为爱，匹夫匹妇之为谅也。人之甘为宦官宫妾，而不免于匹夫匹妇，又何诛焉？夫曰共举之，犹得曰吾死吾所共举，非死君也；独何以解于后世之君，皆以兵强马大力征经营而夺取之，本非自然共戴者乎？

3. 关于"质量守恒"

同样在《北游访学记》中，谭嗣同曰：

所以第一当知人是永不死之物。所谓死者，躯壳变化耳，性灵无可死也。且躯壳之质料，亦分毫不失。西人以蜡烛譬之，既焚完后，若以化学法收其被焚之炭气、养气与蜡泪、蜡煤等，仍与原蜡烛等重，毫无损失，何况人为至灵乎？

《仁学》第十三篇曰：

> 即体魄之至粗，为筋骨血肉之属，兼化学之医学家则知凡得铁若干，余金类若干，木类若干，磷若干，炭若干，小粉若干，糖若干，盐若干，油若干，水若干，余杂质若干，气质若干，皆用天地固有之质点粘合而成人。及其既散而散，仍各还其质点之故，复他有所粘合而成新人新物。

4. 关于"称天而治"

仍然在《北游访学记》中，谭嗣同曰："西人悯中国之死于愚也，则劝中国称天而治，庶无畸重畸轻之弊。因秘天为彼教所独有，转疑吾圣教之有缺，不知是皆吾所旧有也。"《仁学》第三十九篇亦曰：

> 西人悯中国之愚于三纲也，亟劝中国称天而治：以天纲人，世法平等，则人人不失自主之权，可扫除三纲畸轻畸重之弊矣。因秘天为耶教所独有，转议孔教之不免有阙漏，不知皆孔教之所已有。

其他如"焚书以愚黔首，不如即以《诗》、《书》愚黔首，秦真钝人哉"，《仁学》第三十篇亦有相同说法；"西宁有降已半年之老弱妇女，西宁镇邓增至一旦尽杀之……以克复三关张皇入告"，又见于第四十四篇；"孔子教何尝不可遍治地球哉"一段，又见于第四十篇；"大劫将至矣，亦人心制造而成也。西人以在外之机器制造货物，中国以在心之机器制造大劫"，又见于第四十二篇，诸如此类，所在多有。

这些与《仁学》相同或相似的记述，多出现在这篇写于光绪二十二年七月二十三日（1896年8月31日）给欧阳中鹄的长信中。由此可见，谭嗣同并非不"抄袭"，只是对象是他自己。

## 二 "杂糅"背后:《仁学》的编撰体例

### (一)并非无心,而系有意

谭嗣同最有代表性的著作《仁学》,自问世之初,就不乏关于"杂糅"的批评。在章太炎自定年谱中,于光绪二十三年(1897)记载:"会平阳宋恕平子来,与语,甚相得,平子以浏阳谭嗣同所著《仁学》见示,余怪其杂糅,不甚许也。"自兹以往,历代学人对《仁学》之杂糅抵牾,不无批评。2018年许知远的纪录片《十三邀》关于谭嗣同的一集,也以"大杂烩"称之。那么,杂糅矛盾、缺乏系统,是谭嗣同为自身知识与能力所限而留下的不足呢?还是有其他什么原因被论者忽略了呢?对此,罗福惠先生在《解读谭嗣同》一文中,征引了谭嗣同给好友唐才常书信中的夫子自道,该文征引有所删略,今全录如下:

> 来书所示,若出诸嗣同胸臆,而其微有不同者,非异趣也。乃嗣同蒿目时艰,亟欲如前书所云,别开一种冲决网罗之学,思绪泉涌,率尔操觚,止期直达所见,未暇弥纶群言,不免有所漏耳。《鸿烈》谓作为书论者总要举凡,而语不剖判纯朴,靡散大宗,惧人之惽惽然弗能知也,故多为之辞,博为之说。然诸子以下百家述作,其能如此者,不数数觏也。衡阳王子,可谓大雅宏达者矣。而其言曰:君子之立论,有不必相通而各自成一道,所以使人之随位自尽,是或一道也,后儒不察,视为牴牾而窜之,吁,其亦侗矣!①

对于这段表述,至少有以下三点值得注意。其一,谭嗣同是为了"直达所见",才遗漏了将"牴牾"的群言弥纶一番的功夫,导致"杂

---

① 谭嗣同:《致唐才常》其二(光绪二十三年三月十四日,1897年4月15日),载《谭嗣同集》,浙江古籍出版社2018年版,第582页。

糅"。他对这一点并非毫无察觉,而是直接坦承,可见这种"杂糅"是有意识状态下的。其二,谭氏节引《淮南鸿烈》提出了自己的见解,《淮南鸿烈·要略》云:"夫作为书论者,所以纪纲道德,经纬人事,上考之天,下揆之地,中通诸理。虽未能抽引玄妙之中才,繁然足以观终始矣。总要举凡,而语不剖判纯朴,靡散大宗,惧为人之惛惛然弗能知也;故多为之辞,博为之说,又恐人之离本就末也。"更注重总要举凡、多辞博说,而对细部的"弥纶"功夫则有意缺失,是怕读者惛然弗知、离本就末。其三,谭氏还以其最为服膺的古代思想家王夫之的观点来论证自己在论述时的偏重是有所考量的。对此,罗福惠先生有非常精辟的阐释:

> 这番话则表明他有意按王夫之的主张立论,不避漏失,不求面面俱到,尽管只是从某一角度出发的见解,也力求发挥到极致,形成今人所谓"片面的深刻"或"深刻的片面"。虽然"换位思考"之后,结论可能全然相反,因而自相牾。但是只有把各个"片面"充分展开、将理论讲透之后,才真正有利于比较和综合。①

在此笔者想就王夫之著作补充几例,以资佐证。
《诗广传·卫风》云:

> "如金如锡",刚柔际也。"如圭如璧",方圆契也。明乎刚柔方圆之分合者,崇道而不倚于术者也。不知其分,恒用其半而各不成。不知其合,两端分用而不相通。②

《老子衍》第二十九章云:

---

① 罗福惠:《解读谭嗣同》,《近代史研究》1999年第1期。
② 王夫之撰,王孝鱼点校:《诗广传·卫风一》,中华书局1964年版,第30页。

或雄或雌，或白或黑，或荣或辱，各有对待，不能相通，则我道盖几于穷，而我之有知有守亦不一矣。知者归清，守者归浊，两术剖分，各归其肖，游环中者可知已。①

《庄子解·天下篇》云：

天下大乱，贤圣不明，道德不一，天下多得一，察焉以自好。譬如耳目鼻口，皆有所明，不能相通。犹百家众技也，皆有所长，时有所用。虽然，不该不遍，一曲之士也：判天地之美，析万物之理，察古人之全，寡能备于天地之美，称神明之容。是故内圣外王之道，暗而不明，郁而不发，天下之人各为其所欲焉以自为方。悲夫！百家往而不反，必不合矣！后世之学者，不幸不见天地之纯、古人之大体，道术将为天下裂。②

《尚书引义·咸有一德》云：

道一而已矣，一以尽道矣。③

通过前引可知，谭嗣同对王夫子关于偏与全、多与一、剖分与相通的思想，是有认真思考的，在《仁学》的写作过程中，固然有时间紧迫等因素，但我们目前所见看似"杂糅""牴牾"，绝非他的无心之失。所以他在信中借圣人立言为例说道：

孔子之发言为经，类皆因材施教。因材施教者，佛家所谓因众生之根器当以某等得度者，即为现某等身而为说法。故孔子之言，或大或细，有半有全，犹佛家之有大乘、小乘，有实教、权教，非

---

① 王夫之撰，王孝鱼点校：《老子衍》，中华书局2009年版，第17页。
② 王夫之撰，王孝鱼点校：《庄子解·天下篇》，中华书局2009年版，第352页。
③ 王夫之撰，王孝鱼点校：《尚书引义》卷三，中华书局1962年版，第59页。

圣言有异,众生根器不同也。记者误浑连为一编,漫不为区别,复不详记其某一言之发为何地何人何时何事,某为粗、某为精。精杂于粗,则以粗概精而精者亡,粗杂于精,则以精疑粗而粗者亦亡,是以牴牾羼乱而不可就理也。①

发言必须有针对性,而若忽略了这一针对性,"不详记其某一言之发为何地何人何时何事,某为粗、某为精",难免导致对前人立言的理解精粗相杂,甚至会认为其"牴牾羼乱而不可就理"。谭嗣同在此不啻给了之后读《仁学》者一个很有效也很有必要的提醒。

### (二)结合当时西人著述的考察

如果结合谭嗣同所处时代前后的西人著述汉译本,特别是传世文献中记载的谭嗣同确实阅读过的著述来考察,则可以发现,所谓"杂糅"是一种普遍现象,与其说是谭嗣同的贸然尝试,不如说是对这一潮流的模仿。

#### 1. 谭嗣同称道的《治心免病法》

美国亨利·乌特(Henry Wood, 1834—1909)原著,英国傅兰雅(John Fryer, 1839—1928)翻译。《北游访学记》两次提到该书:

> 遍访天主、耶稣之教士与教书,伏读明辨,终无所得,益滋疑惑。迨后得《治心免病法》一书,始窥见其本原。今之教士与教书,悉失其真意焉。
>
> 重经上海,访傅兰雅,欲与讲明此理,适值其回国,惟获其所译《治心免病法》一卷,读之不觉奇喜。以为今之乱为开辟未有,则乱后之治亦必为开辟未有,可于此书卜之也。

《仁学》第四十三篇亦云:"心力不能骤增,则莫若开一讲求心之

---

① 谭嗣同:《与唐绂丞书》,载《谭嗣同集》,浙江古籍出版社2018年版,第207页。

学派，专治佛家所谓愿力，英士乌特亨立所谓治心免病法。"此外，谭氏创作于此时的新学诗中也足资证明："名言景教演三一，知觉治心论级层。"按后一句化自该书上卷第四章为"论知觉级层"。

此书的知识构成，也是生理知识与宗教思想同时出现。如上卷第二章论人身，既有"灵机"（脉搏、心跳）、"质点"（分子）、"小珠"（细胞）、"织质"（组织）等医学、生理概念，同时又有"天父造身，所以为心也"的表达。宗教之说与近代医学常识的混搭，是传教士早期布道常用的策略，这也在很大程度上影响了这类著作的知识构成。

2.《古教汇参》作者韦廉臣

《仁学》第十三篇云："英士韦廉臣著《古教汇参》，杂陈东西古今之教，至为淆赜，有极精微者，亦有荒诞不可究诘者。然不论如何精微荒诞，皆有相同之公理二：曰慈悲，曰灵魂。"又第三十九篇云："英士韦廉臣著《古教汇参》，遍诋群教，独于佛教则叹曰：佛真圣人也。"这位早在咸丰五年就来华的传教士，还有另外一部著作《格物探原》，虽然现存谭氏著述中未有阅读该书的直接记载，但鉴于该书是韦廉臣最重要的作品之一（另一为《植物学》），且该书最初由晚清知识分子获取西学最为重要的渠道之一——《万国公报》——及其前身《教会新报》连载，着意探求西学与宗教的谭嗣同读到它的概率并不小。

关于该书的内容，无须过多征引原文，仅其目录就足以体现其中自然科学知识与宗教教义的混搭。该书第一卷共二十二章，分别论天地、物质、地球形势、土宜、山、空气、水、皮相、首、首（又）、咽喉肠胃、形体、骨、胸膈、筋肉、食、血、心、脑、目、耳、鼻口手，大多数为生物学知识。第二卷则画风突变，用十三章的篇幅论上帝必有、上帝唯一、上帝至大、上帝全能、上帝全智全仁、上帝仁爱、上帝无所不在、上帝无所不知、上帝乃神、上帝自然而有无终始、上帝莫测、上帝非太极、灵魂说。而第三卷卷内即出现了知识谱系的错杂与互涉，既有关于元质（元素）、地质的，又有"上帝乃无始无终者也""论世人俱宜爱敬上帝"等宗教内容。

3. 谭嗣同身后的《大同学》

如果前举两部著作时间尚早，则可参看美国颉德1893年原著、李提摩太与蔡尔康1899年合译的《大同学》（今译《社会进化》）。该书同样体现了知识的驳杂，如"昔有达文者，善能考察万物生长变化之理"的进化论，又称引"布忒（Charles Booth，布殊，致力于研究工人阶级和贫困问题）遍查伦敦情景，著书八卷"，还不乏对人类学、社会学研究成果的借鉴，而这些又都被宗教意图所统摄。

宗教教义与自然科学知识，以及与政治学、社会学等社会科学知识的混融，是晚清传教士著述的普遍现象，熊月之先生将其概括为"宗教为体，科学为用"。① 以创教与友人互相期许的谭嗣同，对此加以模仿，自在情理之中。或者说，这可以看作谭嗣同对当时西方传教士著述的体例上的借鉴，而并非被动的草率的初稿。将谭嗣同的阅读史与其著述割裂开来，孤立地认为这是谭嗣同未加涵容、不脱草创痕迹的"杂糅"，是值得商榷的。

## 三　必也正名：《仁学》的命名、分卷及其他

关于《仁学》的书名，历来研究者谈到的较少，但不少论者不假思索直接将之理解为"关于仁的学"，却不无可以进一步探究之处。

（一）仁与学

关于这个书名，谭嗣同自己在自序里其实是有所阐发的：

> 墨有两派：一曰"任侠"，吾所谓仁也，在汉有党锢，在宋有永嘉，略得其一体；一曰"格致"，吾所谓学也，在秦有《吕览》，在汉有《淮南》，各识其偏端。仁而学，学而仁，今之士其勿为高远哉！

---

① 熊月之：《西学东渐与晚清社会》，上海人民出版社1994年版，第397页。

很明显，这里的仁与学不是偏正关系，而是并列关系。张灏先生在其著作的注释中对此有过辨析，而仍偏向"仁的研究"之解释①。这里，不妨结合分卷进行一个大胆的假设。

《仁学》的分卷，《亚东时报》本作卷上、卷下，而其他各本皆作卷一、卷二。从现存版本来看，上卷（或称卷一），主要是学理的探讨，其实可以大体对应"学"，亦即"格致"；下卷（或称卷二），则主要集中于对专制制度的批判，可以理解为以"任侠"为内涵的"仁"。所谓任侠，这里作者强调的是其忽视人我差别的精神特质。这样，我们就更容易理解，为何在自序中，仁、学是并列而非偏正关系了。

而关于《仁学》的分卷，还有一些记载值得注意。

一是梁启超的《与严幼陵先生书》［光绪二十三年（1897）三月］：

> 侪辈之中，见有浏阳谭君复生者，其慧不让穗卿，而力过之，真异才也。著《仁学》三卷，仅见其上卷，已为中国旧学所无矣。②

这里称述的《仁学》为三卷。此乃现存文献中唯一一次将《仁学》著录为三卷者。

二是同样出自梁启超的书信，这是光绪二十六年（1900）四月一日写给其师康有为的：

> 故今日而知民智之为急，则舍自由无他道矣。中国于教学之界则守一先生之言，不敢稍有异想；于政治之界则服一王之制，不敢稍有异言。此实为滋愚滋弱之最大病源，此病不去，百药无效，必以万钧之力，激厉奋迅，决破罗网，热其已凉之血管，而使增热之

---

① ［美］张灏：《危机中的中国知识分子》，高力克、王跃译，毛小林校译，中央编译出版社2016年版，第102页。
② 汤志钧、汤仁泽编：《梁启超全集》第十九集，中国人民大学出版社2018年版，第535页。

沸度，搅其久伏之脑筋，使大动至发狂……虽使天下有如复生【"复生《仁学》下篇……荡决甚矣，惜少近今西哲之真理耳。"】及弟子者数十百人，亦必不能使之沸、使之狂也。

这里的《仁学》，并未标为卷三，而是下篇。尽管卷上与卷下之间还有可能有卷中，但"荡决甚矣"的评价，明显是对应卷下，即卷二之内容的。也就是说，这里不存在另有卷中的可能，《仁学》的三卷，或许是卷上本为前二卷，后合并为卷上，这也与厘为两卷分别对应"学"与"仁"相吻合。

（二）"台湾人所著书"

这个别称，同样是梁启超在其名著《清代学术概论》中提出的：

其所谓新学之著作，则曰《仁学》，亦题曰《台湾人所著书》，盖多讥切清廷，假台湾人抒愤也。

对于甲午战败后割让台湾岛，谭嗣同的著述里给予了高度关注，不仅在致师友的书信中随战况进展多次提及，还写有"鲲身鹿耳皆天上，可有云霓下太虚"之句，表达了急欲有为的抱负[①]。他在《仁学》中也确实提及了台湾，但仅在第三十三篇：

台湾【"台湾"，原作"□□"，据他本补】者，东海之孤岛，于中原非有害也。郑氏据之，亦足存前明之空号，乃无故贪其土地，攘为己有。攘为己有，犹之可也，乃既竭其二百余年之民力，一旦苟以自救，则举而赠之于人。其视华人之身家，曾弄具之不若。噫！以若所为，台湾固无伤耳，尚有十八省之华人，宛转于刀

---

① 关于此句之解读，参见拙文《阅读史史料新探：以谭嗣同新学诗为中心》，《印刷文化》2023年第1期。

砧之下，瑟缩于贩贾之手，方命之曰：此食毛践土者之分然也。夫果谁食谁之毛？谁践谁之土？久假不归，乌知非有？人纵不言，己宁不愧于心乎？吾愿华人，勿复梦梦，谬引以为同类也。夫自西人视之，则早歧为二矣，故俄报有云："华人苦到尽头处者，不下数兆，我当灭其朝而救其民。"凡欧、美诸国，无不为是言，皆将藉仗义之美名，阴以渔猎其资产。华人不自为之，其祸可胜言哉！

此段文字锋芒不可谓不锐，但仅据此而将全书命名为《台湾人所著书》，似乎有些以偏概全，且于自叙、界说等总括性文字中皆未能加以解说。因此，梁说值得质疑。耐人寻味的是，台湾作家李敖在其小说《北京法源寺》里，则舍弃了书名号，而改用引号，似更为妥帖。

如果再结合《仁学》创作之初的流传情况来分析①，或许可作如下推测。

《仁学》在卷上的写作过程中，就在好友如梁启超等人范围内传看，因此才有前引梁启超书信中的"仅见其上卷"，而下卷因为思想锋芒更加犀利、矛头直指清廷，被题为"台湾人所著书"以避时忌，且这一卷的流传范围比上卷要更小。但这一卷也确实完成并被友人看到了，如唐才常在《各国种类考·亚细亚种类考》中有"积仁学以融机械之心"，就与《仁学》第四十二篇若合符节："西人以在外之机械，制造货物；中国以在内之机械，制造劫运。……无术以救之，亦惟以心救之。缘劫运既由心造，自可以心解之。"对比同样与谭嗣同志同道合、共同参与湖南新政的皮锡瑞，就未能读到这部分更加犀利的内容。故而皮氏在日记中还发出怀疑：

  少村翻《亚东报》《仁学》示予，诚有可骇。（光绪二十七年五月初六日）

  阅《亚东报》，与《清议》又不同。《仁学》真不可问，特恐

---

① 参见拙文《蝶翼与风暴：〈仁学〉刊行的书籍史考察》，《印刷文化》2020 年第 1 期。

有人增加,未知即西早原本否。(光绪二十七年五月廿二日)

《仁学》出西早身后,恐或有增窜耳。(光绪二十七年五月廿八日)①

当然,这一怀疑是可以被证伪的。因为在三个月后的 1901 年 10 月,第一个单行本《仁学》即由国民报社出版,而《清议报》也在此后刊行了后半部分令皮锡瑞"可骇"的内容。而《亚东时报》与《清议报》所发又有所不同,汤志钧先生最先通过版本比勘得出结论,两者系不同源之版本。

以上系就《仁学》研究过程中的一些零散材料连缀成文,试图通过材料来源、编撰体例等方面厘清一些有待商榷的说法,不成统系,希望得到方家赐正,更希望有更多的学人对此产生兴趣,一起探索这部"禹域未有之书,众生无价之宝"(梁启超语)的未解谜题。

---

① 吴仰湘整理:《皮锡瑞日记》,中华书局 2020 年版,第 1018、1023、1025 页。

# 略论左宗棠武器装备思想

杨 波　沈 飚[*]

---

**摘　要：** 左宗棠军事思想集中体现了从农耕文明向工业文明转变，由冷兵器向热兵器转变过程中西方军事思想与传统中国兵学交流融合发展的过程。作为军事思想的一部分，其武器装备思想着重体现在推崇"师夷长技以制夷"的主张，"借外国导其先"实现装备近代化，并由此开办福州船政及促使西北军事工业发轫，并在收复新疆斗争中发挥重要作用。其思想特点一是独立自主，二是自强御侮，三是装备建设的全局性。左宗棠武器装备思想在近代中国兵学史上具有十分重要的地位。

**关键词：** 左宗棠　军事思想　武器装备思想

---

军事思想是关于战争、军队和国防基本问题的理性认识，是人们长期从事军事实践的经验总结和理性概括，它随着人类战争形态的变化而不断发展。中国近代军事思想的产生发展过程伴随着新旧变革、中西融合，反映了中国近代封建统治阶级、农民阶级和资产阶级的军事思想，

---

[*] 作者简介：杨波，湖南交通工程学院马克思主义学院院长；沈飚，湖南交通工程学院马克思主义学院副院长。

是一种带有过渡性质的军事思想形态。1840年后，西方经济文化和军事技术入侵，火器逐渐淘汰冷兵器，近代军事工业和海军渐次建立，中国社会发生巨大变化，由此传统兵学也受到西方军事思想的冲击与挑战，近代中国传统军事思想变革序幕拉开。左宗棠军事思想是中国近代军事思想的重要组成部分，集中体现了从农耕文明向工业文明的转变，由冷兵器向热兵器转变过程中西方军事思想与传统中国兵学交流融合发展的过程。

按照《中国大百科全书·军事卷》的解释，武器装备是指武装力量用于实施和保障战斗运行的武器、武器系统和军事技术器材的统称，通常分为战斗装备和保障装备。面对"千年未有之变局"，怎样应对西方列强的入侵，怎样维护国家主权和领土的完整？左宗棠在其三十多年的转战中，形成了颇具特色的武器装备思想，如继承林则徐、魏源的"师夷长技以制夷"的思想，主张引进西方先进的科学技术和武器装备、创建军事工业、加强国防建设、注重人与武器的结合以提高部队的战斗力、实现武器装备的近代化等，并把这些思想付诸实践，在抵抗西方列强的侵略、维护国家领土的完整上作出了巨大的贡献。

## 一　推崇"师夷长技以制夷"的主张

毛泽东同志指出，"帝国主义和中华民族的矛盾，封建主义和人民大众之间的矛盾，这就是近代中国社会的主要矛盾"，"而帝国主义和中华民族的矛盾，乃是各种矛盾中的最主要的矛盾"。① 左宗棠虽然作为封建地主阶级的一员，积极参与了镇压农民起义，但是，在民族矛盾激化的情况下，他毅然走上反抗外国侵略的道路也是很自然的。通过对西方列强"坚船利炮"的了解和认识，左宗棠成为魏源、林则徐"师夷长技以制夷"思想坚定的继承者。

---

① 《毛泽东选集》第二卷，人民出版社1991年版，第631页。

鸦片战争爆发后，面对严峻的海防形势，左宗棠忧心忡忡，开始去了解西洋诸国的史事，"自道光十九年海上事起，凡唐、宋以来史传、别录、说部，及国朝志乘、载记，官私各书，有关涉海国故事者，每涉历及之，粗悉梗概"①。左宗棠通过各种途径去获取鸦片战争战事的进展，并数次向贺熙龄致书，"论战守机宜，为《料敌》、《定策》、《海屯》、《器械》、《用间》、《善后》诸篇"②。为抵抗英国侵略献计献策。同时左宗棠也非常注意搜集武器装备方面的信息，比如"道光年间粤绅潘仕成曾以洋人雷壬士所制水雷进，朝命天津镇向荣监同演试有验"，③发现其威力很大。在具体的策略方面，他提出的固守持久之谋为："练渔屯，设碉堡，简水卒，练亲兵，设水寨，省调发，编泊埠之船，设造船之厂，讲求大筏、软帐之利，更造炮船火船之式，火药归营修合，兵勇一体叙功数者，实力行之"，"以之制敌，即以之防奸；以之固守，即以之为战"。④可见左宗棠就在当时已经初步提出了增强军舰、枪炮和弹药等装备以御外敌的主张。而这些主张恰与林则徐在广东的备战御敌之举颇有相似之处。林则徐注重加强广东海口的防御，添建炮台，购买和仿制外国船炮，对广东水陆各军进行整顿与充实，招募渔民疍户编练成水勇，并组织人力翻译外国书报以了解敌情。因而取得了九龙之战、穿鼻洋之战、官涌之战等战役的胜利。

然而，腐败的清政府最后同英国签订了屈辱的《南京条约》，"和议成，五口通商，时事益棘"⑤。鸦片战争的失败震动了朝野，许多有识之士开始潜心研究西方，以便抵抗外国侵略。"师夷长技以制夷"的思想颇有市场，并对左宗棠产生了重大影响。在镇压太平天国起义的过程中，左宗棠看到外国武器之先进，故在此后，便投入洋务运动，学习外国长处，以抵抗外国侵略。他大声疾呼："自海上用兵以来，泰西诸

---

① 左宗棠：《左宗棠全集》奏稿三，岳麓书社2009年版，第56页。
② 罗正钧：《左宗棠年谱》卷一，岳麓书社1983年版，第20页。
③ 左宗棠：《左宗棠全集》书信三，岳麓书社2009年版，第589页。
④ 左宗棠：《左宗棠全集》书信一，岳麓书社2009年版，第15页。
⑤ 罗正钧：《左宗棠年谱》卷一，朱悦、朱子南校点，岳麓书社1983年版，第22页。

邦以机器轮船横行海上，英、法、俄、德又各以船炮相互矜耀，日竟其鲸吞蚕食之谋，乘虚蹈暇，无所不至。此时而言自强之策，又非师远人之长还以治之不可。"① 由此可见，左宗棠举办洋务的目的正是学习外国的长处，更新清政府的武器装备，借此来增强军事实力以抵抗西方列强的侵略。

后来，左宗棠进军新疆，也充分考虑到了"师夷长技以制夷"的实施。他看到英俄侵吞新疆之阴谋，认识到了民族危机的严重性。1871年沙俄武力侵占伊犁，左宗棠时任陕甘总督，他敏锐地观察到，沙俄扩张的野心越来越大，"俄人侵占黑龙江北地，形势日迫，兹复窥吾西陲，蓄谋既久，发机又速，不能不急为之备"。他对抗击沙俄保卫祖国有很大的信心，他认为"俄人战事与英法略同，然亦非不可制者"；表示"今既有此变，西顾正殷，断难遽萌退志，当与此虏周旋"。② 1873年春，左宗棠在给总理衙门的信中，详细分析了当时敌我形势，并明确了规复新疆的方案，"俄人久据伊犁之意，情见乎词，然既狡焉思启，必将不夺不餍，恐非笔舌所能争也。就兵事而言，欲杜俄人狡谋，必先定回部，欲收伊犁，必先乌鲁木齐"③。

左宗棠对英国侵略者的认识也比较清楚，"英人以保护安集延为词，图占我边方各城，直以喀什噶尔为帕夏固有之地。其意何居？彼阴图为印度增一屏障"④。左宗棠还通过在上海筹办军需的胡光墉了解各国动向。他曾指出："俄、英偪婚媾，偪仇雠，十余年前尚战争不已，彼此忌嫉，至今如故，其衅端则肇于争印度、争土耳其。"⑤ 在进军过程中，他利用英俄之间的矛盾，集中力量消灭阿古柏政权。主张暂不涉及伊犁问题，他说："此时俄人交还伊犁一节，暂可置之不论。"当然，他对沙俄的认识还有局限，他曾错误地估计"如果南路事机顺利，似

---

① 左宗棠：《左宗棠全集》札件，岳麓书社2009年版，第593页。
② 左宗棠：《左宗棠全集》书信二，岳麓书社2009年版，第220—221页。
③ 左宗棠：《左宗棠全集》书信二，岳麓书社2009年版，第335—336页。
④ 左宗棠：《左宗棠全集》奏稿六，岳麓书社2009年版，第680页。
⑤ 左宗棠：《左宗棠全集》书信二，岳麓书社2009年版，第518页。

伊犁不索而还"①。当新疆南北已收复之后，左宗棠准备武力收回伊犁，认为："腴地不可捐以资寇粮，要地不可借以长敌势。非乘此兵威，迅速图之，彼得志日骄，将愈进愈逼。"② 由于清政府害怕战争，派崇厚到莫斯科谈判伊犁归还问题，然签订了《伊犁条约》，名义上收回伊犁，可实际还不能收，于是朝野大哗，左宗棠极力争持，"武事不竟之秋，有割地和者矣。兹一失未闻如遗，乃遽议捐弃要地，厌其所欲，譬如投犬以骨，骨尽而噬仍不止。目前之患既然，异日之忧何极！此可为叹息痛恨者矣！"③ 遂兵分三路收回伊犁。军队继续驻扎在新疆，沙俄也不敢轻易动兵。左宗棠的作为就成了后来曾纪泽的伊犁谈判的坚实后盾。

## 二 "藉外国导其先"，实现武器装备的近代化的战略任务

左宗棠的中国武器装备的近代化思想是受鸦片战争的影响而来，而其武器装备的近代化实践的最大成果——福州船政局的创建也源于此。1840年，当英国以其"坚船利炮"发动鸦片战争时，他就提出了"造炮船火船"④这个问题。同治三年（1864），他在杭州把试制的蒸汽轮船放在西湖中试航，又和法人日意格与海疆官绅屡谋造船，最后在同治五年（1866）六月正式向清政府提出设厂造船的奏折。这个设厂造船方案的酝酿与筹划过程，正如他自己所说："思之十余年，诹之洋人，谋之海疆官绅者，又已三载。"⑤ 为了迅速办好福州船政局，他不走由工场手工业向机器工业缓慢发展的道路，而向法国购买机器，雇聘工程技术人员，在马尾迅速建成我国近代第一个造船的综合企业，使中国造

---

① 左宗棠:《左宗棠全集》书信三，岳麓书社2009年版，第107页。
② 左宗棠:《左宗棠全集》奏稿七，岳麓书社2009年版，第171页。
③ 左宗棠:《左宗棠全集》奏稿七，岳麓书社2009年版，第380页。
④ 左宗棠:《左宗棠全集》书信一，岳麓书社2009年版，第15页。
⑤ 左宗棠:《左宗棠全集》书信一，岳麓书社2009年版，第666页。

船业由旧式木质风帆船一跃而成为近代机器动力船。这是中国造船业的转折点。这样就开始改变了我国当时只有木船、没有新式船舰的落后状况，增强了在武器装备方面的实力。

在创办福州船政局时，左宗棠深感中西科技的巨大差距和学习西方先进技术的重要性，"欲防海之害而收其利，非整理水师不可。欲整理水师，非设局监造轮船不可"①。把武器装备的发展和实现自主生产提高到关系国家安全和经济发展的高度。因此，他在购置机器、雇聘外国工程技术人员时，特别重视引进和学习西方先进科学技术。他说，福州船政局"所重在造西洋机器以成轮船，俾中国得转相授受，为永远之利"。故在设厂造船时设立"求是堂艺局"，后称船政学堂，"延致熟习中外语言文字洋师，教习英法两国语言文字、算法、画法"。并明确规定："设学造未能尽洋技之奇，即能造轮船不能自作船主曲尽驾驶之法"②，就不能算是完成任务。他的目的是"造轮船，非为造轮船也，欲尽其制造驾驶之术耳"③。在他同日意格所订的合同中，亦把"开设学堂教习英法语言文字、造船、算法及一切船主之学，能自监造驾驶"④作为主要任务。这正反映了左宗棠重视学习科学技术和注重开办学堂，以求迅速掌握该门技术，力图自立自强的正确的思想。1866年12月，船政局破土动工兴建时，"求是堂艺局"就已招收学生，暂以城内白塔寺和城外定光寺等处作为学堂。求是堂分学习法文制船和学习英文驾驶两个部分，后称前后学堂，是我国最早的近代工业（制船）和军事（海军）专门学校。可见，左宗棠创办的"求是堂艺局"是中国最先以学习西方先进科学技术为主要目的的近代学堂，是中国旧式的封建传统教育走向近代化的真正起点之一。

---

① 罗正钧：《左宗棠年谱》卷四，岳麓书社1983年版，第125页。
② 中国史学会主编：《中国近代史料丛刊：洋务运动（五）》，上海人民出版社1961年版，第24页。
③ 中国史学会主编：《中国近代史料丛刊：洋务运动（五）》，上海人民出版社1961年版，第28页。
④ 中国史学会主编：《中国近代史料丛刊：洋务运动（五）》，上海人民出版社1961年版，第43页。

同治十一年（1872）四月，内阁学士宋晋以"节糜费"提议裁撤福州船政局。左宗棠得知后坚决反对。他认为，福州船政局的存在及其制造兵轮船只对于国家意义非常重大，"此举为沿海断不容已之举，此事实国家断不可少之事。若如言者所云即行停止，无论停止制造，彼族得据购、雇之永利，国家旋失自强之远图，隳军实而长寇仇，殊为失算"①。只要一直坚持下去，不断改进福州船政局造船技术，则必然能"洋人所长，皆华人所长，实永久之利"②。

作为湘军的主要将领，左宗棠一直非常重视西洋军事技术。他认为："西人所传洋枪队式，行列整齐，进止有度，较之中土所演阵式，不但枪械、子药远胜，其束伍、结阵之法，亦良不易及。""从前西人旧式枪炮本已精工"，"近又改用后膛进子之法，进口大而出口翻小。如布国新制大炮及后膛七响洋枪，则极枪炮能事，无以复加"。"较其旧式光膛圆子更为精妙，故致远取准胜于旧式。"③左宗棠也很注重对西方先进武器装备的学习制造，通过多种途径去获取西方新式武器的发展情况。在同治十二年（1873），左宗棠了解到，"布洛斯（普鲁士）枪炮之制晚出最精"，"新制水雷足破轮船，如中国肯挑二十余人同往学习制造，则水雷、后膛螺丝开花大炮亦可于三年内学得"。④因此，左宗棠在自己的部队中装备了相当数量的西洋兵器。在楚军营制中，还特别制定了爱惜洋枪一条，开首便说："洋枪、洋炮、洋火、洋药，不独价值昂贵，购买亦费周章，凡我官勇，务宜爱惜，不可浪费。"⑤可见左宗棠对此事的重视程度。

左宗棠非常重视通过军队的近代化建设提高部队的战斗力。早在闽浙总督任上，他就针对旧式的海船根本无法与西方列强的火轮兵船相匹敌的情况，主张学习西方，迎头赶上，彻底改变海防面貌，指出："谓

---

① 左宗棠：《左宗棠全集》奏稿五，岳麓书社2009年版，第215页。
② 左宗棠：《左宗棠全集》书信二，岳麓书社2009年版，第432页。
③ 左宗棠：《左宗棠全集》书信二，岳麓书社2009年版，第431—432页。
④ 左宗棠：《左宗棠全集》书信二，岳麓书社2009年版，第373页。
⑤ 秦翰才：《左文襄公在西北》，岳麓书社1984年版，第68页。

我之长不如外国，藉外国导其先，可也；谓我之长不如外国，让外国擅其能，不可也。"① 为了掌握西方先进技术，培养人才，他在1866年建立福州船政局的同时，还开办学堂，延聘西洋技师教授各种技术，制造先进的舰船枪炮。到西征新疆时，除在西安、兰州机器局大量仿制西洋枪炮外，还在上海、汉口、西安等地设立采购机构，积极采购西洋军火，使西征军装备了较先进的枪炮弹药。主力部队的武器，足以对付英国新式武器装备的阿古柏军队。仅以西征军中刘锦棠所部为例，除原有枪炮外，出关时左宗棠曾配给开花后膛大炮两尊，车架开花后膛炮四尊，后膛七响枪三百支，快响枪八十支，并且在出关后还陆续提供了一批新式武器。这些措施对提高部队的战斗力，实现其收复新疆时"缓兵急战"的战略方针发挥了重要作用。

## 三 "精求枪炮"下的西北军事工业的发轫

左宗棠不但主张要通过自强来自己制造近代化的武器装备，而且强调要迎头赶上，在制造技术和设备上不断加以改进，以逐渐取代向外国购买枪炮。这一点在左宗棠进军西北后对于兰州制造局的创办上就有明显的体现。

同治十一年（1872），左宗棠在兰州创办了西北第一个近代军工企业——兰州制造局，其前身是西安机器制造局。左宗棠在陕甘用兵时，所用军火原是依靠上海的外国洋行代购，为了"省钱省力"，他决定建立本国的军事企业，对于创建兰州制造局的目的及作用，他说得非常清楚："参中西之法而兼其长"，"纵未能如西人之精到，而其利足以相当。如果能得地势，用教练之将弁带习练之兵丁，其制胜确有把握，非美观不适用、空言无实用者比也"。② 以确保在武器装备的更新发展中能自给自足，并立于不败之地。

---

① 左宗棠：《左宗棠全集》奏稿三，岳麓书社2009年版，第55页。
② 左宗棠：《左宗棠全集》书信二，岳麓书社2009年版，第432页。

兰州制造局由原来福州机器局的技术人员赖长以记名提督衔担任总办。左宗棠对之曾有"夙有巧思，仿造西洋枪炮，制作灵妙"①的评价。制造局工匠多为"浙匠"和"粤匠"，虽也有"洋匠"，但中国工匠在该局中发挥了主要作用。产品可考的有：仿制德国"后膛螺丝大炮"，"延粤匠学造，已成大小二十余尊，与布（普鲁士）炮大致无殊"；造轮架大炮，"又仿其意造二百余斤重炮，用车轮架放，亦殊合用"；造后膛上响枪，"局造已成数十杆，亦能及之";② 改制劈山炮及广东无壳抬枪，"劈山架改用鸡脚"③，"无壳抬枪，改照洋枪式，安宝嗒嘴，用铜帽子"。除此之外，还"自造铜引、铜帽、大小开花子"。④ 由于赖长精于业务，所以军械质量能够保证，据说，俄国军官索思诺维斯基看到兰州制造局所造枪炮之后，"叹服同声，自此亦稀言枪炮矣"。⑤ 光绪元年（1875），在刘典的筹划下，火药局也在兰州成立。后来又创建了库车火药局、阿克苏制造局等军事企业。自此，原先从海外购买的子药也可就地取补。所造火药，经左宗棠检验并使用，认为好的已能做枪药。与洋火药相比，则洋火药每发只有二钱五分，土火药要多加七分，力量才可和洋火药相等。可见，土火药与洋火药在质量上还是有差距的。至于其余种类的土火药则远不如洋火药，原因是子粒稍粗，不很过火。⑥ 这样的火药用于战场，其威力自然逊色不少，但考虑到当时中国近代总体面貌，也就不足为怪了。

兰州制造局对于生产力落后的甘肃，应当说是一个重大的历史进步。兰州制造局生产的优质枪炮，装备了光绪三年（1877）进疆的部队，扫平了阿古柏政权，在捍卫祖国领土完整的正义战争中发挥了极大威力，开创了自鸦片战争以来的37年中，第一次使用本国近代工业生产的武器战胜外国侵略者的先例。

---

① 左宗棠：《左宗棠全集》奏稿五，岳麓书社2009年版，第504页。
② 左宗棠：《左宗棠全集》书信二，岳麓书社2009年版，第491—492页。
③ 罗正钧：《左宗棠年谱》卷七，岳麓书社1983年版，第272页。
④ 左宗棠：《左宗棠全集》书信二，岳麓书社2009年版，第432页。
⑤ 罗正钧：《左宗棠年谱》卷七，岳麓书社1983年版，第300页。
⑥ 罗正钧：《左宗棠年谱》卷五，岳麓书社1983年版，第174页。

## 四 近代武器装备在收复新疆过程中的巨大作用

在左宗棠的影响和主持下，他所属的部队大量装备了进口或仿制的洋枪洋炮，其战斗力有了明显的提高，这不仅是量的增加，更是质的转变，深刻地影响了整个西征军的面貌：它已是一支具有初步近代化色彩的军队。正像包罗杰所评论的，这支军队"完全不同于所有以前在中亚的中国军队，它基本上近似一个欧洲强国的军队"。①

这些近代化的武器装备在西征中发挥了巨大威力，成为克敌制胜的关键所在。光绪二年（1876）六月，在清军攻拔古牧地的战役中，初步显示其攻坚的作用。当时，古牧地守敌甚为顽固，"金顺遂饬所部环城正西、西北、西南三面结垒，抽派营勇于南城外昼夜修筑炮台，以高过城身一丈为度。其各面原有炮台，均令培土、铺板以便安炮，迨炮台告成，布置就绪，金顺督所部攻西北一带，并分开花铜炮一尊置湘军炮台"。二十六日，刘锦棠饬宁夏总兵谭拔萃率千总庄伟以开花大炮轰塌东北面城垛，"复用开花铜炮并劈山炮紧对缺口连轰之。二十七日，移开花大炮斜轰城之正东，其轰塌缺口与东北相似。复以开花小炮及劈山炮环攻不歇"。之后，知府罗长佑督同副将杨金龙及庄伟"率亲兵移开花大炮于正南炮台，伺天色渐明，指轰南门左侧，并调集标针快响枪、七响洋枪、劈山炮排列炮台两侧同时轰击，提督谭慎典、谭和义率中军左四旗，参将董福祥，副将张俊率董字两营，各饬勇丁囊土潜伏墙壕，俟大炮轰有缺口，即行攻入……二十八日黎明，开花大炮轰动，南城左侧子墙渐圮，大炮测准连轰，城身坍卸过半，城头悍贼潜城限，仰施枪炮。官军标针快响枪、七响枪、劈山炮连发，子注如雨，贼多死者"。②凭借强大火力，各路大军乘机飞奔入城，古牧地遂告光复。

---

① ［英］包罗杰：《阿古柏伯克传》，商务印书馆翻译组译，商务印书馆1976年版，第245页。

② 左宗棠：《左宗棠全集》奏稿六，岳麓书社2009年版，第470页。

光绪二年（1876）七月，在清军攻克玛纳斯的战斗中，新式枪炮同样显示了它的巨大威力。七月二十日，金顺亲率总兵邓增、参将张玉林所部，以后膛开花大炮轰城东北角楼，横塌丈余，刘宏发、方春发趁势移卡，逼扎城根，但由于守敌顽抗，互有伤亡，相持不下。八月十四日，金顺命邓增以后膛开花大炮轰城西南二面。八月十七日，刘锦棠令在城南及西南隅高筑炮台。九月初一日午刻举发，轰塌城身二丈余，但因敌军顽抗，只好于施放开花炮数十发后收兵，不料此次发射将敌军元帅韩刑脓击毙。① 可见，在此次战役中，近代化的武器虽未像攻拔古牧地时那样发挥决定性作用，却仍是与敌周旋并适时歼灭的有效手段。

光绪三年（1877）三月，在清军攻克达坂城的战役中，新式枪炮再次发挥了决定性作用。当时，刘锦棠率军兵临城下，并命谭拔萃异开花炮至，并建造炮台。在炮台建好之后，侯名贵、庄伟测定敌军炮台及城垣方位、远近，连环轰击，"逾时，相继坍坏，俄而一炮子丸，飞堕城中火药房，有声轰然，如山摧地裂。大风起，火势骤张，延烧所储药弹开花子，砰訇震撼，城中人马碎裂，血肉横飞"。② 清军乘势攻入城中，四千守敌或毙或俘，无一逃脱。

左宗棠收复新疆的过程中虽也使用了刀矛，"但得力于枪炮者居多"③。从敌我双方武器装备的近代化及由此升级的战争强度来看，收复新疆之役可称得上一场完整意义上的近代战争。这也体现了左宗棠在武器装备近代化上的正确主张。

## 五　左宗棠武器装备思想的特点

综观左宗棠的武器装备思想，有三个特点贯穿其中。

第一，左宗棠在倡导引进和学习西方先进的武器装备和科学技术

---

① 朱寿朋编：《光绪朝东华录》，张静庐等校点，中华书局1984年版，第338—339页。
② 朱德裳：《续湘军志》，岳麓书社1983年版，第297—298页。
③ 袁大化主持，王树楠、王学曾编纂：《新疆图志》卷一百四，民国年间新疆官书局铅印，据北京大学图书馆藏书。

时，强调了坚持独立自主的原则性。对于西方先进的武器装备，左宗棠主张坚决引进，"如在所必需，虽费不惜"①。但是他更强调为我所用，"就局势而言，借不如雇，雇不如买，买不如自造"②。强调在引进中学习、消化、吸收。左宗棠主张造船和创设福州船政局，为的就要自立自强，"御外侮"，"敌洋商"，反对帝国主义军事侵略。左宗棠认为不能太过于依赖外国人，要相信中国人自己的力量。对此，他曾很有信心地说道："今幸闽厂工匠自能制造，学习日能精进，兹事可望有成，再议遣人赴泰西游历各处，藉资学习，互相考证，精益求精，不致废弃；则彼之聪明有尽，我之神智日开，以防外侮，以利民用。绰有余裕矣"③；"今船局艺堂既有明效，以中国聪明才力，兼收其长不越十年，海上气象一新，鸦片之患可除，国耻足以振"④。他创办兰州制造局也是为了打破对外国武器的依赖，确保自给自足。因此，在兴办军事工业时，他特别地强调了独立自主地学习西方先进科技的重要性。认为"自强之道，宜求诸己，不可求诸人"。他主张轮船应图自造，"既能造船，必期能自驾驶"⑤。也就是不能仅仅学习西方一项长处，更要顾及利用此一项长处来推动其他事业的发展。他说："夫习造轮船，非为造轮船也，欲尽其制造驾驶之术耳；非徒求一二人能制造驾驶之术也，欲广其传使中国才艺日进，制造、驾驶展转授受，传习无穷耳"；⑥"所以必欲自选轮机者，欲得其造轮机之法，为中国永远之利，并可兴别项之利"。⑦通过学习外国技术，力求中国人能自行掌握，灵活运用。经营

---

① 左宗棠：《左宗棠全集》书信二，岳麓书社2009年版，第434页。
② 左宗棠：《左宗棠全集》书信一，岳麓书社2009年版，第652页。
③ 中国史学会主编：《中国近代史料丛刊：洋务运动（五）》，上海人民出版社1961年版，第459—460页。
④ 中国史学会主编：《中国近代史料丛刊：洋务运动（五）》，上海人民出版社1961年版，第454—455页。
⑤ 左宗棠：《左宗棠全集》书信一，岳麓书社2009年版，第712页。
⑥ 中国史学会主编：《中国近代史料丛刊：洋务运动（五）》，上海人民出版社1961年版，第22页。
⑦ 中国史学会主编：《中国近代史料丛刊：洋务运动（五）》，上海人民出版社1961年版，第445页。

企业，宜图自主，少用洋人，待本国技术增长起来后，可分期辞退解雇洋匠。以免因过分依靠外国人而反受其牵制，力图依靠自己的力量达到"自强"的目的。这种思想是极为可贵的，在洋务派中也比较突出，值得肯定。

第二，突出了自强御侮的目的性。左宗棠举办洋务运动、主张实现中国武器装备的近代化，具有强烈的自强御侮的性质。当英国以其坚船利炮发动鸦片战争时，他认为"及时熟筹通变之方，持久之策"，就把"造炮船火船"作为"制敌"要策的重要内容，以求"海上屹然有金汤之固"。① 随后，他根据林则徐、魏源的"师夷长技以制夷"的思想，一直把造船作为御侮良策。1866年他奏请设厂造船，也是因为国外船舰横冲直撞，直达天津，"无足当之"。他在《复陈筹议洋务事宜折》中，更以西方列强在第二次鸦片战争后，"不夺不餍"，"借端要挟"，"若纵横海上，彼有轮船，我尚无之"，因此要"习造轮船，兼习驾驶"，以防外国侵略。② 后来，他在西北创办兰州制造局也是如此。他在1875年为魏源《海国图志》再版作序时特意说明"同、光间福建设局造轮船，陇中用华匠制枪炮"，"此魏子所谓师其长技以制之也"。③ 左宗棠认为，造坚船利炮，不仅"可以制海寇"，而且要"各海口船炮罗列"，"处处铜墙铁壁，以守则固，以战则克，尚何外侮之足虑乎？"④ 目标就是要抵御外强的侵凌。对于创办军事企业的作用，左宗棠认为这是中国替代外国武器进口的一个重要步骤，他说："若果经费敷余，增造精习，中国枪炮日新月异，泰西诸邦断难挟其长以傲我耳。"⑤ 而且，洋务派兴办军事工业，确实也在这一点上增强了中国的国防力量。当时就凭借部分装备自制枪炮，取得了收复新疆的胜利和中法战争清军在陆路战场上的镇南关、谅山大捷。这当中无疑有左宗棠的

---

① 左宗棠：《左宗棠全集》书信一，岳麓书社2009年版，第15页。
② 左宗棠：《左宗棠全集》奏稿三，岳麓书社2009年版，第61页。
③ 左宗棠：《左宗棠全集》家书诗文，岳麓书社2009年版，第227页。
④ 左宗棠：《左宗棠全集》札件，岳麓书社2009年版，第593—594页。
⑤ 左宗棠：《左宗棠全集》书信二，岳麓书社2009年版，第492页。

一份功劳。

第三，体现了武器装备建设的全局性。在武器装备方面，左宗棠不仅强调要习造枪炮，而且要造兵轮船只。在军事工业的创办方面，不仅要充分利用沿海沿江交通便利的"地势"，而且也要注重地区的平衡。左宗棠担任陕甘总督后，创办西安、兰州、阿克苏制造局和兰州、库车火药局等军工企业和兰州机器织呢局等民用企业，就是为了"省钱省力"。古老的西北地区，第一次响起了隆隆的机器声，从而扩大了洋务运动的范围，使洋务运动具有了全国性的规模。而且，左宗棠在西北办洋务是在为收复新疆而进行军事斗争的战争间隙进行的。西北的地理、气候、物产极差，交通特别不便，与沿海相距遥远，办洋务的条件极为欠缺；加上左宗棠已年近七旬，体衰多病，终日忙于战事，没有多少精力为近代化操劳。因此，他在如此困难的条件下推进武器装备的近代化事业实属难能可贵且成效显著。

在中国武器装备近代化的过程中，实现枪炮、轮船的自主生产经过了长时间的探索和努力。设厂造船更是因为技术要求高、投入成本大而遇到重重阻力，但是左宗棠敢于承担风险，并且抱有很大的决心，使得福州船政局成为中国近代最重要的军舰生产基地，也是当时远东最大的造船厂。

历史是人民创造的，但是历史浪潮中英雄的作用从不被忽视。剧烈变动的时代大潮将左宗棠推向历史舞台的中心位置，被称为旷代霸才的左宗棠在南征北战的战场驰骋中上演了一幕幕威武雄壮的历史话剧。左宗棠寻求民族自强的军事思想和军事实践，洋溢着"视天下事若无不可为"的豪迈气概，贯穿着自强、自信、自尊的可贵精神。他倡导学习西方先进的军事技术，却不迷信洋人而妄自菲薄，一再指出中国人的智慧不逊于洋人，只要重视学习技艺，就会赶超外国；他创办近代军事工业，既"借才外域"，又不受洋人控制，强调自管、自造、自驾；他重视培养自己的制造、驾驶人才，使西法得以"衍于中国"，并强调

"自强之道，宜求诸己，不可求诸人。求人者制于人，求己者操之己"。① 他对于侵略者主张坚决抗击，反对屈辱求和，从而被誉为"绝口不言和议事，千秋独有左文襄"。

---

① 左宗棠：《左宗棠全集》奏稿八，岳麓书社2009年版，第125页。

# 胡林翼与但湘良交游考论

莫宇翔  伍成泉[*]

**摘 要**：胡林翼与但湘良之交游，历来为学界所忽略。二人之交游，实自其父辈始，为通家之谊。无论是胡林翼科举仕途，或是治理贵州，或是经略湖北，蒲圻但氏都在该过程中提供佐助。此过程，可谓伴随二人之始终。通过与但湘良之交游，胡林翼政绩卓效，地方平和，军功卓越，定国安邦。同时，但湘良亦因胡林翼之幕友身份渐入湖湘士人团体之中，仕宦湖南数十年，为近代湖南地方史不可忽视的人物。

**关键词**：胡林翼 但湘良 湖湘士人

胡林翼，与曾国藩、左宗棠并为"湘军三杰"，是湘军史乃至整个中国近代史上的重要人物。关于胡林翼的研究，学界论述颇丰。除对其个人生平研究之外，或聚焦于其军事思想研究，[①] 或围绕其经济思想及

---

[*] 作者简介：莫宇翔，湖南师范大学历史文化学院中国史硕士研究生；伍成泉，湖南师范大学历史文化学院副教授。

[①] 相关成果有：薛学共、吴晓斌《胡林翼军事思想研究》，湖南大学出版社2013年版；洪均《论胡林翼重铸湘军——以武昌攻防战（1855—1856）为中心》，《江汉论坛》2018年第10期；陶海洋《胡林翼的战略思想与湘军战局》，《安徽史学》2000年第2期；等等。

其实践。① 胡林翼一生仕宦主要在贵州、湖北两地，卓有成效。观其治理贵州民族地区、巡抚湖北之功绩，不仅是其个人才华能力的结果，也是其幕府谋划之功。对于胡林翼幕府之研究，学界多集中考察其幕友阎敬铭、方大湜、汪士铎诸人，② 虽明晰其幕友之中有但湘良之存在，③ 但对但氏与其交游之经过、影响未有涉及。本文拟对胡林翼与但湘良之交游具体情况进行考察，探析二者交游对双方的影响。

## 一 交游之缘起

但湘良，字少村，湖北蒲圻人。历任辰沅永靖道、湖南粮储道、湖南布政使等职。编有《湖南厘务汇纂》《湖南苗防屯政考》《胡文忠公政书》。湘良其人生平，学界尚无相关研究，但湘良所编之书多被学界研究所征引。此外，相关文献记载湘良与胡林翼之交游内容尤多。

胡林翼与但湘良之交游，非自湘良本人起，实从其父但文恭始。但文恭（1780—1867），字梓村，湖北蒲圻人。嘉庆二十二年（1817）会试后仕湖南，历任常宁、慈利、芷江、零陵、永明、会同、辰溪、道州诸地，官至永绥直隶厅同知。④ 关于其与但湘良之关系，或言父子，或言兄弟。关于父子说，但文恭墓志已有明确记载："次

---

① 相关成果有：刘增合《私情与公意：晚清军费协济运作的实态——以曾国藩、胡林翼私函为中心的考察》，《学术研究》2012年第9期；周健《改折与海运：胡林翼改革与19世纪后半期的湖北漕务》，《清史研究》2018年第1期；洪均《论胡林翼整顿湖北盐政》，《理论月刊》2005年第5期；等等。
② 参见李江《晚清幕府的智库功能分析及启示——以胡林翼幕府为例》，硕士学位论文，南京理工大学，2017年。
③ "但湘良，湖北蒲圻人。早年入胡林翼戎幕。"参见刘经富编《陈宝箴诗文笺注·年谱简编》，商务印书馆2019年版，第254页。
④ 史载："（但文恭）丁丑会试后，谒选人，以知县分发湖南，初任常宁。……历调慈利、芷江、零陵、永明、会同、辰溪、道州，最后授永绥直隶厅同知。……以同治丁卯三月二十九日卒，距生乾隆庚子正月二十日，寿八十有八。"参见沈用增《永绥直隶厅同知但公墓志铭》，载《清代诗文集汇编》编纂委员会编《清代诗文集汇编》第739册，上海古籍出版社2011年版，第102—103页。

湘良，盐运使衔湖南补用道，李夫人出。"①至于兄弟之说，为明确二人之关系，笔者亦需对该说加以考辨，正本清源。兄弟之说，实出自清人徐哲身所著《曾国藩演义》，书载左宗棠之言："后来胡文忠巡抚鄂垣，但文恭的世兄但湘良，方以道员听鼓我们湖南。胡文忠因感师恩，力保但湘良补了督粮道。"②该书因多次出版，且被《清宫秘史》《中国古代名臣名将演义大系》收录，③兄弟之说甚嚣尘上。考察此记载之原始版本，为汪康年所著《纪胡文忠左文襄轶事》，文曰："其子湘良任湖南至督粮道，本胡保也。"④兄弟说记载为此段父子说记载材料演变而来。徐著《曾国藩演义》为小说，其记载未必能奉为信史。但因其"视为小说固可，视为前清之掌故学亦可"，⑤则不可不对其书所载详加考订。其书有关但湘良与但文恭之记载，承自汪之记载，除误记为兄弟关系之外，余皆相似。所谓但文恭对胡林翼之师恩，实要从胡林翼乡试说起。

胡林翼，道光十五年（1835）中湖南乡试举人，房师即为时任零陵县知县的但文恭。房师，为明、清两代举人、贡士对举荐自己试卷的同考官的尊称。科举士子若无同考官向主考官推荐试卷，则无取中可能。是以，对胡林翼而言，但文恭实为其仕途所遇之伯乐，对其颇为感念。史载："胡林翼初以妇家财通关节，得中乡试，房师蒲圻但文恭千金为贽，但奇其才表，即以千金为贺。"⑥后胡林翼以平定太平天国之功而著名，时人亦多推但文恭识人之能。文曰："先生所造就湘中士

---

① 沈用增：《永绥直隶厅同知但公墓志铭》，载《清代诗文集汇编》编纂委员会编《清代诗文集汇编》第739册，上海古籍出版社2011年版，第103页。
② 徐哲身：《曾国藩演义》，中国文史出版社2003年版，第703页。
③ 参见马灿杰编《清宫秘史》第6册，团结出版社1999年版；靳力编《中国古代名臣名将演义大系》第6册，团结出版社1999年版。
④ 汪康年：《纪胡文忠左文襄轶事》，《汪穰卿笔记》，上海书店出版社1997年版，第205页。
⑤ 陈栩：《徐哲身小传》，载徐哲身《大清三杰：曾国藩 左宗棠 彭玉麟》，时代文艺出版社1994年版，第2页。
⑥ 汪康年：《纪胡文忠左文襄轶事》，《汪穰卿笔记》，上海书店出版社1997年版，第205页。

多，胡文忠林翼尤著。论者以东南底定，吏请代偿若干数。人以此多文忠之报恩，尤服先生之预知人。"① 但文恭给予胡林翼之帮助，不仅在科举仕途之上，也在其平定太平天国规划之上。

道光二十一年（1841），胡林翼父胡达源病故，胡林翼返乡守制。道光二十六年（1846），服阕。胡林翼任贵州知安顺府，于苗防事务颇多功绩，先后任镇远知府、黎平知府诸职。在贵州任职过程中，胡林翼强调地方团练的重要性，并因以训练出精锐军队。咸丰三年（1853），因太平天国势大，时任湖广总督吴文镕急调胡林翼赴鄂平乱，胡林翼即带所练黔勇三百随行。即如《中兴将帅别传》记载："三年九月，吴公文镕由云贵总督移湖广，奏调公。公方补贵东道，带黔勇三百行，次通城，而吴公已战没黄州，鄂、湘之交郡县皆陷，公不能前。"② 胡林翼带赴湖北平乱之军，除上述黔勇之外，尚有湘西苗疆之兵。其征募湘西苗疆之兵，亦有时任直隶永绥厅同知但文恭之助力。胡林翼《致但文恭二则》③ 对此事记述颇详：

> 三厅向多壮士，有真实不怕死之人否？林翼欲纠集二三千人，为勤王之师，然招募难，支给亦难，如实在有人可募，并绅士内有人才可任将者，拟回楚后设法招致，即赴吴、楚剿贼。但"不怕死"三字，言之易而行之实难，非真有胆有良心者不可，仅以客气为之，一败即挫矣。林翼之志如此，未知能如所愿否？敬乞嘱世兄代为物色，密示为幸。④

---

① 李寿蓉：《但梓村先生重赴鹿鸣序》，中国国家图书馆中华古籍资源库，1877 年，读者云门户（nlc.cn）。
② 朱孔彰：《中兴将帅别传》，岳麓书社 2008 年版，第 18 页。
③ 此文之名，湖湘文库本《胡林翼集》整理为"致但文恭二则"，而但湘良所整理光绪二十五年湖南粮储道署刻本《胡文忠公政书》整理为"上湖南永绥厅但梓村师文恭二则"，明确了胡林翼与但文恭之关系，似更佳。今仅以通行湖湘文库本《胡林翼集》所名"致但文恭二则"为名。
④ 胡林翼：《致但文恭二则》，《胡林翼集》第 2 册，岳麓书社 2008 年版，第 120 页。

所谓"三厅",是对清代在湖南湘西苗疆地区所设立三直隶厅的统称,即凤凰直隶厅、乾州直隶厅、永绥直隶厅。乾隆《辰州厅志》记载:"自三厅立而四邑安,黔蜀定而辰州益治。"① "三厅"并不局限于上述三直隶厅行政区域,更是整个湘西苗疆地区的地理指称。历史时期,该地区居民风俗悍勇,常被征募为军,且功勋卓著,名传天下。王闿运更将清代湖南独立建省之事,归为镇筸苗兵悍勇之故。"国朝移行省于长沙,复汉国制,控扼十六大城。以苗防故,镇筸颇有精兵出征四方。"② 谢晓辉认为,傅鼐在湖南苗疆均田屯勇所建立的地方管理体制,使得当地成为咸同军兴以来湘军重要兵源地。③ 胡林翼赴湖北平乱招募湘西兵勇,即为此观点下具体案例。胡林翼招募湘西兵勇,主要从个人性格、军事技能等方面进行考核招募。与曾国藩所练湘军兵员素养要求一样,胡林翼与但文恭信中尤为强调"不用油滑人、怯弱畏缩人""朴实耐劳苦,胆量可信"。军事技能上,胡林翼从远程(投石、弓箭、枪炮)、近战(刀矛身法、手法)、身体素质(泅水、飞纵房屋、日行百八十里)、职业特长(精制军器、使风使舵)等四方面进行征募。胡林翼由贵州赴湖北平乱,走沅水水道,至辰溪对但文恭所协助征募湘西兵勇进行考核收编。其具体征募兵勇数,史籍未得详载。但观胡林翼对平乱阵亡殉难官绅士庶请旌恤诸疏中所载人士籍贯,湘西兵勇在其部亦占相当分量。追溯其部征募湘西兵勇,需从咸丰三年但文恭协征始。

但文恭与胡林翼关系之始,为乙未湖南乡试举荐胡卷,使其踏上科举仕途之路。其后胡林翼被调赴湖北平乱,但文恭协助征募三厅兵勇,为胡在湖北平乱所立卓越战功奠定基础。但文恭与胡林翼之交游,史籍中呈现事迹虽少,但于胡言皆为关键之举。但氏与胡氏被目为"通家之谊",但湘良与胡林翼之交游亦受其父与胡关系之影响,是以论述湘

---

① 席绍葆等修:乾隆《辰州府志》,载江苏古籍出版社编《中国地方志集成·湖南府县志辑》第59册,江苏古籍出版社2002年版,第238页。
② 王闿运:《湘军志》,载《湘军史料四种》,岳麓书社2008年版,第3页。
③ 谢晓辉:《傅鼐练兵成法与镇筸兵勇的兴起:清代地方军事制度变革之肇始》,《近代史研究》2020年第1期。

良与胡之交游，必先自其父但文恭始。

## 二　但湘良佐助胡林翼之表现

上文已经述及但湘良之父但文恭与胡林翼之交游内容，但湘良在此基础之上，与胡林翼颇多交游，关系良好，为胡林翼幕中良友。关于但湘良与胡林翼交游之具体经过，史籍未有详载，仅有其大略。《胡文忠公政书序例》中但湘良追溯其与胡林翼交游经过，谈到"公自贵州至湖北，在官在军，湘良朝夕相从者十余年"。[①] 虽然但湘良入胡林翼幕中未有明确时间，但最迟在咸丰三年（1853）胡林翼向但文恭请求协助征募湘西兵勇之时已在幕中。原因如下：其一，根据记载，但湘良至少应该与胡林翼经略湖北平定太平天国过程相始终，胡林翼1861年卒于湖北巡抚任上，但氏"朝夕相从者十余年"，则其1853年已在幕中矣；其二，据上文所引《致但文恭二则》，"前蒙世兄（但文恭）助钱五百千，师弟如一家之亲，需用之际，不敢作一毫虚文，亦不敢言谢"。[②] 除却但文恭于胡林翼的提携之谊外，其子但湘良已在胡林翼幕中，也应为此举的重要动因。但湘良佐助胡林翼主要体现在以下两处：一是治理贵州民族地区；二是经略湖北，恢复经济。

### （一）治理贵州民族地区

胡林翼自道光二十六年（1846）服阕即赴贵州任知安顺府，直至咸丰三年（1853）调赴湖北止。其间，胡林翼主要治理贵州民族地区，处理当地匪患问题。在此过程中，胡林翼重视编练团勇，并辅之以设立义学、处理诉讼、厘清积弊等措施，取得卓越成效，维护地方治安，稳定地区秩序。胡林翼之所以能在贵州取得卓越治绩，除却其个人才能与阅历以及其父胡达源仕宦贵州的经历外，但湘良于中应襄助良多。

---

[①] 但湘良：《胡文忠公政书序例》，载《胡文忠公政书》，清光绪二十五年湖南粮储道署刻本。

[②] 胡林翼：《致但文恭二则》，《胡林翼集》第2册，岳麓书社2008年版，第120页。

《胡林翼集》中收录有《致但明伦十二则》，胡林翼将贵州地方治理问题与经验措施分为诉讼、团练、苗防、吏治等方面与但明伦进行交流。① 但明伦，字天叙，号悖五，一字云湖②，贵州广顺州人。关于但明伦，学界研究多集中在其评点《聊斋》以及仕宦之上，对其个人家庭关系未有深入研究。实则明伦之"但"与文恭、湘良之"但"同宗同源，为同族关系。但明伦《诒谋随笔》收录了但文恭序言以及但湘良跋语，明确了其与文恭、湘良之关系。但文恭在序中径称但明伦为"家弟云湖"，并追溯其渊源道"君先世由楚迁黔，去故乡数千里"。③ 但湘良亦以"族子"自称，言但明伦为"先叔"。④ 据文恭《序》及湘良《跋》而言，但明伦季子，名培良，字幼湖。⑤ 从文恭之梓村、湘良之少村以及明伦之云湖、培良之幼湖名字而言，不仅明确了但明伦这一支与但文恭这一支的渊源，还为上文所述文恭与湘良父子关系之确定提供另一佐证。

　　但明伦久仕宦海，多历官于东南沿海地区，以"筹款赎城"之举名于世。⑥ 此外，其对贵州苗防事务亦颇有心得。陈田所撰《黔诗纪略后编传证》言："云湖在言职所陈《筹办贵州党匪申明互保遭坐之例》，分别举首容隐之条杜渐防微，在苗匪萌芽之时足称远见。"⑦ 除前述

---

① 文云："一、贵州知府有自理地方，则词讼案件首当尽心。尽心之道，莫如使蠹役无所藉手。拟放告日当堂收呈，或准或驳，即时批明榜示。已准者具呈两造均到，即谕令批呈事毕，本日即为讯结，无庸差唤。……一、保甲团练第一良法，亦可为第一弊政。何以使城乡军民不费一文，不见一役，而自能成功？一、苗民之刁诈者须加严处。而江西、四川、湖广客民之百端盘剥，实为大害，何以两得其平，共知感惧？一、州县公事有废弛踬茸不振者，何以作其气？其例设循环簿，向归巡道提查，知府可否一并提查？此外有何鼓舞歆动之法，如何而可按期催结，照例遵行？"参见胡林翼《致但明伦十二则》，《胡林翼集》第2册，岳麓书社2008年版，第6页。
② 但明伦"云湖"一字，另有书言"云湖"为其号，误也。参见楼含松主编《中国历代家训集成》，浙江古籍出版社2017年版，第6259页。今从凌惕安编《清代贵州名贤像传》，"云湖"为但明伦字。
③ 但文恭：《诒谋随笔序》，载《诒谋随笔》，清光绪四年但氏家刻本。
④ 但湘良：《诒谋随笔跋》，载《诒谋随笔》，清光绪四年但氏家刻本。
⑤ 另有一子，名钟良，字小云。《黔诗纪略后编》"但检讨钟良"条载："钟良字小云，广顺州人，运使明伦子。"
⑥ 吴丕：《但明伦小传》，《文史知识》1994年第11期。
⑦ 莫庭芝、黎汝谦采诗，陈田选诗：《黔诗纪略后编》第17卷，载徐丽华编《中国少数民族古籍集成》第89册，四川民族出版社2002年版，第681页。

《致但明伦十二则》外,但明伦与胡林翼另有交游。胡林翼与但明伦交游亦需追溯至其父胡达源,其妹胡春芝亦适但培良。① 道光二十五年(1845)胡林翼守制将满之时,但明伦为胡林翼仕途考虑,敦促胡林翼出山,赴扬州筹措捐复经费。事虽不谐,道光二十六年六月胡林翼仍捐纳知府,分发贵州,② 但并未走马上任。十二月,胡林翼出京返乡,准备贵州赴任事宜。道光二十七年正月,途经扬州,与但培良同返长沙。培良因此与其妹胡春芝完婚。"正月抵江都,但公子培良当来就昏,公挈之至长沙成礼。"③

但培良与胡春芝成婚于胡林翼赴任贵州之前。其后胡林翼三月还家,四月启程,五月至贵阳,十一月正式任安顺府知府。④ 据《江永县志》载,但文恭道光二十七年在任永明知县。⑤ 但培良正月成婚之时,则但文恭或仍在零陵知县任上。但培良仅身为文恭族子,其成婚但文恭似无必要前往。但考虑到文恭与明伦"同上公车,又同官湖南,生平对床之日为多"的亲密关系,⑥ 兼之明伦对湘良"于诸侄中独蒙钟爱"的爱护,⑦ 且文恭素善林翼,则培良成婚终身大事于情理而言,文恭应有所恭贺。但湘良与胡林翼概为此种情形下会面,此后随之赴任贵州,参赞政事。

关于胡林翼捐复贵州一事,时人多因"输粟为吏者,法得择善地。今子费万金而贸播州,非所闻也"诘笑之。胡林翼虽以"天下官方,

---

① 李瑚:《魏源研究》,朝华出版社2002年版,第795—796页。
② "(道光二十六年)六月,援陕西捐输例,报捐知府,分发贵州。"参见梅英杰《胡文忠公年谱》,载北京图书馆编《北京图书馆藏珍本年谱丛刊》第158册,北京图书馆出版社1999年版,第176—177页。
③ 梅英杰:《胡文忠公年谱》,载北京图书馆编《北京图书馆藏珍本年谱丛刊》第158册,北京图书馆出版社1999年版,第177—178页。
④ "三月还家,佯装待发,遍谒先茔,誓不取官中一钱自肥以贻前人羞。四月己酉朔,汤太夫人率眷属登舟,公绕小淹赴常德会之,从弟保翼亦以府经历偕往。六月抵贵阳。十一月委署安顺府知府。"参见梅英杰《胡文忠公年谱》,载北京图书馆编《北京图书馆藏珍本年谱丛刊》第158册,北京图书馆出版社1999年版,第178页。
⑤ 吴多禄编:《江永县志》,方志出版社1995年版,第445页。
⑥ 但文恭:《诒谋随笔序》,载《诒谋随笔》,清光绪四年但氏家刻本。
⑦ 但湘良:《诒谋随笔跋》,载《诒谋随笔》,清光绪四年但氏家刻本。

独贵州州县吏奉上以礼不以货。某之出资用皆他人助成之，窃念两世受国恩遇，黔又先人持节地，习闻其风俗。某初为政此邦，贫瘠或可以保清白之风而不致负良友厚意"回应，① 但除去胡林翼个人崇高家国情怀外，但明伦之但氏身为贵州望族能为胡林翼施政贵州提供帮助，应也是胡林翼选择捐复贵州的一个考虑。但文恭一系与但明伦一系关系良好，且胡林翼为但文恭推举中试，其个人仕途亦与但文恭识人声名一荣俱荣，一损俱损。在此种情形之下，但湘良入胡林翼戎幕，也在情理之中。此举一可以便利联系贵州但明伦广顺但氏，协助胡林翼治理贵州；二可以进一步密切但氏与胡林翼之间关系。惜有关但湘良协助胡林翼治理贵州史料记载留存稀少，此部分笔者仅能根据留存部分史料对胡林翼与但湘良治理贵州民族地区概况进行推想。

但湘良于胡林翼幕中经历并非始终相随，其间湘良亦随其父留居于永绥。据 1907 年《申报》所载《调补贵州巡抚、湖南巡抚庞奏为按员功德在民吁恳天恩附祀名宦以彰茇绩折》，但湘良"曾随其父但文恭在永绥厅任所，习知民苗疾苦，边防利害"。② 其父但文恭咸丰二年（1852）由辰溪县知县调任永绥直隶厅（今花垣县）同知，③ 其后但湘良或自胡林翼幕中前赴永绥，协佐其父。咸丰三年胡林翼请求但文恭协征湘西兵勇带至辰溪，概彼时但湘良重入胡林翼幕中，奔赴湖北。但湘良亦自述"楚北下士，知识庸愚，于咸丰年间经原任湖北抚臣胡林翼檄调赴营，随同效力"。④

**（二）经略湖北，恢复经济**

胡林翼咸丰三年（1853）以后经略湖北，其治绩除平定太平天国

---

① 梅英杰：《胡文忠公年谱》，载北京图书馆编《北京图书馆藏珍本年谱丛刊》第 158 册，北京图书馆出版社 1999 年版，第 177 页。
② 《调补贵州巡抚、湖南巡抚庞奏为按员功德在民吁恳天恩附祀名宦以彰茇绩折》，《申报》1907 年 3 月 11 日第 12 版。
③ "奏报但文恭署理永绥直隶厅同知"，1853 年 1 月 2 日，台北故宫博物院藏，故机 088254。
④ 《二品衔署湖南按察使、候补道臣但湘良跪奏为恭报微臣接署臬篆日期叩谢天恩仰乞圣鉴事》，《申报》1886 年 3 月 14 日附录。

运动外，经略湖北、恢复经济也是其中重要一部分。在其经略湖北过程中，但湘良亦出力颇多。一则但湘良蒲圻但氏即在湖北，能为胡林翼经略湖北提供助力；二则但湘良高超的个人能力体现。胡林翼经略湖北期间，与但湘良之间有一趣闻：

> 观察（但湘良）于公为通家谊，又常随幕皖、鄂间，尝语予云。咸丰中，公稔楚漕为民病，奏改折色，以道里远近第其值。时有二郡未经贼窜者，幕友欲增价以益饷，众称善，观察默然。公问故，观察曰："二郡之免贼，特幸耳。漕为常供，贼平后，民累无穷矣。"众持之，竟如初议行二郡。观察退而寝。次日黎明，忽闻扣户声，奴子启关，则公趿履至榻前，字呼观察曰："少村！少村！尚酣睡未觉乎？"观察惊愕，披衣坐。公曰："昨夕议罢，吾伏枕熟思不能寐，惟君言为民计长久，得大体。吾挑灯起草，已驰驿追易前面函矣。"徐御盃，漱毕，结袜去。①

可见，经略湖北期间，胡林翼与但湘良就具体施政方略虽有异见，但最终亦听从但湘良以民为本的赋税方针，星夜追回已颁布政令并向但湘良追悔前过。在这一事例中，可以看到但湘良与胡林翼其他幕友相比于财赋具有独特见解与才识，是其幕府中不可或缺的一部分。并且，根据胡林翼黎明即"趿履至榻前"呼湘良这一细节来看，二者关系非同一般。二者亲密关系的形成，或为道光二十七年胡林翼赴任治理贵州民族地区始。

但湘良既于财赋之上有独到见解，其为胡林翼经略湖北，整顿地方财政作出了卓越贡献，尤以经理厘务、筹措军饷为著。咸丰九年（1859）胡林翼回复但湘良书信说道：

---

① 沈用增：《书益阳胡文忠逸事》，载《清代诗文集汇编》编纂委员会编《清代诗文集汇编》第739册，上海古籍出版社2011年版，第89页。

接奉惠函，藉悉一是。鄂中军饷，以厘金为大宗，能除中饱，杜偷漏，设法勾稽，具见权衡至当。茶厘办有起色，甚以为慰。洋药无行，难免隐瞒之弊，而非大市镇亦难一一举行。来示责成各局核收，以节糜费，甚为妥洽。其通山之包茶厘金，与业户厘金，已抽者不便重抽，未缴者必须追缴，已函致武穴厘局，查核施行。又闻咸宁之丁泗桥门市，因六县只此举行，故该地商民，尚属观望，可与总局商办如何通行，是为至要。①

　　胡林翼经略湖北、安徽过程中，平定太平天国所需花费军费以厘金为大头。因此，欲定湖北，必先抵御太平天国侵扰；欲抵御太平天国侵扰，必先解决军费开支。解决军费开支问题，则以厘务为要；总揽厘务，要在得人。但湘良与胡林翼交游既为世交，且于贵州之时便已相从，深得胡林翼信任，又兼本地宗族之人，厘务负责之人，舍但其谁。咸丰十年（1860）胡林翼就厘务问题对但湘良亦有所交代：

　　厘务无苛无纵，办法自得其平。另示钱漕一节，立法初新，陋规徐起，自应严札查办。细思此事，亦因散户之不急输，将使包户得乘县令之急而抵其隙。至包户纳贿，则包户有权而穷民受害，已函致藩台，密札访查，必须澈底根究也。②

　　如前文所述，胡林翼经略湖北期间，但湘良在其幕府之中实际扮演了经理经济恢复事务的管家角色，为胡林翼在前线军事胜利的取得奠定了坚实经济基础。孙翼谋评价但湘良厘务方面功绩道："蒲圻但少村观察，综司榷政，多历岁年，卓著成劳，上下交悦。"③但湘良亦因其佐助之功被胡林翼推举。据咸丰九年（1859）六月十四日内阁奉

---

① 胡林翼：《复但少村》，《胡林翼集》第2册，岳麓书社2008年版，第316页。
② 胡林翼：《复但湘良》，《胡林翼集》第2册，岳麓书社2008年版，第609页。
③ 孙翼谋：《湖南厘务汇纂序》，载但湘良编《湖南厘务汇纂》，光绪十五年刻本。

上谕档：

> 湖北省城设立牙帖厘金总局，各委员等认真经理，今自上年四月起至本年三月止，共收银一百三十余万两，按月解交粮台接济饷需。该委员等著有成效，自应量予奖励。记名道栗耀著赏加按察使衔，知府李映荣著赏加盐运使衔，湖南补用同知、直隶州知州但湘良著俟补缺后以知府用。①

但湘良于胡林翼幕中专精经济赋税事务，为胡林翼治理湖北提供重要支撑。奈何仅数年之后的咸丰十一年（1861）九月，胡林翼于武汉病逝。胡林翼逝世，使得但湘良与胡林翼的交游遂告终结，但二者交游所造成的影响仍未结束。

## 三　但湘良与胡林翼交游对其影响

但湘良与胡林翼的交游，与其说是湘良个人的行为，不如说是但氏一族的行为。自但明伦、但文恭始，即与胡达源、胡林翼交好，并对胡林翼多所招拂，但湘良即在此种家族背景下入胡幕中。关于二者交游对胡林翼的影响，前文已经述及但湘良在胡林翼贵州、湖北治理过程中所起到的佐助作用，此节不再赘述。本部分主要述及二者交游影响下，但氏仕宦湖南数十年，融入湖湘士人群体之中，以湖南地区发展为己任。

但湘良久在胡林翼幕中，虽声名不显于外，但凭借但明伦、但文恭"同官湖南"并且其父文恭仕宦湖南数十年的经历以及胡林翼幕友之身份，于胡林翼逝世后亦与曾国荃、郭嵩焘、王闿运等人交好。

胡林翼逝世后，但湘良并未放弃经理厘务，反而继续前项事业，或

---

① 中国第一历史档案馆编：《咸丰同治两朝上谕档》第 9 册，广西师范大学出版社 1998 年版，第 322 页。

已在曾国荃辖下。同治六年（1867）曾国荃《牙厘出力各员恳照原折奖叙疏》载：

> 计开：补用道、湖南候补知府但湘良，请赏加盐运使衔。①

但湘良之厘务所提供财政转而供给曾国荃部，与湖湘士人团体关系更为密切。另据曾国荃、郭嵩焘所纂光绪《湖南通志》所列督修名单，但湘良亦参与编纂之役。② 在此过程中，但湘良与郭嵩焘亦有私交。郭嵩焘于日记中广泛提到其与但湘良之交游，譬如集会、贺寿等。值得注意的记载是"同治十三年（1874）四月十九日"条，载"十九日。但少村、曾沅甫过谈"。③ 曾沅甫，即曾国荃。但湘良此时已在湘为官多年，其与湖湘士人之交游较前时更为密切。但湘良不仅与郭嵩焘有交游，与王闿运也有交游。除寻常的文人集会外，王闿运为其所编《湖南厘务汇纂》改订目录。其《湘绮楼日记》"光绪十三年（1887）八月三日"条载："为但少村改厘务书目录，略以《周官》欵总廛布，分货税行帖，不及筠仙之博考也。"④ 筠仙，即郭嵩焘。此外，《湘绮楼日记》还记载一趣事：

> （光绪二十四年十月廿日）晴。晨起，一人突入，设拜，称老伯，湘乡音也，自云蒲圻但湘良之表弟。心知骗诈者，喜于珠还。问其来意，云求盘费。入遣乔耶质之，不敢斥言，乃召斋长，出家书示之，麾令速去。⑤

---

① 曾国荃：《牙厘出力各员恳照原折奖叙疏》，载梁小进编《曾国荃集》第1册，岳麓书社2008年版，第148页。
② 卞宝第、李翰章修，曾国荃、郭嵩焘等纂：光绪《湖南通志》，载《续修四库全书》编纂委员会编《续修四库全书》第661册，上海古籍出版社2002年版，第6页。
③ 郭嵩焘：《郭嵩焘日记》，载梁小进编《郭嵩焘全集》第9册，岳麓书社2012年版，第628页。
④ 王闿运：《湘绮楼日记》，岳麓书社1997年版，第1396页。
⑤ 王闿运：《湘绮楼日记》，岳麓书社1997年版，第2175页。

从此可以看出，时人对但湘良与王闿运之亲密关系有着清晰认知。若非有如此认知，不至于有好事者假托但湘良之关系，向王闿运求诗。从但湘良个人仕宦经历来看，其先入胡林翼幕中，后随曾国荃治事，其后又与郭嵩焘、王闿运等人交游。胡、曾、郭、王皆为湖湘士人代表人物，但湘良与上述诸人交游，使其进入湖湘士人群体之中，其过程自与胡林翼交游始。

但湘良融入湖湘士人群体的过程之中，仍不忘强调其与胡林翼交游之密切关系，其刻书事业即为此举代表。其不仅直接整理出版了《胡文忠公政书》（光绪二十五年湖南粮储道署刻本）以及其父胡达源《弟子箴言》（光绪二十一年湖南粮储道署刻本），还在给他书所作序言部分反复提及。《胡文忠公政书》记述但湘良与胡林翼关系部分，前文已经涉及，此不再赘述。但湘良《重刊弟子箴言叙》载："宫詹嗣君文忠公为先公门下士，其治军湖北时湘良以通家之谊从事幕府，见其措置施设，无一不本宫詹之教，盖得力于是书为多。"① 而但湘良为方大湜所作《平平言序》亦提及："巴陵方菊人方伯以诸生佐胡文忠军，吾得与共事相与谈当世之务……今方伯已归道山，其同邑杜仲丹先生出所撰《平平言》六卷来征序，湘良受而读之，如当年抵掌戎幕时，因恍然以治民之道不在奇能异术也。"② 今湖北赤壁蒲圻但氏所藏一块疑但湘良本人所作的残碑，内容强调蒲圻但氏与胡林翼之亲密关系，反映了但湘良意在家族内部树立此种意识：

> 先大夫（但文恭）起家乙科，作守绥山中，历慈利、零陵、善化、□会同、永明、新化令，道州牧，并有惠政，再考卓异。在零陵□湘乡，大狱称平明。将去永绥，力疾守城，抗叛苗数万之□。四充乡试同考官，所得士以胡林翼为首。林翼谥文忠，□再荐

---

① 但湘良：《重刊弟子箴言叙》，载冯一校注《弟子箴言校注》，中州古籍出版社2021年版，第8页。
② 但湘良：《平平言序》，载张原君、陶毅主编《为官之道——清代四大官箴书辑要》，学习出版社1999年版，第503—504页。

取中,遂为名臣。咸丰之际,东南寇□,竟致富强,实倚师门。①

但湘良自同治年间始,自光绪三十二年(1906)卒,② 前后为政湖南达数十年之久。吴大澂评价但湘良,"老成练达,心细才明,遇事秉公有为。有守在湘二十余年,洞悉地方利弊"。吴大澂此评对但湘良个人而言极为恰当,但对其父辈影响有所忽略。其父但文恭自嘉庆二十二年(1817)会试后即为官湖南,至咸丰五年(1855)永绥厅同知任上恩退,亦历官湖南数十年。加之但湘良自同治至光绪数十年为官湖南之经历,父子二人仕宦湖南前后达六十余年之久,其间相交游之湖湘士人以胡林翼为代表。父子二人凭借与胡林翼乃至益阳胡氏的交游,加上长期仕宦湖南的经历,更为融洽地进入湖湘士人群体之中,为其治理地方提供便利,推动了湖南的发展。

图1 碑刻图片(上) 　　图2 碑刻图片(下)

胡林翼作为湘军代表人物,相关研究成果充盈学界,其所涉交游亦

---

① 大天行者:《但湘良——被胡林翼保荐出来的蒲圻(赤壁)人》,微信公众号0715圈,2017年12月24日。但湘良——被胡林翼保荐出来的蒲圻(赤壁)人(chibitour.com)。

② 其卒时间史料未得详载,唯据《德宗景皇帝实录》"光绪三十二年九月辛酉"条"予故署湖南辰沅永靖道但湘良,附祀傅鼐专祠。从署湖南巡抚庞际云请也"。参见《德宗景皇帝实录》卷564,中华书局1987年版,第476页。

不例外，但其与但湘良此段因缘并未为学界所熟知。此现象之缘由，主要为但湘良其人其事相关记载较少，且学界关注度不够。本文通过相关记载胡林翼与但湘良乃至其父但文恭、族叔但明伦交游之史料，囊括书信、序跋、奏折、碑刻等材料，对二者之交游详加考辨，冀望勾勒胡林翼与但湘良二者交游之具体经过，以丰富学界关于胡林翼的研究成果。不仅如此，本文亦为对但湘良本人研究的初步思索，为其后对但湘良本人及其著作研究奠定基础，以为学界发掘但湘良这一湖南近代史上之重要人物。

# 抗战时期柳湜的宪法思想

李 驰*

---

**摘 要:** 柳湜在抗战时期于宪法的理论与实践两方面都有过精彩论述。在理论上,他结合国内外最新理论,系统阐释了马克思主义宪法观,强调实施宪法应突出民主因素。在实践中,他积极推动国民大会、国民参政会建设,参与研究"五五宪草"修改方案,强调政治法制建设中的文化作用。在以上两方面,柳湜都做到了以马克思主义理论为基础,以弘扬民主政治为目的,创造性地推动了马克思主义宪法理论的发展。

**关键词:** 柳湜 新启蒙运动 宪法

---

柳湜(1903—1968),原名克立,湖南长沙人,1928年加入中国共产党。历任《申报》读书指导部主任、《读书生活》杂志主编、《全民周刊》主编、生活书店总编辑等。1940年赴延安;1941年任延安马列

---

\* 作者简介:李驰,中国政法大学人文学院讲师,法学博士。
基金项目:国家社科基金重大项目"中国宪法学文献整理与研究"(项目编号:17ZDA125);北京市法学会2002年市级法学研究课题青年课题"北京市红色法治文化资源整理与保护研究"(项目编号:BLS(2022)C007);中国政法大学青年创新团队项目"犯罪预防时效性与制裁多元化"(项目编号:21CXTD09)。

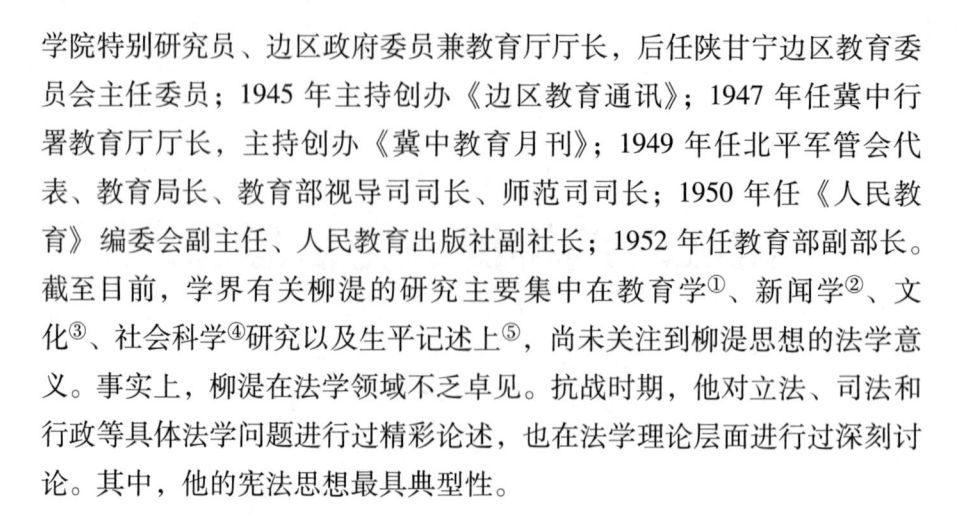

学院特别研究员、边区政府委员兼教育厅厅长,后任陕甘宁边区教育委员会主任委员;1945年主持创办《边区教育通讯》;1947年任冀中行署教育厅厅长,主持创办《冀中教育月刊》;1949年任北平军管会代表、教育局长、教育部视导司司长、师范司司长;1950年任《人民教育》编委会副主任、人民教育出版社副社长;1952年任教育部副部长。截至目前,学界有关柳湜的研究主要集中在教育学[①]、新闻学[②]、文化[③]、社会科学[④]研究以及生平记述上[⑤],尚未关注到柳湜思想的法学意义。事实上,柳湜在法学领域不乏卓见。抗战时期,他对立法、司法和行政等具体法学问题进行过精彩论述,也在法学理论层面进行过深刻讨论。其中,他的宪法思想最具典型性。

## 一 理解柳湜宪法思想的关键因素

柳湜不但是一位优秀的教育家,也是一位优秀的法学家。柳湜抗战时期的宪法思想是中国共产党人法思想的生动体现。在展开论述前,首先梳理与其宪法理论相关的历史背景、理论立场和法思想概况。

### (一) 历史背景

1936—1940年,柳湜集中阐释了其宪法思想。在政治上,此时对

---

① 张绍春:《柳湜师范教育思想论析》,《教育评论》2008年第1期。
② 刘宪阁:《时人眼里的大公报之一例》,《青年记者》2016年第19期。
③ 欧阳喜军:《文化自觉与理论自信:新启蒙运动中的中国共产党与马克思主义》,《马克思主义与现实》2013年第5期;冯淼:《〈读书生活〉与三十年代上海城市革命文化的发展》,《文学评论》2019年第4期。
④ 郑大华:《抗战时期"学术中国化"运动的再研究——纪念抗日战争胜利七十周年》,《浙江学刊》2015年第4期;何思考颖、何光全:《柳湜与中国近代社会科学知识的传播及教育》,《当代继续教育》2018年第4期。
⑤ 柳树滋:《柳湜同志的生平、著作和思想》,《柳湜文集》,生活·读书·新知三联书店1987年版,第1—2页;胡绳:《写在〈柳湜文集〉的后面》,《柳湜文集》,生活·读书·新知三联书店1987年版,第882—887页。

外正值抗日战争时期,对内正处于国民党推动宪法实施阶段。① 在思想上,此时正值新民主主义理论酝酿和发展的关键时期。

一方面是政治背景。其一,抗日战争的时代背景。柳湜积极投身抗日救亡工作,在新闻学、教育学乃至法学领域都发表了大量文章。② 其中,他的法学思想受时代因素影响尤为明显。他认为抗战是推动宪法发展,凝聚民族共识的历史契机。他强调,抗战是开启中国宪法发展新阶段的直接原因。战争越深入,就越要扩大民权,增强民力。以往人们认为战争中不能谈宪法的观点是错误的。相反,抗战给实施宪法,凝聚共识提供了难得的历史契机。③ 其二,宪法发展的时代特点。1935 年前后,推动宪法实施的呼声在社会上逐渐高涨。中国共产党、国民党和中间党派逐渐在表面上达成统一战线、推动宪法实施的共识。在一届四次国民参政会上,为了应对左舜生、张君劢、章伯钧等人立即结束党治,实施宪法的提案,国民党由孔庚提出《请政府遵照中国国民党第五次全国代表大会决议案定期召集国民大会制定宪法开始宪政案》,以掌握主动权。④ 在此期间,中国共产党和中间党派积极组织宪法实施活动,以给国民党施压,迫使其推动宪法实施。此时,柳湜从事党的地下工作和文化工作。⑤ 他担任主编的《全民抗战》被视为宣传宪法思想的舆论阵地。⑥ 他有关宪法的立场和观点都与此背景息息相关。

另一方面是理论背景。柳湜是"新启蒙运动"的主要参与者。20世纪 30 年代,以陈伯达、艾思奇、何干之、张申府和柳湜为代表的知识分子以"继承五四、超越五四"为口号,发起了一场思想文化运动,

---

① "抗战时期"是指 1931 年 9 月 18 日至 1945 年 9 月 3 日间。"全面抗战时期"是指 1937 年七七事变之后。
② 顾明远主编:《中国教育大系·历代教育名人志》,湖北教育出版社 2015 年版,第 644 页。
③ 柳湜:《中国宪政运动的几个阶段》,《理论与现实》1939 年第 3 期。
④ 祝天智:《战争党争与宪争:抗战时期宪政运动研究》,中国社会科学出版社 2011 年版,第 80 页。
⑤ 柳树滋:《柳湜同志的生平、著作和思想——〈柳湜文集〉前言》,《柳湜文集》,生活·读书·新知三联书店 1987 年版,第 1 页。
⑥ 祝天智:《战争党争与宪争:抗战时期宪政运动研究》,中国社会科学出版社 2011 年版,第 85 页。

被世人称为"新启蒙运动"。① 柳湜撰写的《国难与文化》、《我所想到的新启蒙运动的实践》、《新启蒙运动与哲学家》和《抗战以来文化运动的发展》等文章都是阐释新启蒙运动的代表作。这些著作奠定了其代表人物的历史地位。②

理解柳湜宪法思想离不开其历史背景,应具体结合其中的政治与理论因素加以分析,以还原其全貌。

### (二)理论立场

柳湜有深厚的马克思主义理论功底,而且能用通俗易懂的语言进行表达。他对马克思主义基本理论十分熟稔,并以此为基础阐释教育学、法学、经济学问题,著述颇丰。③ 例如,他曾任《申报》读书指导部主任,开辟"读书问答"专栏,并用马克思主义的立场、观点、方法解答读者在学习、生活、事业上的问题,收到了良好的社会效果。④ 他也极力使理论通俗易懂,主张应当结合中国实际,应避免"公式主义""洋八股""空洞抽象的调头""教条主义"等弊端。⑤ 例如,他曾撰写《怎样研究政治经济学》《街头讲话》《社会学常识》,以通俗易懂的方式阐释高深学理。毛泽东称赞《街头讲话》为"真正通俗而又有价值"的图书之一,曾指示在西安从事统战工作的叶剑英和刘鼎购买此书,以作革命根据地学校与部队提高干部政治文化水平之用。⑥ 总之,柳湜是能将马克思主义"中国化""大众化"的代表人物之一。

### (三)法学思想概况

柳湜认为,法律属于上层建筑的一部分,经济发展状况决定了一个

---

① 李亮:《扬弃五四:新启蒙运动研究》,上海三联书店2012年版,第168页。
② 李亮:《扬弃五四:新启蒙运动研究》,上海三联书店2012年版,第191—207页。
③ 冯淼:《〈读书生活〉与三十年代上海城市革命文化的发展》,《文学评论》2019年第4期。
④ 华东师范大学教育系编:《中国现代教育文选》(修订版),人民教育出版社1998年版,第616页。
⑤ 柳湜:《中国作风与中国气派》,《全民抗战》1938年第45期;柳湜:《欢迎来渝中委诸公》,《全民抗战》1939年第48期。
⑥ 龚守静、宋荐戈、李玉非编:《柳湜教育文集》,教育科学出版社1991年版,第443页。

社会所拥有法律的基本形态。

1938年,柳湜在《国难与文化》中揭示了法律的属性。概括来讲,政治法制生活属于"上部建筑二",受经济基础制约。他指出,社会是由上部建筑和下层基础组成的。下层基础是社会经济结构,上部建筑又可分为"上部建筑一"和"上部建筑二"。前者是政治法制的生活过程,后者是社会意识诸形态的过程。此外,上部建筑之间相互影响且对经济基础亦有影响。① 柳湜在《社会学常识》中进一步解释了其观点。他指出,政治法律制度是上层建筑中最接近经济基础的一部分,属于社会的政治构造,最典型的体现就是国家政权。国家政权是人类社会出现不平等阶级关系之后的产物,为了平衡不同阶级之间的利益,国家便应运而生。法律起到了同样的作用。② 法律发展受其属性制约。例如,他对司法的讨论正是基于这样的认识。他称司法这出"文明戏"绝不是凭空而出,而是人类社会经济发展到了某一时代,需要某种经济秩序,自然而然产生一种法律规制。这意味着,法律并非是某些大学或某些法学家所创造的,而是应时代社会经济发展需要而产生的。③

综上,理解柳湜宪法思想要把握其形成和发展的历史与理论背景、马克思主义理论立场,以及法学思想的整体特征。

## 二 柳湜宪法思想的主要内容

柳湜在《全民抗战》等刊物上对宪法概念及其相关理论有较为完整的论述,系统地阐释了其宪法思想。④

### (一) 宪法概念

1. 宪法概念

1939年,柳湜在《全民抗战》中专门撰文阐释"宪法"概念,并

---

① 柳湜:《国难与文化》,上海黑白丛书社1937年版,第9—10页。
② 柳湜:《社会学常识》,中华书局1949年版,第118页。
③ 柳湜:《冷门》,《街头讲话》,生活书局1936年版,第165页。
④ 《全民抗战》是由《全民》和《抗战》合并而成,在汉口创刊,并由邹韬奋、柳湜共同担任主编。参见程曼丽、乔云霞主编《新闻传播学辞典》,新华出版社2013年版,第83页。

强调了其民主性。他借用孙中山先生将民主国家视为股份有限公司的比喻,指出"股东""老板"都有说话的权利。与之相反,专制国家则是"东家生意",所有权力皆归"老板"一人。古往今来,只有近两百年来的民主国家才开始有宪法。民主国家在立国之时,要像股份公司一样,所有股东立一个公约,规定股东的权利、义务等事项。这个公约便是宪法。他又解释道,宪法是国家根本大法,相当于一个"国家公司"的"总公约",其他法律相当于"营业细则"。在拥有宪法的国家,国民有参政权,通过直接或间接的方式管理国家。但是,彼时资产阶级民主国家宪法仍掌握在少数资本家手中,还没有达到满足人民生活需求,反映全体人民意志,保障少数人权利等基本要求。①

2. 宪法实施概念

1939年,柳湜在《全民抗战》上也专门诠释了宪法实施。他强调彼时中国推动宪法实施运动需要工人、农民和知识分子配合。从历史上来看,推动实施宪法"就是由封建社会过渡到资本主义社会这一历史时期中在政治上的一种运动"。② 资本主义语境中的宪法实施是指,国家大事不再由封建贵族决定而是由新兴资产阶级决定。他们倡导并推动了宪法的制定。但是,宪法实施并非专属于新兴资产阶级,还需要工人、农民和知识分子共同参与。正是由于广大人民群众的同情和支持,新兴资产阶级所主导的宪法改革才能成功。③

同年,柳湜指出抗战是推动宪法实施的良机。纵观历史,中国近代宪法实施的主线是革命派和改良派的斗争。由于改良派对外没有决心,对内惧怕民众,往往沦为与帝国主义相互勾结的反动势力,其所主导的立宪运动并非真正的民主政治。正因如此,抗战时期是改变现状的最佳时机。抗战为各阶层协作创造了可能。民族革命战争反而给了全民族国家无限前途,也给了中国宪法实施的新内容、新条件。因此,新宪法应具有四个特点:第一,它要具有最大限度的全民性质,兼顾各阶级的利

---

① 柳湜:《宪法》,《全民抗战》1939年第98期。
② 柳湜:《宪政运动》,《全民抗战》1939年第97期。
③ 柳湜:《宪政运动》,《全民抗战》1939年第97期。

益诉求;第二,它要用立法形式巩固已有成果,要具充分的实用性;第三,它要具最高的民主性;第四,这一宪法不仅要赋予人民形式上的权利,还应注意实现这些权利的物质、文化教育等条件。反过来说,也只有实施宪法才意味着抗战的真正成功。①

综上,柳湜指出中国宪法实施的最佳时期便是抗战时期,这是因为在该阶段最有利于凝聚共识、改良弊政、落实宪法。

### (二) 宪法理论

柳湜的宪法理论分为一般和重点两部分。前者侧重于宏观分析中国宪法理论发展的时空定位,后者则强调宪法理论应当关注的焦点。

#### 1. 一般理论

1939年,柳湜《我们需要一部什么样的宪法》概括了其宪法观。他将世界宪法分为"英美法老牌国家宪法""中东欧各国的新民主主义宪法""德意法西斯主义宪法"和"苏联社会主义宪法"四种类型。②其中,后三者又是新形式宪法。由于中国所处抗战时期,社会发展具有特殊性,决定了中国宪法不可能与以上任一宪法相同。中国宪法既不能完全和苏联式社会主义原则一致,也不能与资本主义原则重叠,而是应当结合中国历史发展实际所创造的具有全民性质的新宪法。

彼时,中国抗战的长期性导致抗战与建国密不可分。在柳湜看来,新宪法属于"帝国主义灭亡阶段弱小国家反帝的民族解放战争时期的全民宪法",③且具有以下四个特点。第一,在原则上应反映所处历史阶段的特点,以及该阶段下的社会关系,并且用立法形式将之巩固起来。这又体现为四个层面。在经济层面,不排斥资本主义;在政治层面,既不采用法西斯剥夺民权的方式,也与"老牌宪法"和"中东欧各国的新民主主义宪法"削弱人民权利的做法不同;在民主层面,百分之百地接受民权主义原则;在民族层面,一定会取得民族战争的胜

---

① 柳湜:《中国宪政运动的几个阶段》,《理论与现实》1939年第3期。
② 值得注意的是,此处新民主主义与之后毛泽东提出的新民主主义概念并不一样。
③ 柳湜:《我们需要一部什么样的宪法》,《全民抗战》1939年第95期。

利,对外与世界任何民族平等、和平相处,对内民族一律平等。第二,要在立法上规定抗战建国时代全民族的社会秩序,使社会各阶层相互友善、共同努力、同舟共济。第三,在已有经验上进行改善,而不是另起炉灶,更不能像"老牌宪法""中东欧各国的新民主主义宪法"一样玩弄文字游戏,而无视抗战时期各阶层已取得的权利成果。第四,新宪法在性质上是全民性民主主义的宪法。"老牌宪法"和"中东欧各国的新民主主义宪法"要么是直接否认公民平等权利和民主自由,要么是在实际中将这些权利和自由化为乌有。中国新宪法对许多民主权利的规定,不应只是形式上的采纳,而是实质上的包容。新宪法一定要扩大民主的要素,不应在法律上对其有所限制。

总之,中国已经进入了实施宪法的历史时期,人们要在总结以往教训,吸收西方经验的基础上创设符合中国实际的新宪法。

2. 重点观照

柳湜认为,宪法研究应当重点关注理论与实践、本土与世界的平衡,重点突出扩大民众参与权。

以柳湜对"五五宪草"研究的主张为例。在《研究"宪草"应采的态度》中,他特别强调研究"五五宪草"应当把握四点:其一,在理论方面确定以孙中山先生之遗教为依据;其二,应当对社会环境变化有准确把握;其三,研究应当注重实践性;其四,应当注重世界宪法实施的方向。① 在研究中除了应当关注中外宪法理论与实践经验外,还应当关注"五五宪草"和国民大会的"组织法"与"选举法",其目的在于争取扩大中国共产党、中间党派的政治参与权,以限制国民党一党专制的企图。这与中共中央对待宪法的态度一致。1940年,延安各界明确提出要求修改"组织法""选举法",以扩大选举权的适用范围。②

---

① 柳湜:《研究"宪草"应采取的态度》,《全民抗战》1939年第94期。
② 《延安各界促进宪法会宣言》,载中央档案馆编《中共中央文件选集(一九三九——一九四〇)》,中共中央党校出版社1991年版,第200页;《延安各界宪政促进会对于国民大会代表选举法之修正案》,载中央档案馆编《中共中央文件选集(一九三九——一九四〇)》,中共中央党校出版社1991年版,第632—635页。

柳湜宪法思想的核心也是呼吁扩大民众参与权，真正落实民主政治。

总之，柳湜从宪法一般理论出发，为中国制定宪法提供了理论视野，并为具体宪法实施找到了关键点。

## 三 柳湜宪法思想的实施路径

在充分认识西方代议政治虚伪性的基础上，柳湜提出了符合中国实际的宪法实施路径。首先，肯定代议制政治（国民参政会）是抗战阶段的民意机关，并主张在此基础上稳步推行宪法。其次，肯定《中华民国宪法草案》的基本框架，并在此基础上提出改良方案。最后，推动新启蒙运动为抗战时期的宪法实施提供文化基础。

### （一）宪法实施的前提：对代议制的批判与建设

柳湜有限度地接受代议制：一方面，对以英国为代表的西方代议制提出了尖锐批判，指出其不过是西方资本家们的"政治剧场"；另一方面，真诚地推动抗战时期国民参政会的举行，期待建成真正的代议制民主制度。

1. 批判西方代议制政治

柳湜对西方代议制的批判集中在1936年撰写的《街头讲话》中。他以英国为例批判了西方国家立法、司法、行政各部门的虚伪性。他称西方代议制只不过是一场政治"名剧"。[①] 虽然比起君主专制，代议制打破了皇帝专断，有所进步。但无论是君主立宪，还是民主政治在本质上并无差别。立宪君主或共和总统都只是工商家的傀儡而已。[②] 立法、司法和行政三者虽然在表面上看是为了相互牵制，实际上这些权力最终还是落在了少数人手中，大家无非是"唱三簧"。[③] 对此，他这样形容：

---

① 柳湜：《总算是进了一步了》，《街头讲话》，生活书局1936年版，第117页。
② 柳湜：《总算是进了一步了》，《街头讲话》，生活书局1936年版，第121页。
③ 柳湜：《巴力门》，《街头讲话》，生活书局1936年版，第150—151页。

我说过，现代政治的三部曲是在唱三簧，一个装傻子，一个不仅装傻，还要化妆，装做一个不男不女的人，另一个躲在后面作猫叫，你说，到底那一个角色重要？这是说不出来的，只能说都重要。①

柳湜对基于代议制的政党政治也持怀疑态度。表面上各位代表斯斯文文、冠冕堂皇、称作国事，实际上骨子里都是生意经，每一个法案，每一项法律明文，骨子里都是臭气熏天。他将政党政治的这种利益交换称为"政治上的狸猫换太子"②，表面一套，背地里一套。

柳湜对西方三权分治的政治现实提出了尖锐批评。其一，批判立法机关。他将立法机关（国会）称之为"巴力门"。他揭示了作为立法机关议会的虚伪一面，议会是由商业老板、银行老板、地皮老板的代表或代表团所把持。所谓"民主""公意"都是谎言。③ 其二，批判行政机关。他将行政机关称为"衙门"。④ 虽然在代议制下，行政官员要作出"人民公仆"的样子，但是本质上仍是高百姓一头的官僚。行政的目的仍是维护政治角力背后"大老板"们的经济利益。⑤ 其三，批判司法机关。他将司法机关称为"冷门"。他认为司法机关的主要任务便是执行国家法律。他所称司法包含地方法院、高等法院和最高法院三级机关。就人员构成而言，军队、警察、宪兵也都包括在内；就组织机构而言，牢狱和各种特别裁判所都囊括在内。⑥ 他指出，司法不可能处罚参与立法的利益集团，受到法律制裁的往往都是那些劳力者及其子女。法官、狱吏、警察都是司法官僚，无非是维护巴力门老板们利益的打手罢了。⑦

---

① 柳湜：《闲话衙门》，《街头讲话》，生活书局1936年版，第155页。
② 柳湜：《政治上的狸猫换太子》，《街头讲话》，生活书局1936年版，第143—145页。
③ 柳湜：《巴力门》，《街头讲话》，生活书局1936年版，第150—151页。
④ 柳湜：《闲话衙门》，《街头讲话》，生活书局1936年版，第156页。
⑤ 柳湜：《闲话衙门》，《街头讲话》，生活书局1936年版，第157、160页。
⑥ 柳湜：《冷门》，《街头讲话》，生活书局1936年版，第163页。
⑦ 柳湜：《冷门》，《街头讲话》，生活书局1936年版，第169页。

综上，柳湜对西方代议制民主的认识可谓入木三分，深刻地揭露了其虚伪本质。

2. 推动国民参政会举行

虽然柳湜批判西方代议制政治，但并不反对代议制本身。他一方面积极阐释孙中山国民大会的理论设想；另一方面则踊跃投身于国民参政会实践，努力建设符合中国实际的代议机关。

柳湜认为，召开国民议会既是孙中山"总理遗愿"，也符合彼时实际需要。就前者而言，国民大会建设是孙中山政治设想的重要部分。孙中山《国民政府建国大纲》指出，国民大会是宪法颁布后，实施中央统治权的最高机关。第二十四条规定："宪法颁布之后，中央统治权则归于国民大会行使之，即国民大会对于中央政府官员有选举权、有罢免权，对于中央法律有创制权、有复议权。"① 就后者而言，国民会议是中国宪法实施的必经环节。在抗战时期，中国的民主政治仍未实现，尚需要凝聚全民族力量，必须以国民大会为形式表达民意，以实现抗战建国的时代目标，争取民族解放、民主自由、民生幸福。②

但是，在抗战时期召开国民大会困难重重。一方面，"五五宪草"关于国民大会的规定仍有不足。国民大会在性质、组织、代表选举、任期、职权五个方面尚有充实、修改的空间。例如，"五五宪草"对国民大会性质并未有明确规定。根据孙中山思想，国民大会应是在五院之上的权力机关，并不能完全等同于西方国家之国会，也不是"国民总投票"。宪法应当以苏联宪法相关条款为参考，重新确定国民大会性质，将之明确为"国民大会为最高权力机关"。③ 另一方面，国民大会在实践中也面临诸多困难。召开国民大会的理想状态必然是人民直接用无记名投票方式选出民意代表，组织大会。但是，囿于种种障碍该设想并不能完全实现，原因在于：一是有选举权的确切人数无法统计；二是地方

---

① 孙中山：《建国方略》，中华书局2011年版，第323页。
② 柳湜：《怎样才能实现孙中山先生主张的国民会议：关于国民大会问题的商榷》，《全面抗战》1939年第39期。
③ 全民抗战社：《我们对五五宪草的意见》，生活书店1939年版，第25页。

封建势力仍然存在，地方保甲不能作为选举基础；三是指定、指派的方式又失去了民主精神，并且也缺乏公正标准；四是今日各党派没有取得法律上公开竞选的地位。因此，国民大会代表产生机制仍只能应用全国已成立的团体以及"认定是很完全"的团体为基础，在形式上稍作调整。①

除了对国民大会有过论述外，柳湜也积极讨论了与国民参政会有关的理论问题。国民参政会是抗战时期重要的政治参与机构，是中国国民党为抗战建国所采取的特殊政治举措。②1938年7月于武汉成立，同年迁至重庆，1946年迁回南京，1948年3月结束。总共召开过四届十三次会议。③柳湜积极主张民众应充分参与国民参政会，推行宪法实施。性质上，国民参政会是民意机关，甚至是抗战中"唯一民意机关之集会"。④动员上，鼓励人民与人民团体积极参与。他多次感慨人民对于国民参政会热情不高，提出的议案太少，没能充分利用参与政治的机会。⑤组织形式上，他主张代表们应当充分倾听民意，了解民间隐情，征集人民提案。从经验上来看，代表们上没能与人民建立起直接联系，充分表达民意。此外，专业提案也没能充分搜集材料，得到专家论证。⑥

柳湜认为国民参政会作为推动宪法实施的基础仍有不足，尚需一个彻底的民意机关，并在此基础上制定一部真正的宪法。柳湜对抗战建国时期的宪法实施充满了期待。从内容上来看，虽然这一阶段的宪法运动在表面上肇始于国民参政会第四次大会所通过的《召集国民大会与实施宪政案》。但真正起到宪法作用的是，国民政府在此之前颁布过相当

---

① 柳湜：《怎样才能实现孙中山先生主张的国民会议：关于国民大会问题的商榷》，《全面抗战》1939年第39期。
② 赵祖平：《论抗战时期的政治参与机构——国民参政会》，《江西社会科学》2010年第7期。
③ 孟广涵主编：《国民参政会纪实》（续编），重庆出版社1987年版，第7页。
④ 柳湜：《民众对参政会第四届会议应有之准备》，《全民抗战》1939年第83期。
⑤ 柳湜：《国民参政会第二次大会快要开会了》，《全民抗战》1938年第28期；柳湜：《民众对参政会第四届会议应有之准备》，《全民抗战》1939年第83期。
⑥ 柳湜：《国民参政会第二次大会快要开会了》，《全民抗战》1938年第28期。

于"临时约法"的《中国国民党抗战建国纲领》（以下简称《抗战建国纲领》）。他认为仅有《抗战建国纲领》和国民参政会仍不够，呼吁"战时约法"、临时民意机构，并以此造就真正的民意机构、真正的宪法。究其实质，柳湜对于代议制政治之态度仍归结于其是否能真正代表民意。他指出：

> 有人说，"国民大会比宪草更重要"，这话不是完全没有道理，因为国民大会的代表好，会开得好一定也不会通过坏的议案，自然，我们不能完全同意这句话，因为我们要的是三全其美，起草宪法，国民大会代表都要好人，能代表民意的人。同时将来还要有执行宪法的好官。①

总之，无论是国民大会，还是国民参政会，柳湜真正在意的并非完全是其组织形式，而是代议机关是否能够反映民意，实施民主。

### （二）新宪法理论的雏形：对"五五宪草"的修正

除了直接论述自己的宪法思想，柳湜还同邹韬奋、张友渔等人一起撰写了针对"五五宪草"的意见，积极参与宪法运动。1932年12月，中国国民党召开四届三中全会，决定由立法院起草宪法草案。1933年1月，南京国民政府成立"宪法起草委员会"，正式开始起草宪法草案，历时三年提出《中华民国宪法草案》，又称"五五宪草"，共8章148条。② 抗战时期，为凝聚全国各党派力量，坚持长期抗战，社会呼吁宪法运动的呼声渐高。1939年，国民参政会第四次大会通过决议，提出制定并实施宪法的主张。国民党六中全会决定于1940年11月12日召开国民大会实施宪法。1939、1940年两年，中共中央也多次强调应积极推动宪法运动，短期内以建立统一战线为基础，重点放在"发扬民

---

① 柳湜：《中国宪政运动的几个阶段》，《理论与现实》1939年第1卷第3期。
② 夏征农、陈至立主编，熊月之等编著：《大辞海·中国近现代史卷》，上海辞书出版社2013年版，第502页。

意,战胜日本帝国主义""修改选举法""修改国民大会组织法""发起普遍且深入之宪政运动"等四个方面,从而充分保障民众运行的持续展开。长期则以实现真正新式代议制民主共和国为最终目标。① 自此,推动宪法实施成为全社会共识。

在此背景下,如何完善"五五宪草"也成为社会各界所热衷讨论的话题。1940 年,柳湜与邹韬奋、沈钧儒、张申府、韩幽桐、沙千里、钱俊瑞等人围绕"五五宪草"展开了讨论,并以《我们对"五五宪草"的意见》为题将讨论成果出版。虽然柳湜并未直接执笔撰写此书,但亦认可其中的思想内容。据邹韬奋记述,参与讨论者先后举行了七八次会议,由张友渔、韩幽桐、沙千里、钱俊瑞、张申府及记者记录和整理。会议记录以原则、总纲、人民权利义务、国民大会、中央政府、地方制度、国民经济、教育和宪法实施及其修正为各部分主题。撰写完成后,曾由全部参与讨论人员传阅,提出修改意见,并举行最后一次会议商决,由各起草人就原文加以修正,最后由张友渔和记者统稿并整理成册。②

柳湜等人认为修改或研究"五五宪草"应以孙中山思想为指引,以宪法原理为基础,结合抗战形势,充分保障人民利益。在《我们对"五五宪草"的意见》一书中,柳湜等人认为,改善宪法应秉持如下原则:一是接受中山先生的遗教;二是配合抗战建国的需要;三是注重民主的精神;四是注重进步的精神。③ 在《研究"宪草"应采取的态度》一文中,柳湜个人也有过类似的表述:一是在理论方面应当以孙中山先生全部遗教为依据;二是在时代变动方面应当精确分析中国环境;三是

---

① 《中央关于推进宪政运动的第二次指示》,载中央档案馆编《中共中央文件选集(一九三九——九四〇)》,中共中央党校出版社 1991 年版,第 200 页;《延安各界促进宪法会宣言》,载中央档案馆编《中共中央文件选集(一九三九——九四〇)》,中共中央党校出版社 1991 年版,第 200 页;《延安各界宪政促进会对于国民大会代表选举法之修正案》,载中央档案馆编《中共中央文件选集(一九三九——九四〇)》,中共中央党校出版社 1991 年版,第 632—635 页。

② 邹韬奋:《序言》,载全民抗战社《我们对五五宪草的意见》,生活书店 1939 年版,第 1—2 页。

③ 邹韬奋:《序言》,载全民抗战社《我们对五五宪草的意见》,生活书店 1939 年版,第 5 页。

应当着重关注其实践性；四是不应忽视世界宪法发展的趋势和思潮。①总体上，他认为修改或研究"五五宪草"应当秉承理论结合实际之原则，求真务实，推动民主。

柳湜等人针对"五五宪草"在总纲、人民权利和义务、国民大会等具体方面都提出了富有针对性的意见。例如，他们批判了"五五宪草"允许立法机关可随时制定限制人民自由之法律的"法律保护主义"（"法律限制主义"）立场。这导致宪法不能真正、彻底地保障人民自由权利。他们主张应当实行"宪法保障主义"，去除宪法中"非依法律不得如何如何"的规定，概括式地对人民权利进行保障。举例而言，他们认为"五五宪草"第二十五条："凡限制人民自由或权利之法律，以保障国家安全，避免紧急危难，维持社会秩序，或增进公共利益所必要者为限"，应修正为："宪法所规定人民享有之自由权利，国家应保障之，凡不合宪法规定，有碍人民自由权利之法律，不得制定"②，从而充分保障一般民众之自由民主权利。

在批评"五五宪草"的基础上，新的宪法理论正在逐步形成。这些宝贵的历史经验为随后中国共产党宪法理论的提出奠定了基础。

### （三）宪法实施的文化基础：新启蒙运动思想的运用

作为新启蒙运动的代表人物，柳湜十分重视文化在政治运动中的作用，认为政治法制与文化密不可分。③

文化应当为政治法制开路。中国近代历次革命运动都不曾有广泛、深入的文化运动相伴而生，而只有机械配合政治运动的喊口号、做宣传。④ 在抗战时期，应当转化思路，注重教育、文学、艺术、科学、哲学等研究工作，强化电影、报纸、出版等事业。⑤ 根本上，全社会需要

---

① 柳湜：《研究"宪草"应采取的态度》，《全民抗战》1939 年第 94 期。
② 全民抗战社：《我们对五五宪草的意见》，生活书店 1939 年版，第 16—17 页。
③ 柳湜：《大众文化运动与民族解放》，《读书生活》1936 年第 9 期。
④ 柳湜：《国难与文化》，上海黑白丛书社 1937 年版，第 39 页。
⑤ 柳湜：《国难与文化》，上海黑白丛书社 1937 年版，第 75 页。

有一场在政治上抵御外敌、巩固国防的全民族、各阶层参与的思想、文化运动。① 目的在于，彻底解放全民族同胞的头脑，使大家共同解决国难。② 只有发动系统和全面的文化运动，彼时的政治运动才能具有广度和深度。如果政治斗争离开了文化斗争，就不会赢得广大群众的支持，继而走向失败。同样，如果文化运动超越了范畴也会导致政治运动失败。③

柳湜认为，政治法制建设应当具有广泛、系统的文化运动作为前提。只有这样，才能确保政治法制活动凝聚全民族共识，推动民主建设。

柳湜不但是一位杰出的教育家，也是一位思想敏锐的法学家。在抗战期间，他结合时势、政策，针对宪法理论、民主政治运动中存在的弊端，发表了独到见解。尤其是，他能结合社会热点将深厚理论娓娓道来，写作手法令人赞叹。柳湜宪法思想应当成为中国近代法律史研究中的重要组成部分。

---

① 柳湜：《国难与文化》，上海黑白丛书社1937年版，第62页。
② 柳湜：《国难与文化》，上海黑白丛书社1937年版，第65页。
③ 柳湜：《国难与文化》，上海黑白丛书社1937年版，第20页。

湖南红色文化研究

# 毛泽东实事求是思想的三个来源

曾 媛[*]

**摘 要**："实事求是"作为毛泽东思想的精髓与活的灵魂，是毛泽东将马克思主义中国化的重要理论成果。它有着传承千年的持久生命力，有着马克思主义的科学指引力，有着指导实践的巨大影响力。它是毛泽东在自身深厚的中华优秀传统文化熏陶下，创造性地利用马克思主义基本原理的指导，在中国革命的实践中形成的实事求是的思想路线。所以，"实事求是"有着中华优秀传统文化、马克思主义、中国革命实践三大来源。

**关键词**：实事求是 中华优秀传统文化 马克思主义 中国革命实践

当前学术界对实事求是思想的研究颇多，有的侧重阐述实事求是思想的重要意义，如韩泊尧的《中国共产党实事求是思想路线历史意蕴与时代价值》；有的探索实事求是思想的马克思主义理论支撑，如孟亚凡的《论实事求是思想路线的马克思主义哲学之根》；有的深挖毛泽东

---

[*] 作者简介：曾媛，韶山干部学院讲师。

实事求是思想的文化渊源，如李佑新的《毛泽东实事求是思想的文化渊源和思想源头》。2020年9月17日，习近平总书记在岳麓书院考察时指出："岳麓书院是我们党的实事求是思想路线的一个策源地和有重要影响的地方。"① 这个论述指出以岳麓书院为代表的中华优秀传统文化是实事求是思想的一个来源。在这之后，又有许多文章进一步论证了岳麓书院是实事求是思想的一个策源地。总的来说，毛泽东在自身深厚的中华优秀传统文化熏陶下，创造性地利用马克思主义基本原理的指导，在中国革命的实践中形成了实事求是的思想路线。可见，中华优秀传统文化、马克思主义、中国革命实践都是实事求是思想的来源，而从这些方面综合阐述实事求是思想来源的理论成果并不多。本文拟从文化之源、理论之源、实践之源三个角度综合阐述毛泽东实事求是思想的来源，这既是深刻领会实事求是的基本要求，也是继续坚持实事求是的自信和底气。

## 一　中华优秀传统文化是毛泽东实事求是思想的文化之源

### （一）实事求是的出处

其实，中华传统文化中一直存在着实事求是思想的基因，但明确提出"实事求是"四个字的是史学家班固，他在《汉书·河间献王刘德传》中称赞刘德"修学好古，实事求是"。秦始皇焚书之后，市面上古籍变得十分罕见。刘德一方面重金从民间收集先秦时期的著作；另一方面认真研究和整理收集到的古书。他通过从书中掌握的一些事理的事实依据，推导出正确的结论。所以，班固在《汉书》中对此大力褒扬。唐代著名文学家颜师古解释这里的"实事求是"是指"务得事实，每求真是也"。可见，最初的"实事求是"是指汉代考据典籍时讲求实证

---

① 引自中共湖南省委宣传部《实事求是——马克思主义基本原理同中华优秀传统文化相结合的典范》，湖南人民出版社2022年版，第195页。

的治学态度。不过,这种实证是面向古而不是今,是面向书本而不是面向现实。因缘起汉代,后世也称汉学。

### (二) 实事求是的发展

北宋时期,湖南人濂溪先生周敦颐开创理学,理学又称宋学,推崇的是"格物致知"。南宋以后,理学的分支湖湘学派强调做学问要康济时艰,他们将汉学的面向书本转向了面向社会实际。这一务实之风在岳麓书院发扬光大:岳麓巨子胡安国提出治学的重要目的是"康济时艰",胡宏提倡"明体致用",张栻提出"传道济民""知行并发"。1167年,张栻邀请理学宗师朱熹亲临岳麓书院讲学,这种不同派别之间的思想碰撞进一步弘扬了湖湘大地的务实求真之风。在"朱张会讲"的轰动效应下,岳麓书院逐渐成为湖湘文化乃至整个理学传播的重心之一。后来,朱熹担任潭州(今长沙)知州,他更建岳麓书院,亲自讲学,传播"格物致知""即物穷理"的理学思想,他认为通过事物的是非比较,找出事物包含的道理,那就把握了事物的内部规律。自此,"是"被赋予了"理"即"规律"的新内涵。

1686年康熙御给岳麓书院赐匾"学达性天",1743年乾隆再赐"道南正脉",指出理学南传之后的正宗之脉就是在岳麓书院、在湖湘大地。这两度赐匾,充分证明岳麓书院在中国理学传播和人才培养方面的重要地位,岳麓书院也成为实事求是思想的重要滋养地和文化策源地。

### (三) 实事求是的转型

实事求是的第一次转型是由王夫之和曾国藩共同完成的。岳麓学子王夫之高扬岳麓书院做学问要关注社会实际的经世致用传统,批判性总结程朱理学的"存天理、灭人欲"主张和"生而知之"的先验论,强调"行先知后",主张"知而不行犹无知也",提出"有即事以穷理,无立理以限事",也就是"即事穷理",这个思想强调人们只有从客观事物本身的探索研究中,才能发现规律,引出法则(有即事以穷理),

而不能先创立一个法则去限制、框定客观事物的发展（无立理以限事）①，这种强调先有行动、后有认识的观点充满认识论的意义，闪烁着实事求是的精神光辉。清朝以后，文字狱使得文人学子不敢去关注社会现实，只能埋头钻研旧书，汉代考据学（汉学）由此复兴，他们标榜的就是刘德的"实事求是"。但自宋明以来，主流思想仍然是程朱理学（宋学），也就是继承的朱熹的"即物穷理"。由此，汉学的"实事求是"与宋学的"即物穷理"产生了巨大的学术分歧。岳麓学子曾国藩站在调和两派的立场上指出"夫所谓事者，非物乎？是者，非理乎？实事求是，非即朱子所称即物穷理者乎？"②自此，"事"与"物"、"是"与"理"明确地统一了起来。在王夫之"即事穷理"的基础上，曾国藩进一步提倡从客观事物本身去研究、穷尽事物的客观规律。这就使"实事求是"这个传统意义上的考据学命题直接有了认识论的意义，转型为一个哲学认识论命题。

尽管王夫之和曾国藩所讲求的实事求是立意与后来的实事求是不完全相同，但是都包含了力求主观与客观相符合的正确认识，延续了注重从实际情况出发的优良传统。毛泽东当年所接触的"实事求是"是在这种中国哲学认识论意义的基础上，又通过近代文人学者的进一步发展，融入了近现代的科学精神。1917年，湖南公立工业专门学校迁入岳麓书院办学，以"实事求是"为校训。后来毛泽东寓居岳麓书院，就受到了这块牌匾的直接启发，并在未来的革命实践中促成了实事求是的第二次转型。

一方面，湖湘文化中的优秀特质尤其是经世致用的价值取向塑造了他务实的文化性格；另一方面，毛泽东曾经就读的东山学校和湖南第一师范学院对"实事求是"有直接要求。东山学校的碑文刻着"用能实事求是，以称雄于五大洲"。第一师范在《教养学生之要旨》中规定："国民教育趋重实际，宜使学生明现今之大势，察社会之情

---

① 彭大成：《船山思想与湖湘文化研究论集》，湘潭大学出版社2012年版，第54页。
② 曾国藩：《曾国藩全集》，岳麓书社1986年版，第166页。

状,实事求是。"① 第一师范的老师杨昌济对青年毛泽东的影响最为直接。毛泽东在1936年接受斯诺采访时曾表示:"在我的青年时代,杨昌济对我有很深的影响。"② 杨昌济是学贯中西的理学大儒。他曾求学岳麓书院,后又执教岳麓书院。这使得他坚持弘扬岳麓书院的实学精神,又能充分吸纳西方先进文化,提出"一国之文明,不能全体移植于他国"③。这种注重客观实际的中西文化观对毛泽东后来坚持研究中国国情、实事求是指导中国革命起到了重要启示作用。杨昌济曾在课堂上让学生"试言汉学宋学之大略"④,这在毛泽东的课堂笔记《讲堂录》中也有记录:"宋元二代人尚实学,明代人才辈出,而学问远不如古。"⑤"乾嘉之代,士人趋于考据。"⑥ 足见毛泽东从中对汉学宋学的统一也就是"实事求是"的第一次转型有一定的了解。通过杨昌济的引导,毛泽东接触了王夫之、曾国藩的实学思想,并记录在《讲堂录》中:"不行架空之事,不谈过高之理。"⑦ 王夫之、曾国藩作为"实事求是"第一次转型的促成者,他们的思想进一步丰富了毛泽东对"实事求是"的理解。1916—1919年,毛泽东几次寓居于岳麓书院半学斋,对"实事求是"牌匾耳濡目染。基于丰厚的实学积淀和"实事求是"牌匾的直接启发,毛泽东坚持以"实事求是"指导自己的革命实践,逐渐形成了"实事求是"的思想路线,完成"实事求是"向马克思主义哲学认识论的转型。

---

① 本书编写编:《湖南第一师范校史(1903—1949)》,上海教育出版社1983年版,第12页。
② [美]埃德加·斯诺:《红星照耀中国》,董乐山译,人民文学出版社2016年版,第118页。
③ 杨昌济:《杨昌济文集》,湖南教育出版社1983年版,第199页。
④ 杨昌济:《达化斋日记》,湖南人民出版社1981年版,第120页。
⑤ 中共中央文献研究室、中共湖南省委《毛泽东早期文稿》编辑组:《毛泽东早期文稿》,湖南人民出版社2013年版,第539页。
⑥ 中共中央文献研究室、中共湖南省委《毛泽东早期文稿》编辑组:《毛泽东早期文稿》,湖南人民出版社2013年版,第540页。
⑦ 中共中央文献研究室、中共湖南省委《毛泽东早期文稿》编辑组:《毛泽东早期文稿》,湖南人民出版社2013年版,第525页。

## 二　马克思主义是毛泽东实事求是思想的理论之源

### （一）马克思主义坚持从事实出发

马克思与恩格斯所继承的是费尔巴哈的唯物主义。恩格斯在解释费尔巴哈的唯物主义时就指出物质不是精神的产物，而精神本身却只是物质的最高产物①。为阐释马克思主义基本原理，恩格斯写作了马克思主义的百科全书——《反杜林论》，阐明了辩证唯物主义和历史唯物主义是科学世界观和方法论。恩格斯在书中指出"思维永远不能从自身中，而只能从外部世界中汲取和引出这些形式"，"原则只有在符合自然界和历史的情况下才是正确的"。②这里的"自然界和历史的情况"显然强调的就是客观事实。这也为毛泽东阐述实事求是基本内涵中的"一切从实际出发"奠定了坚实的理论基础。

### （二）马克思主义坚持实践检验真理

1845年，马克思在《关于费尔巴哈的提纲》中指出"哲学家们只是用不同的方式解释世界，而问题在于改变世界"。③这句话深刻揭示了马克思主义与其他哲学的本质区别在于：马克思主义关注到了实践，他将实践引入认识论，使之成为无产阶级改造世界的思想武器。马克思还指出"人的本质不是单个人所固有的抽象物，在其现实性上，它是一切社会关系的总和"。④这里"社会关系的总和"不仅表示客观性，而且表示着变动性、历史性，这样也是将历史唯物主义引入了认识论，强调了社会实践才是人类认识的唯一源泉。同时，马克思还认为"人应该在实践中证明自己思维的真理性"⑤，这实际也是毛泽东对实事求

---

① 《马克思恩格斯选集》第四卷，人民出版社1995年版，第223—227页。
② 《马克思恩格斯选集》第三卷，人民出版社1995年版，第373—374页。
③ 《马克思恩格斯选集》第一卷，人民出版社1995年版，第57页。
④ 《马克思恩格斯选集》第一卷，人民出版社1995年版，第56页。
⑤ 《马克思恩格斯选集》第一卷，人民出版社1995年版，第55页。

是中"实践是检验真理的唯一标准"这一内涵的理解。

### (三) 马克思主义强调理论与实践的统一

马克思表示,"批判的武器当然不能代替武器的批判,物质的力量只能用物质力量来摧毁;但是理论一经掌握群众,也会变成物质的力量"。① 这番话无疑强调了来源于实践的科学理论对社会实践具有巨大的指导作用。同时也强调了理论必须联系实际,必须联系群众。如果理论脱离了实际和群众,就无法变成物质的力量。恩格斯对这一观点进一步补充说"马克思的整个世界观不是教义,而是方法。它提供的不是现成的教条,而是进一步研究的出发点和供这种研究使用的方法"。② 可见,马克思主义还认识到了理论不是一成不变的,需要在不断变化的实践活动中总结新经验,使理论得到不断的充实和发展,始终保持理论的持久生命力。显然,毛泽东对实事求是阐释的"在实践中检验真理发展真理"这一内涵就是源自这里。

综上,马克思主义哲学为毛泽东改造实事求是、丰富实事求是的理论内涵提供了科学指导。马克思、恩格斯虽然没有直接用过"实事求是"这个词,但他们创立的辩证唯物主义和历史唯物主义,突出强调的就是实事求是,他们的哲学体系中包含了实事求是思想路线的许多基本原则,成为未来毛泽东实事求是思想的理论来源。

## 三 革命实践是毛泽东实事求是思想的实践之源

### (一) 实事求是思想路线的萌芽

"闭门求学,其学无用,欲从天下国家万事万物而学之。"③ 毛泽东

---

① 《马克思恩格斯选集》第一卷,人民出版社 1995 年版,第 9 页。
② 《马克思恩格斯选集》第四卷,人民出版社 1995 年版,第 742—743 页。
③ 中共中央文献研究室、中共湖南省委《毛泽东早期文稿》编辑组编:《毛泽东早期文稿》,湖南人民出版社 2013 年版,第 530 页。

自学生时代就开始注重社会实践。1917年暑假他对湖南多地进行游学考察，真切了解到了中国社会的实际现状，也对实事求是有了更深入的理解和认识。1918年，毛泽东又一次寓居岳麓书院，其间他发起了"岳麓新村计划"，验证了工读主义在中国走不通。此外，他又尝试过空想社会主义、无政府主义、民主改良主义……他不断地将学到的各种理论付诸实际，在不断的实践中认识到了真正的国情。毛泽东对马克思主义的选择源自两次北京之行。1918年8月，毛泽东在北京大学担任图书馆助理员，借此阅读了李大钊宣传十月革命的文章，旁听了陈独秀等人的讲座，对社会主义有了一定了解，思想上有了新的进步。1919年12月，毛泽东再次前往北京开展驱张运动。这段时间，他与李大钊有了更密切的交流，也用心阅读了马克思主义书刊。他在1936年和斯诺谈话时说："有三本书特别深地铭刻在我的心中，建立起我对马克思主义的信仰。"① 这三本书就是陈望道译的《共产党宣言》、考茨基的《阶级斗争》和柯卡普的《社会主义史》。1920年6月，毛泽东又前往上海见到了陈独秀，和他讨论自己读过的马克思主义书籍。毛泽东回忆说："陈独秀谈他自己的信仰的那些话，在我一生可能是关键性的这个时期，对我产生了深刻的印象。"② 还表示"他对我的影响也许超过其他任何人"。③ 所以毛泽东才说："到了一九二〇年夏天，在理论上，而且在某种程度的行动上，我已成为一个马克思主义者了。"④ 早年的实学教育与早期的社会调查实践让毛泽东十分注重研究国情，所以当接触马克思主义后，便能灵活地与中国革命实际相结合，实事求是研究中国革命规律，找到了适合中国国情的革命道路。1925年发表的《中国社

---

① [美]埃德加·斯诺：《红星照耀中国》，董乐山译，人民文学出版社2016年版，第121页。

② [美]埃德加·斯诺：《红星照耀中国》，董乐山译，人民文学出版社2016年版，第122页。

③ [美]埃德加·斯诺：《红星照耀中国》，董乐山译，人民文学出版社2016年版，第120页。

④ [美]埃德加·斯诺：《红星照耀中国》，董乐山译，人民文学出版社2016年版，第121页。

会各阶级的分析》是一篇透彻分析中国国情的巨作,科学揭示了工人阶级"是近代中国最进步的阶级"。① 当党内盲目地坚持工人阶级是革命的主要力量时,1927年,毛泽东在大量调查研究的基础上写出《湖南农民运动考察报告》,以充分的实践得出了农民运动是"必然的,必需的"这一结论,确定了农民是中国革命主力军,由此推断出中国革命问题的中心是农民问题,在这个过程中,实事求是思想路线萌芽并开始初具雏形。

### (二) 实事求是思想路线的发展

大革命时期,毛泽东通过大量地、深入地调查研究了解了农民运动,实事求是认识到了农民问题对中国革命的重要作用,认识和揭露了"右"倾机会主义的实质和危害。土地革命时期,毛泽东在继续深入开展调查研究中揭示了中国革命的长期性、复杂性,有理有据地和"左"倾盲动主义和冒险主义作斗争,进一步将马克思主义与中国具体实际相结合。尤其是秋收起义失败后,毛泽东更加意识到中国的国情与革命的现状并不适合开展大规模的全国武装暴动。于是实事求是转道井冈山,开辟农村革命根据地,走上了农村包围城市的正确道路。面对革命前途悲观论,毛泽东指出"我们看事情必须要看清它的实质,这才是可靠的科学的分析方法"。② 这种透过现象看本质的观点,正是实事求是思想最本质的要求。不久,又发生了"立三路线"的"左"倾冒险主义错误。1930年,毛泽东写就《反对本本主义》以肃清红军内部的教条主义影响,并在文中第一次提出思想路线的概念。其中"没有调查就没有发言权"把调查研究、从实际出发提到了辩证唯物主义世界观的高度。"调查就是解决问题"同样强调透过现象看本质,反映了通过调查认识事物的客观规律的认识论观点。反对"唯上"和"唯书"则强调了理论必须联系实践,与实际相结合。可见,这篇文章已经包含

---

① 《毛泽东选集》第一卷,人民出版社1991年版,第8页。
② 《毛泽东选集》第一卷,人民出版社1991年版,第99页。

了实事求是的各个基本点。"不根据实际情况进行讨论和审查,一味盲目执行","那些具有一成不变的保守的形式的空洞的乐观的头脑的同志们,以为现在的斗争策略已经是再好没有了……完全不是共产党人从斗争中创造新局面的思想路线"。① 可见,毛泽东在这时候已经把"从实际出发""调查研究""理论与实际相结合"等问题同党的思想路线联系起来了。

### (三) 实事求是思想路线的确立

遵义会议重新确立了毛泽东的领导核心地位,解决了党的组织路线问题。毛泽东开始逐步解决党的政治路线、军事路线以及思想路线的问题。1935 年在《论反对日本帝国主义的策略》一文中,毛泽东根据主要矛盾的变化实事求是确定了建立抗日民族统一战线的策略,系统解决了在第二次国内革命时期党的政治路线上的问题。1936 年完成《中国革命战争的战略问题》后,毛泽东着手从哲学上解决党的思想路线问题,他写出了《实践论》《矛盾论》。《实践论》科学论述了认识与实践的关系,《矛盾论》科学论述了矛盾的普遍性和特殊性、同一性和斗争性。不仅论述了矛盾不同性质的相互关系,还指出"这一共性和个性、绝对和相对的道理,是关于事物矛盾的问题的精髓"。这也成为马克思主义"实事求是"命题确立的坚实哲学基础。1938 年,党的六届六中全会,毛泽东明确提出"共产党员应是实事求是的模范"。② 这是毛泽东第一次公开提出"实事求是"。此时,抗日战争全面打响,经历了挫折失败后,以毛泽东为代表的中国共产党人在血和泪的教训中明白了必须反对和摆脱教条主义,一切从中国实际出发的道理。

1941 年,毛泽东在《改造我们的学习》中重新解读了"实事求是"。他科学界定了"实事"的内涵为"客观存在着的一切事物",这样就把"实事求是"确立在了彻底的唯物主义思想的基础之上。"是"

---

① 《毛泽东选集》第一卷,人民出版社 1991 年版,第 116 页。
② 《毛泽东选集》第三卷,人民出版社 1991 年版,第 800 页。

就是"客观事物的内部联系,即规律性",这弥补了汉学对"求是"简单停留在分清是非层面的不足,也对实际工作有着现实的指导意义。毛泽东解释"求"就是"我们去研究",这既强调了认识世界是动态的过程,也强调了实践是认识客观规律的基本方法。这也为实事求是奠定了辩证唯物主义的认识论基础。毛泽东的这一解释继承了"事即物""是即理"的传统文化观点,在新的历史条件下,对"实事求是"又作了马克思主义的创造性解释,使这一命题的内涵和外延都发生了变化。文中还指出"我们要从国内外、省内外、县内外、区内外的实际情况出发,从其中引出其固有的而不是臆造的规律性,即找出周围事物的内部联系,作为我们行动的指导。而要这样做,就须不凭主观想象,不凭一时的热情,不凭死的书本,而凭客观存在的事实,详细地占有材料,在马克思列宁主义一般原理的指导下,从这些材料中引出正确的结论"。① 由此,"实事求是"成为具有世界观方法论意义的完整的科学命题,成为体现马克思列宁主义的普遍真理同中国革命的具体实践相结合这一原则的新概念。随后毛泽东又发表了《整顿党的作风》《反对党八股》等文章。中共中央也作出《关于增强党性的决定》和《关于调查研究的决定》。在这个过程中,毛泽东第一次把"实事求是"作为党的思想路线的核心原则。1943年,毛泽东为延安中央党校大礼堂题写"实事求是",以校训形式强调"实事求是",无疑是受了岳麓书院那块牌匾的影响。1945年的中共七大上,"实事求是"正式作为党的思想路线得以确立。

《中共中央关于党的百年奋斗重大成就和历史经验的决议》指出要"坚持把马克思主义基本原理同中国具体实际相结合、同中华优秀传统文化相结合"。② 而实事求是的思想路线毫无疑问是"两个结合"的典范:从根据革命实际情况转道井冈山,开辟农村革命根据地到《反对本本主义》中强调调查的重要性;从根据主要矛盾变化适时提出抗日

---

① 《毛泽东选集》第三卷,人民出版社1991年版,第801页。
② 本书编写组编:《〈中共中央关于党的百年奋斗重大成就和历史经验的决议〉辅导读本》,人民出版社2021年版,第75页。

民族统一战线到《矛盾论》中科学论述矛盾特性；从《改造我们的学习》中重新解读实事求是到中共七大"确立党的实事求是思想路线"……众多伟大决策，都坚持了马克思主义同中国具体实际相结合，发挥了"实事求是"的巨大指导作用。马克思、恩格斯虽然没有直接用过"实事求是"这个词汇，但他们创立的辩证唯物主义和历史唯物主义，突出强调的就是实事求是。毛泽东正是敏锐地找到了这个相通之处，他将辩证唯物主义和历史唯物主义的世界观和方法论，用中华优秀传统文化中简单的四个字——"实事求是"高度概括出来，让马克思主义有了扎根中国的文化沃土，使"实事求是"迸发出理论创新的磅礴力量。

历史已经证明，"党之所以能够领导人民在一次次求索、一次次挫折、一次次开拓中完成中国其他各种政治力量不可能完成的艰巨任务，根本在于坚持解放思想、实事求是、与时俱进、求真务实"。[①] 可见，"实事求是"就是我们这个百年大党铸就辉煌的重要法宝。

如习近平总书记所言，我们要把中国特色社会主义事业继续推向前进，还是要靠实事求是。如今，国内外形势更加复杂多变，各种新情况新问题新矛盾层出不穷。只有牢记"实事求是"的基本要求，方能准确把握世界大势，趋利避害，才能不断在解决新问题的实践中开创各项工作新局面。

---

[①] 本书编写编组：《〈中共中央关于党的百年奋斗重大成就和历史经验的决议〉辅导读本》，人民出版社2021年版，第75页。

# 游步瀛与伟大建党精神

田 智[*]

**摘 要**：在党的百年奋斗历史中，一批又一批的党员接续奋斗，孕育了"坚持真理、坚守理想，践行初心、担当使命，不怕牺牲、英勇斗争，对党忠诚、不负人民"的伟大建党精神。中共早期党员游步瀛作为早期的马列主义传播者、最早从事革命武装活动的老战士和第一次大革命的亲历者，在救国的伟大事业中捍卫了党和人民的根本利益，对伟大建党精神作出了很好的诠释。

**关键词**：游步瀛 伟大建党精神 信念坚定 视死如归 人民情怀

在 2021 年 7 月 1 日庆祝中国共产党成立 100 周年大会上，中共中央总书记习近平明确提出伟大建党精神的四层内涵——"坚持真理、坚守理想，践行初心、担当使命，不怕牺牲、英勇斗争，对党忠诚、不负人民"。回望中国共产党奋斗的百年历史，党之所以能领导人民在一

---

[*] 作者简介：田智，湖南省中国特色社会主义理论体系研究中心省社科院基地特约研究员，哲学博士。

次次的挫折中不断进取，在救国、兴国、富国、强国的伟大事业中创造出举世瞩目的奇迹，焕发出新的强大生机与活力，一个根本原因就在于党在历史洪流中有伟大建党精神的滋养。一批又一批"坚持真理、坚守理想，践行初心、担当使命，不怕牺牲、英勇斗争，对党忠诚、不负人民"的老党员们接续奋斗，共同造就了中国共产党的精神之源——伟大建党精神。中共早期党员、最早从事革命武装活动的老战士游步瀛，是一个向往社会进步，有救国抱负，致力于挽救民族衰微，勇于牺牲自己的优秀湖南青年，他为造就伟大建党精神贡献了自己的力量。

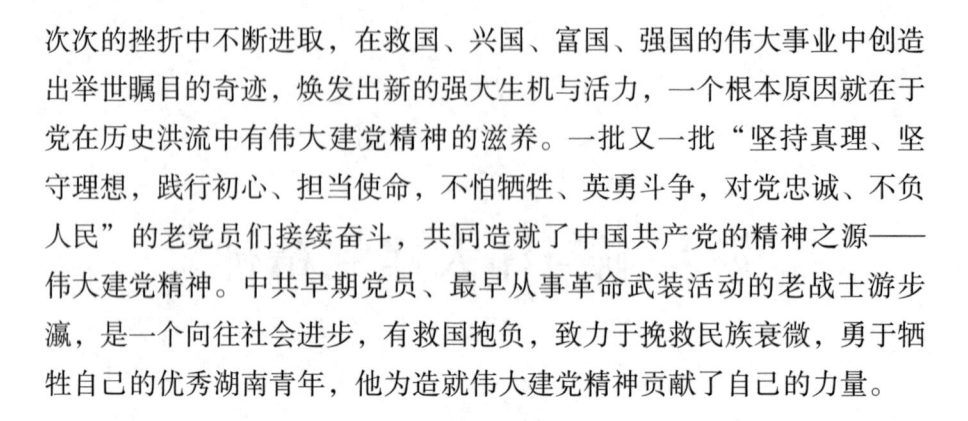

## 一 坚持真理、坚守理想，是早期的马列主义传播者

游步瀛，又名步仁，笔名，铁血余生、铁血。1903年10月生于湖南宝庆县（今隆回县），大学本科学历。他坚守理想，坚持追求马克思主义真理，坚持共产主义理想信念。1923年4月，他受毛泽东、何叔衡、贺民范、夏曦、夏明翰等中共早期领导人的直接影响接受了马克思主义，在中共三大之前就加入党组织，成为中国共产党幼年时期的先驱人物之一。中共三大时全国仅有党员420名，游步瀛的思想之进步程度可见一斑。1924年3月，中共湘区委员会选送10名党员投考黄埔军校，游步瀛以优异的成绩考入黄埔军校第一期，在第一队学习，成为党组织自己着手培养的第一批军事干部。黄埔一期500名学生中，进校前就已入党的仅有31人，具有大学学历的仅18人，游步瀛作为既有大学学历，又有党员身份的7人之一，是中共的珍贵财富（当时全国党员共500人左右）。为让更多的进步青年军人了解中共的政治主张和组织性质，游步瀛等党员在支部书记蒋先云的组织下积极开展思想宣传和组织发展工作，在学生中积极宣传马克思主义和孙中山的"三民主义"。一段时间后，第一队的徐向前，第二队的周士第，第三队的曹渊、江世麟

等79人陆续加入中国共产党。①

1926年6月，黄埔军校成立"黄埔同学会"，游步瀛任同学会总务科科员兼文书股股长。以理论宣传见长的他积极参与黄埔军校内部刊物《黄埔潮》（周刊）工作，10月担任黄埔同学会宣传科科长，全面负责《黄埔潮》（周刊）工作。到1927年1月印行的26期中，共产党员发文54篇，其中署名游步瀛的达21篇，他还以"铁血"笔名发表8篇，是中共党员中发文最多的。发文数量居第二的是中共党员饶荣春，共发表8篇。游步瀛的著述通古今之变，传"世界革命之先声"。他在险恶的环境中高举"主义"大旗，热情讴歌十月革命，推动了马列主义在黄埔军校及北伐各军中的广泛传播。他还充分利用黄埔同学会机关刊物《黄埔潮》（周刊），短短半年内，发表论文30篇次，共计十多万字，占12名共产党员发文数的55.6%，有力地批驳了国民党右派反对共产主义和孙中山的"主义"的虚妄，坚守马列主义阵地。

1926年10月出版的《黄埔潮》（周刊）第11期，刊登了游步瀛撰写的《孙文主义与列宁主义之比较观》论著的纲要及导言，明确指出必须接受"孙文主义和孙中山先生所手订的'联俄''联共''农工'三政策"。该文是将"联俄""联共""农工"三项政策统称为"三大政策"的3篇公开性文献之一，且游步瀛是第一个提出将"联俄、联共、农工"三项政策统称为"三大政策"（游文成稿时间是1926年8月20日，另两篇成稿时间为1926年9月），影响深远。黄埔同学会随后发布的宣言明确提出"总理订下'联共''联俄'和'农工'三大政策，这是我们唯一无二的革命策略，是我们今后唯一革命之路"②。而后，游步瀛从斗争的策略出发，以笔名"铁血"将《孙文主义与列宁主义之比较观》纲要余文在《黄埔潮》（周刊）连载七期，"洋洋数万言，分析了列宁主义和孙中山的三民主义的理论内涵、相互关系及其相通之点。以渊博的历史与理论的知识，对孙中山的思想体系作全面的

---

① 田智：《游步瀛的红色人生》，《百年潮》2019年第10期。
② 田智：《游步瀛的红色人生》，《百年潮》2019年第10期。

阐述，让读者全面、准确地领会孙中山的三民主义"①。游步瀛署名铁血的《国家主义派与西山会议派之过去及现在》，"剖析国家主义派、西山会议派的理论及其政治行为的实质""题旨明、内涵很深、针对性很强""大气磅礴，雄辩滔滔，一泻千里……"②

## 二 践行初心、担当使命，是革命武装活动的老战士

中国共产党一经诞生，就把为人民谋幸福、为民族谋复兴确立为自己的初心使命。湖南青年游步瀛一加入中国共产党，就牢牢地把初心使命扛在肩上，努力把马克思主义真理运用于改造中国的伟大实践，为中华民族谋复兴。

"深受十月革命与五四运动的影响，游步瀛亦赞同实业救国，主张重桑农，启民智，兴学兴农。"③ 1923年夏，从省立第一农业专门学校农本科毕业的游步瀛，秉着学以致用的思想，回到耕植欠发达的宝庆，出任宝属农业劝建会编辑、主任，为改变"徒有其名的实业机构""鲜有成绩可言的农业"，旨在使宝庆"农业有一番新气象"④。游步瀛同时担任宝庆青年互助社总务主任，兼青年社会服务社副主任，致力于团结青年，引导和启发青年及青年学生接受马克思主义，壮大革命队伍。⑤

第一次国共合作时，国共两党共同创办黄埔军校。游步瀛弃农从军，考入黄埔军校，他在《陆军军官学校学生详细调查表》（1924年7月）中自填入校理由为：一则恨国际帝国资本主义侵掠，国内军阀压迫，及民生日敝之迫切；一则借以锻炼健全身体，以便效使本党。⑥

---

① 曾庆榴：《共产党人与黄埔军校》，广州出版社2013年版，第413页。
② 曾庆榴：《共产党人与黄埔军校》，广州出版社2013年版，第413页。
③ 游步瀛：《宝庆县之农业现状》，《农业研究会会刊》1923年第2期。
④ 游步瀛：《宝庆县之农业现状》，《农业研究会会刊》1923年第2期。
⑤ 田智：《游步瀛的红色人生》，《百年潮》2019年第10期。
⑥ 陆军军官学校编：《陆军军官学校学生详细调查表》，台湾文海出版社1990年版，第84页。

黄埔军校是孙中山与共产国际和中国共产党建立关系的一部分。在黄埔，共产党人迈出了开展军事工作、从事武装斗争的第一步。为加强大元帅府的机动警卫力量，1924年12月，中共广东区委征得孙中山的同意，从黄埔军校抽调一批党、团员作为骨干，组建"建国陆海军大元帅府铁甲车队，这是中共直接领导的第一支约150人的武装力量"①。1924年底，游步瀛等受校党代表廖仲恺委派随同铁甲车队赴广宁支援农民运动，②他们向群众发放由共产党员彭湃、周士第、赵自选主编的《广宁日刊》，宣传革命道理。通过1925年正月初二的"农兵新春同乐会""1月21日的纪念列宁逝世1周年大会"，加强了与农民的革命感情，帮助农民群众提高阶级觉悟，增强斗争本领。③

1925年1月底，陈炯明军向虎门侵入，广州革命政权决定分三路东征讨伐陈炯明。2月初，黄埔军校教导团连党代表游步瀛参加了第一次东征，他争当敢死队队长，亲率敢死队队员攻进淡水城，获大元帅金牌勋章。9月下旬，广州国民政府决定举行第二次东征，讨伐陈炯明。10月初，他升任东征军宪兵营营党代表，随总指挥出征，参加二次东征，负责维持全军的军纪、风纪、地方治安及其他临时任务。他亲临阵地见证了曾有28次攻而不破的惠州坚城被为"主义"而战的东征军两天攻破的惨烈战斗经过。1926年开始北伐后，游步瀛先是在北伐后方舆论战场冲锋陷阵，鼓舞革命士气。1927年初，游步瀛由粤派往武汉北伐前线，湖北省军委书记聂荣臻安排他到第十一军叶挺部任25师参谋处长。1927年4月游步瀛随部继续北伐，平叛夏斗寅叛乱。7月党组织决定武装起义，游步瀛率部参加南昌起义，任起义军二十五师参谋长，与师长周士第、党代表李硕勋一起执行起义军南下后卫任务，在惨烈的三河坝阻击战中不幸腹部中弹受重伤，转移到福建平和附近时壮烈牺牲，年仅24岁，为中华民族的复兴献出了自己年轻的生命。

---

① 周士第：《周士第回忆录》，人民出版社1979年版，第1—9页。
② 中国第二历史档案馆供稿：《黄埔军校史稿》第七册，档案出版社1989年版，第17页。
③ 参见田智《游步瀛的红色人生》，《百年潮》2019年第10期。

## 三　不怕牺牲、英勇斗争，是第一次大革命的亲历者

游步瀛作为中国共产党自己着手培养的第一批优秀军事干部，他为了实现伟大目标和理想，具有无比坚强的革命意志，不怕牺牲、英勇斗争，勇往直前、视死如归。

他在军校教导团担任党代表时，既当指挥员又是战斗员，身先士卒，英勇善战。第一次东征淡水一役，为"主义"而来的游步瀛，为了"解放受军阀压迫的几千万东江同胞"，他争当敢死队队长，亲率敢死队队员攻城。第一个爬上城墙的是一名手持旗帜的共产党员，在他负伤之后，紧接着党代表游步瀛抓过旗帜，勇士们紧随其后，经过激战，取得了淡水大捷，① 获大元帅金牌勋章。

第二次东征时，游步瀛升任东征军宪兵营营党代表，他随总指挥出征，亲历攻下千年不破的惠州城，留下1.58万字的《惠州战役日记》，真实生动地记载了东征军攻克惠州的情况，署名铁血余生将其发表在《中国军人》杂志第8期上，极大地提振了将士的革命士气，鼓舞了工农群众的革命信心。

在北伐战争的后方舆论阵地，游步瀛奋勇当先，"铁血"北伐，他高举孙中山先生的"主义"大旗，动之以情，晓之以理，从根本上澄清"孙会"分子对孙中山的曲解，有力地批驳了他们利用"孙文主义"来反对共产主义的虚妄，在与国民党右派的斗争中发挥了重要作用。② 他发表的《攻下武汉后的政局与我们工作的标准》《庆祝北伐胜利的意义》等一系列文章，为前方将士鼓呼并提供斗争指导。1926年年底深入武汉北伐一线，后随部队继续北伐，平叛夏斗寅叛乱等。

当党组织决定武装反抗时，游步瀛毅然率部参加南昌起义，起义

---

① 肖甡：《中共早期历史探究》，上海人民出版社2013年版，第119页。
② 参见田智《游步瀛的红色人生》，《百年潮》2019年第10期。

胜利后，25师参谋长游步瀛与师长周士第、党代表李硕勋一道奉前委之命执行南下后卫任务。攻打会昌时，按照叶挺交代的由北面进攻会昌城，游步瀛等率部与钱大钧的第32军9个团兵力展开激烈的肉搏战，经过4个小时的激战，游步瀛等率部冲进了硝烟弥漫的会昌城。战役胜利结束后，叶挺、聂荣臻以11军军部名义，传令嘉奖英勇作战的25师及该师领导人周士第、李硕勋、游步瀛等。①

9月下旬，起义军一路苦战，到达广东大埔县。参谋团决定游步瀛所在的起义军中战斗力最强的第二十五师以及第九军留守三河坝，掩护主力在潮汕地区的作战。10月3日，起义军阵地受到了更猛烈的攻击，战斗从拂晓一直持续到午后，滩头前沿阵地数度易手。下午3时许，钱大钧调集大量机枪和迫击炮实施火力掩护，继续猛烈进攻，部队伤亡不断增加，阵地反复易手不下数十次。②危急时刻，游步瀛主动向朱德军长请战，亲率第73团指挥反击。在激战中，他腹部中弹负重伤，"他用手顶住腹部，不让肠子流出来，仍坚守阵地靠前指挥。团政委陈毅让战士强行将游步瀛抬下战场，送进师指挥所。朱德、周士第、李硕勋见到一手顶住腹部，部分肠子已经流出来的游步瀛，立即让卫生员包扎，并派卫队送往后方。游步瀛坚持要随前线部队行动，经朱德、周士第、李硕勋紧急商议，游步瀛遂随师指挥所行动"③。游步瀛随部撤出三河坝后转移到饶平县。10月7日，朱德在茂芝全德学校召开了部队和机关团以上的干部（有名可考者约24人）会议——茂芝会议。游步瀛因负重伤未能参加讨论。据饶平当年在场的老赤卫队员回忆（口述），会议开始之前，李硕勋和陈毅特地到高阳楼看望游步瀛并征求他的意见。游步瀛意志坚定地说："同志们……要继续革命啊！我服从……服从组织的决定。"④

---

① 参见田智《游步瀛的红色人生》，《百年潮》2019年第10期。
② 田智：《游步瀛的红色人生》，《百年潮》2019年第10期。
③ 罗一、罗斌：《游步瀛：英雄之花绽放三河坝》，《湘潮》2011年第8期。
④ 田智：《游步瀛的红色人生》，《百年潮》2019年第10期。

## 四　对党忠诚、不负人民，是党和人民利益的捍卫者

游步瀛出身农村，自始至终对农民怀有深厚的感情，心系农民、情系人民，他进行的一系列革命活动无不体现了他深深的农民情结和人民情怀。

游步瀛非常重视农民及其生存条件。他在省立农业专门学校农本科学习期间，走遍宝庆县城和乡下，深入广阔的田野，广泛地接触和访问那些日夜牵挂的乡亲，召开各种类型的调查会，对家乡的农业进行了详细调查了解，获得了大量的第一手资料，形成宝庆县农业考察报告——《宝庆县之农业现状》，发表在《农业研究会会刊》第二号上（1922年12月创刊，半年刊）。从土地、气候、土壤、交通、教育、农业机构及农民团体、实业、农民生活、农民经济状况、农具等十多个部分全面阐述宝庆县的农业现状，并提出了自己的意见和希望，期望宝庆农业走出"终岁勤劳，所获无几"的怪圈。

毕业前夕，刚加入党组织的他，心情无比激动，写就诗一首《耕田好》（1923年5月17日成稿），发表在《农业研究会会刊》第二号上，该诗饱含了他对自由的无限渴望与对独立的无限向往。文章开篇就是"农人呵！你安居乐业，无束，无缚，无羁，无绊。这一种自由的快乐，快乐的自由，谁能及得你"。接着便是"农人呵！我爱你，又羡慕你。都市的人几许为着肉体生涯，牺牲着自由和独立；他们的脚跟儿，是人家的车轮，他们的心房儿，是人家的机器，肉体的生涯，捆绑了自由。农人呵！天下的自由谁能及得你！""快乐""自由"也是他已经成为一名光荣的共产党员的心态的写照。[①]

中共三大通过了中国共产党第一个《农民问题决议案》，提出"以

---

[①] 田智：《游步瀛的红色人生》，《百年潮》2019年第10期。

保护农民之利益而促进国民革命运动之必要"①。毛泽东在中国共产党第三次代表大会上提出"湖南工人数量很少，国民党员和共产党员更少，可是满山遍野都是农民，因此任何革命，农民问题都是最重要的"②。游步瀛将党的这些政策深植心底，忠实践行，积极投身农民运动。1924年年底，游步瀛受黄埔军校党代表廖仲恺委派，随铁甲车队到广宁协助农运工作，宣传革命道理，帮助农民提高阶级觉悟，增强斗争本领。他还经常去往彭湃的农民运动讲习所，帮助农运干部培训班或农民协会从事军事训练工作。

游步瀛对党十分忠诚。他在白色恐怖的北洋军阀统治下，坚决服从中共湘区委员会的决定，投考黄埔军校。在黄埔期间，在血雨腥风中一次次绝处逢生，蒋介石疯狂清党时，游步瀛矢志不渝，永葆共产党人的政治本色。游步瀛任何时候任何情况下都不改初衷，听党指挥、为党尽责，坚定不移做马列主义、共产主义理论的执行者和捍卫者。在与黄埔军校国民党右派的斗争中，他高举孙中山先生的"主义"大旗，有力地批驳了他们利用"孙文主义"来反对共产主义的虚妄。

1925年10月第二次东征时，游步瀛亲赴前线参战，并将自己自10月6日至16日11天的工作及见闻，"未加丝毫修饰"的整理成《惠州战役日记》，共1.58万字。记录了为"主义"为革命的东征军得到工、商、农、学各界热心支持和诚心援助的场景，行军沿途的令人触目惊心的生产生活惨状，自己亲临阵地见证了东征军两天攻破惠州城的惨烈战斗经过。记录了攻克惠州城后管教俘虏、宣传布告、组织追悼阵亡将士大会、维持治安、庆祝东征军胜利、警戒巡逻等工作及活动。③

"此次攻惠，事属非常，凡所经过，均随时记录。"正是因为日记乃游步瀛信笔直书而成，其初心在字里行间随处可见。为了"解放受军阀压迫的几千万东江同胞""为人民谋利益""减少人民的痛苦"，军

---

① 中共中央文献研究室、中央档案馆编：《建党以来重要文献选编（一九二一——一九四九）》第一册，中央文献出版社2011年版，第263页。
② 张国焘：《我的回忆》第一册，现代史料编刊社1980年版，第293—295页。
③ 田智：《游步瀛的红色人生》，《百年潮》2019年第10期。

民共同"谋广东永久和平"。10月6日，广州各界"满面笑容""意气扬扬"在大沙头车站秩序井然欢送"为人民利益而战"的革命军队。革命军是"人民的先锋队"，"有主义""有训练""不扰民""为人民而战"的"文明"的革命军每到一处，就要尽力给当地的人民带来幸福。10月14日，"早已是金钱奴隶"的军阀土匪军队"自然不能抵挡我们为主义为人们而战的革命军"。500名冲锋队员勇敢赴义，以身许国，个个热血如潮，胜利之旗便飘扬在惠州城北上。11天的日记，字里行间饱含着共产党人游步瀛为人民谋幸福，为民族谋复兴的拳拳之心。

　　游步瀛对党忠诚，还体现在他有坚定的理想信念，对马克思列宁主义的信仰，对共产主义的坚定信念。1927年四一二反革命政变后，游步瀛立场坚定，不畏危险，毅然听从组织安排，响应组织号召，率部移驻江西九江一带，参加南昌起义。他在三河坝战役中的英勇表现，塞肠继续战斗的可歌可泣篇章，展现了不朽的伟大建党精神。

　　历史川流不息，精神代代相传。一百多年前，游步瀛等中国共产党的先驱坚持真理、坚守理想，践行初心、担当使命，不怕牺牲、英勇斗争，对党忠诚、不负人民的伟大建党精神，我们要继续弘扬，要赓续先辈们的红色血脉，把伟大建党精神永远继承下去、发扬光大！

# 长征时期红二、六军团在怀化的三次重大行动研究

林其君[*]

摘　要：红军长征时在怀化地区的行动是红军长征史研究中的重要内容之一。史学界对长征时期红二、六军团在怀化行动的研究，主要还是围绕"策应"中央红军所起的历史作用。客观地讲，这并不能反映这段历史的全貌。其实，红二、六军团在怀化的三次重大行动，是党的战略决策的伟大实践，其历史事实、成功原因、历史地位、研究发现等四个方面都应进行较深入的探讨，以形成较为完整的事件论述链条。红二、六军团指战员们在行动中，表现出忠诚担当、实事求是、着眼全局的革命品质，从而为开启中国革命第一次伟大的历史转折，保存和积聚中国革命的重要力量作出了历史性贡献。

关键词：战略决策　伟大实践　红二、六军团　怀化　三次重大行动

1934年9月至1936年1月上旬间，在中共中央的决策和领导下，

---

[*] 作者简介：林其君，中共怀化市委党史研究室副主任。

红二、六军团在怀化进行了三次重大行动：一是 1934 年 8 月红六军团以湘中地区为目的地探路西征，9 月中下旬进至怀化通道后由靖州转兵贵州；① 二是 1934 年 11 月红二、六军团发动湘西攻势，12 月初攻打沅陵城，有力策应了中央红军；② 三是 1935 年 11 月下旬红二、六军团开始战略转移（长征），在迂回怀化大部分区域后成功西进贵州。③以上三次重大行动，是党的战略决策的伟大实践，怀化作为其军事实践地，建构了红军长征时在湘西行动的骨架，产生了重大而深远的影响。

## 一　三次重大行动的基本史实

### （一）红六军团探路西征至通道后转兵

红六军团是长征时期第一支进入怀化的红军主力部队。1934 年 8 月 7 日，中革军委派出红六军团（第十七、第十八师和红军学校）9700 多人，在中央代表任弼时、军团长萧克、政治委员王震等人的率领下，从江西省永新县、遂川县的横石和新江口地区出发，突围转移，开始西征④，任务是"转移到湖南中部去发展广大游击战争及创立新的苏区"⑤，但真实的目的是为中央红军长征探路。

至 9 月 15 日，红六军团前卫十八师进至通道小水。在此与国民党军发生了战斗，成功突围。9 月 16 日，摆脱敌军的红六军团，经溪口抵菁芜洲。因芙蓉江涨水，无法渡河，只好就地宿营。9 月 17 日，在当地群众的帮助下搭起浮桥，主力渡过芙蓉江，经小江口、瓜坪向通道

---

① 陈宇：《红军长征年谱长编》上卷，蓝天出版社 2016 年版，第 46 页。
② 中国工农红军第二方面军战史编辑委员会编：《中国工农红军第二方面军战史》，解放军出版社 1992 年版，第 330 页。
③ 中共湖南怀化地委党史办公室编：《红军长征在怀化》，中共党史资料出版社 1987 年版，第 3 页。
④ 中共湖南省委党史研究院编：《中国共产党历史（1921—1949）》，中共党史出版社 2021 年版，第 88 页。
⑤ 中共湖南省委党史研究院编：《中国共产党历史（1921—1949）》，中共党史出版社 2021 年版，第 88 页。

县城（今县溪镇）方向挺进①。同时，从靖县撤回的部队自溪口经包里、大团等地向通道县城进发，当日攻占通道县城。蒋介石得知红六军团占领通道县城后，电令桂军廖磊部速从广西龙胜由南向北、湘军李觉部从湖南靖县县城沿河由北向南往通道侧击，妄图将红六军团夹击于通道地域歼灭之，情况十分危急。经报请中革军委同意，9月18日凌晨，红六军团撤出通道县城，分两路向西北方向前进，一路从晒口、深渡，一路从杆子溪、黄强、杨家冲、三里驿，分别进入靖县新厂地域。在新厂与湘敌何平部发生激战，以极小代价赢得胜利，击溃敌一个纵队，毙敌200余人，俘敌300余人，缴获长、短枪300余支②，并由此从容进入贵州。10月24日，抵达贵州印江的木黄，与前往接应的贺龙所率红三军主力2000多人胜利会师。红三军恢复了红二军团番号。

### （二）红二、六军团围攻沅陵县城

至1934年10月，中央红军所面临的形势已十分严峻。任弼时、贺龙、关向应等提出红二、六军团集中行动，向敌人侧后的永顺、桑植、龙山等地发动进攻的建议。在中共中央批准这一建议后，红二、六军团从11月2日起挺进湘西，发动了湘西攻势。11月7—24日，攻克永顺、桑植、大庸等县城。11月27日，中革军委来电指示，电令红二、六军团"主力应力求占领沅陵，并向常德、桃源方面派出得力的游击队积极行动"③。接到电令后，贺龙、关向应、萧克等率领红二军团主力和红六军团的五十一团共计8000余人攻打沅陵，策应中央红军。国民党发现红二、六军团有策应中央红军的意图后，急令新编34师师长陈渠

---

① 中共湖南省委党史研究院编：《中国共产党历史（1921—1949）》，中共党史出版社2021年版，第88页。

② 中共湖南省委党史研究院编：《中国共产党历史（1921—1949）》，中共党史出版社2021年版，第88页。

③ 中共湖南省委党史研究院编：《中国共产党历史（1921—1949）》，中共党史出版社2021年版，第88页。

珍派重兵驻防沅陵县城。为此，陈渠珍在城外驻险设立了三道防线。①

1934年12月5日，红二、六军团主力从永顺的高坪、王村及大庸的天门山等地出发南下，进袭沅陵。经沅陵四都坪、筒车坪后，于6日下午到达军大坪宿营。7日凌晨，全体指战员在村前深溪的岩滩上集合，贺龙亲自进行战前动员。随后，红军部队攻击前进，势不可当。7日下午5时许，红军逼近城北二里许的鸳鸯山、丁公庙一带，入夜攻占城北所有阵地，并突破城壕。敌人全部龟缩进城。8日晨，红军分三路攻打沅陵县城。守军连连向何键告急，何键严令陈渠珍部第八师及沅陵4个保安团死守县城，一边急令"追剿"中央红军中的两个旅赶赴沅陵一带布防。敌还派出数架轰炸机对沅陵常安山及县城北部进行轰炸。红二、六军团原计划夺取沅陵后，再行进入湘中，直接威胁在湘南拦截中央红军的湘军的侧背。但因沅陵城抵抗凶顽，红军又缺乏攻城大炮等强火力，久攻不下，加之敌人有陆空大举增援，且牵制国民党军事力量的任务已经完成，至12月9日红二、六军团撤出战斗，顺沅江南下，取得沅陵浯溪河战斗胜利后，又派出一部经沅陵的麻伊伏到楠木、拖舟、蚕忙、马颈一带活动。自12月10日红二、六军团分两部离开沅陵后，又先后攻取桃源县城，进逼常德。12月26日再占领慈利县城，30日返回大庸、永顺休整。②

## （三）红二、六军团战略转移大范围迂回怀化

1935年11月19日，红二、六军团分别在桑植的刘家坪和瑞塔铺举行誓师大会③。贺龙、萧克分别下达了突围命令。当晚，红军主力即开始向东南方向突围。在渡过澧水后，红六军团前锋17师49团急行军

---

① 中共湖南省委党史研究院编：《中国共产党历史（1921—1949）》，中共党史出版社2021年版，第88页。
② 中共沅陵县委党史联络组等编：《沅陵县革命老区发展史》，湖南人民出版社2022年版，第33页。
③ 中共湖南省委党史研究院编：《中国共产党历史（1921—1949）》，中共党史出版社2021年版，第409页。

150里，横跨武陵山脉，于21日晚到达沅水北岸的大晏溪。①红六军团所属军团直、六师、十七师在萧克、王震等率领下分两路前进，23日进抵沅水北岸的大晏溪与清浪。红二军团先头部队四师前卫营也经长途奔袭，于22日下午5时到达沅水北岸的洞庭溪（位于大晏溪下游10千米）。贺龙、任弼时等率红二军团司令部和军团直、红校，于22日到达沅陵伍家湾，红五师到达蚕忙、楠木，红四师轻装到洞庭溪。至此，红二、六军团主力控制了东至洞庭溪，西至大晏溪长约25千米的江面，分两路抢渡沅水。

11月23日起，红二、六军团主力分别从洞庭溪、大晏溪两处渡河，至25日凌晨全部渡过沅水。然后，分兵三路，其中，右路由贺龙率红二军团四师、五师，作攻打沅陵县城之势。11月27日上午进占辰溪县城。②中路由任弼时率领红二军团直、红校、六师，27日进占溆浦县城，在溆浦深子湖歼灭了国民党湖南省暂编补充团欧阳烈两个加强营约800人。

红二、六军团集结溆浦后，国民党又重新集结军队向溆浦扑来，并逐步形成对红军的大范围包围。12月11日上午，军委分会在溆浦的柳溪（今祖市殿）作出决定，退出溆浦向贵州转移。当日下午，红二军团从柳溪一线出发，经桥江的址坊、江东，上新化的奉家山。13日下午，红二军团团直又转移至溆浦中部乡的庄坪村（今高坪），红六师进抵至上畲（今上尚），红五师新兵团前进至金鸡垅，后卫红四师仍在奉家山。至16日，红二军团主力均由上畲、金鸡垅进入隆回境内。与此同时，红六军团于12月11日上午接到军委分会的转移命令，主力部队于当天下午从桥江出发，经水东、高明溪，过九溪江，先头部队于12月13日晚抵龙潭镇。红六军团于15日全部进入龙潭镇内，当晚军委分会电令红六军团主力于16日向黄泥井转移。16日，萧克率红十六师和

---

① 中共湖南省委党史研究院编：《中国共产党历史（1921—1949）》，中共党史出版社2021年版，第409页。
② 中共沅陵县委党史联络组等编：《沅陵县革命老区发展史》，湖南人民出版社2022年版，第33页。

红校从龙潭镇出发，经圭洞、大华、龙庄湾抵达隆回的小沙江。当晚，红十六师两个主力团进至青山界，与主力会合。红六军团一侦察连 19 日由黄茅园至横板桥，20 日经温水、黄江去隆回，至此，红六军团全部离开溆浦县境。

敌军连忙东进，防止红军东渡，而红二、六军团忽然掉头西进，经洞口、绥宁，于 12 月 25 日至 27 日进入会同的东南部，向北穿过会同，于 27 日中午红六军团前卫部队进入黔阳县（今洪江市）的江市，并用半天时间架起浮桥于沅水两岸，顺利渡过沅水。当天晚 7 时前后，红二军团先头部队逼近托口。在击溃团防队，控制了托口全镇后，组织 20 余只木船，连夜抢渡沅水，并在渡口下游又架起一座浮桥，至 28 日黄昏，红二军团全部渡过沅水。红军主力渡过沅水后经中方县境继续北进，进入芷江县境。1936 年 1 月 1 日，红二、六军团在芷江冷水铺举行政治干部会议，①提出创建湘黔边新苏区。3 日，红二、六团分别进入波州和晃县龙溪口一带，击溃和消灭了几股土匪武装。4 日，贺龙、任弼时、萧克、王震、关向应、夏曦、张子意在晃县龙溪口开会，决定组织便水战役。战役于 5 日下午 2 时许正式打响，共进行了两天一夜。因战线拉得太长、各部配合不紧密，且敌军进攻力量不断增强，整个战役没有取得预期的目的，但有效地阻延了敌人的追击，红军得以从容向黔东进军。8 日红二军团进入贵州玉屏县田冲一带。9 日红六军团进占江口县城，13 日进占石阡县城。至此，红二、六军团胜利完成迂回怀化向黔东的战略转移。

## 二　三次重大行动成功的原因分析

红二、六军团在怀化的三次重大行动，实现了战略意图。成功的原因主要有两点：一是由于任弼时、贺龙、萧克、王震等红二、六军团领

---

① 中共湖南省委党史研究院编：《中国共产党历史（1921—1949）》，中共党史出版社 2021 年版，第 409 页。

导层充分认识到所担负的重要战略任务,能科学研判形势,具有把握局势、迎接挑战的能力;二是因为怀化具有有利于机动作战的地理环境、相对较好的群众基础等积极的客观因素。

### (一)对敌我双方整体态势的充分把控

1934年,第五次反"围剿"失败,中央红军主力决定撤离根据地进行战略转移,在湘西地区以洪江为中心建立新的根据地。红六军团的重要任务是为中央红军即将进行的战略转移探路。按照这一战略意图,红六军团挥师进军湘西,9月初,拟向新化、溆浦等区域建立根据地。9月8日,红六军团在西延接到中央军委训令:"在目前情况下,在新化、溆浦建立根据地是不利的,依据地理条件及敌人部署,目前最可靠的地域,即是在城步、绥宁、武冈。"当时,敌人在湘桂两地合围之势还未形成。红六军团遵照军委这一训令精神,向城步、绥宁进军,因湘敌突由绥宁前来截击,便在通道小水与敌展开了战斗并由此占领通道县城。此时,湘、桂两军除以一部分兵力继续尾追外,主力经靖县向贵州的锦屏急进,企图阻止红军北进,黔军也向黔东地区频频调动。红六军团如果继续同强大的敌人周旋于城步、绥宁、通道、靖县地域,不仅难以取得重大胜利,而且还会给湘、桂、黔三省敌军调兵部署和构筑坚固防堵阵地的时间,这样将对红军以后行动造成极大困难。与此同时,尾追湘敌李觉部从靖县赶来,桂敌廖磊部广西赶来。因大雾天气,两队敌军在通道城郊误战。红六军团趁机从通道进至靖县新厂,在进行新厂战斗后进入贵州。①

到1934年11月下旬,战略转移途中的中央红军处境更为艰难。红二、六军团领导层认为,向敌人侧后发动进攻,不仅可使自己站稳脚跟,还可以威胁沅陵、常德等地,从而影响洞庭湖及长江流域,创造出开辟根据地的有利条件,牵制湘、鄂两省的敌人,更有利于中央红军摆

---

① 中共湖南省委党史研究院编:《中国共产党历史(1921—1949)》,中共党史出版社2021年版,第86页。

脱重兵围堵。于是，将这建议报给中央，经批准后挺进湘西，发起了湘西攻势，并很快进军沅陵，将攻打沅陵城作为湘西攻势的支撑点，以实现多背一点的战略意图。红二、六军团进攻沅陵，迫使蒋介石将追击中央红军的国民党军前线总指挥何键及其所属第十六师、十九师、六十二师由通道、靖县新厂调向沅陵，从而减轻了中央红军在湘桂边界活动期间的敌方压力，客观上为中央红军突围创造了条件，顺利实现了通道转兵。

1935年10月，中央红军到达陕北后，国民党对湘鄂川黔边根据地发动了新的更大规模的"围剿"。蒋介石在湖北宜昌设立行营，动用22个师并5个旅，共130个团20余万人，加上地方保安团队，达到30万人。此时，红二、六军团经长期的反"围剿"斗争的消耗，给养供应已经十分困难，形势日益严峻。为了争取主动，遵照中央指示精神，红二、六军团决定实行战略转移。突围方向选在敌人意想不到的东南方向。到12月4日，贺龙、萧克本拟率领4个师向东北面的安化进发，但敌樊嵩甫纵队共4个师集结完成，并修筑了坚固防御工事，占据了有利地形。12月8日，敌李觉纵队袭占了溆浦县城，陶广纵队、郭汝栋纵队、汤恩伯纵队也对红军实施两侧迂回，敌军在溆浦对红军实行大范围包围已逐步形成。12月11日，军委分会决定，退出溆浦，准备大规模的迂回后，向贵州的石阡、镇远、黄坪地区转移。为实现这一目的，红二、六军团分两路迅速向东南转移，造成抢渡资水，重返湘赣根据地之势，以造成敌人的错觉。红二、六军团在溆浦及周边地区进行了几次迂回，极大地调动了敌人，打乱了敌人的布防部署，从而得以从洞口、绥宁等地转兵至会同，为进行新一轮更大的迂回创造了条件，再经黔阳（今洪江市）、中方、芷江、新晃等县进军贵州。

### （二）对怀化局部环境的充分利用

怀化具备了实现战略意图的一些有利客观条件。一是怀化在地反动力量相对较弱。在红二、六军团突进怀化时，国民党主力部队在怀化部署并不多。如要"围剿"怀化境内"突然"出现的主力红军，国民党需要从周边地区调集成建制的部队，而调动部队过程需要时间，有一定的"时间差"，从客观上为红军机动作战赢得一定的主动权。二是怀化有一定的群众基础。早在党成立初期，怀化地区就是党组织活动比较活跃的区域，怀化人民对党的主张有了一定的了解。1930年12月下旬，红七军转战进至通道、靖县时，开展了一系列革命宣传活动，区域内的人民群众一定程度上受到了革命洗礼，少数乡镇还建立过苏维埃政权。1934年9月，红六军团探路西征至通道、靖县时，得到了人民群众一定程度上的支持便是佐证。青年时期，贺龙曾多次到过沅陵，大革命时期，贺龙又两次率军驻扎沅陵。贺龙的早期革命活动为后来红二、六军团在沅陵开展革命斗争奠定了良好基础。加之宣传发动到位，红二、六军团得到了怀化人民的有力支援，仅在沅陵、辰溪、溆浦就扩红近3000人，很多群众自发地为红军开路架桥，捐钱捐物。三是怀化的地理环境为实现战略意图提供了有利条件。怀化地域广阔，南北狭长，与广西、贵州及湖南邵阳、娄底、益阳、常德、湘西自治州、张家界等市州接壤，有很大的战略回旋空间。由此可见，通过怀化进入国民党力量比较薄弱的贵州，是战略转移的必经之路。

## 三 三次重大行动的历史地位

80多年前，红二、六军团多次在怀化成功实现了战略意图，为中国革命的胜利，建立了不朽功绩。特别是三次重大行动的成功付诸实施，怀化由此定格在作为中国革命胜利重要支点的历史方位上。

### （一）为中央红军长征向胜利挺进提供了战略支点

一是为通道转兵构建了战略策应支点。不可否认，通道会议为开启中国革命第一次伟大转折的通道转兵提供了政治保证。但客观上讲，这只是通道转兵的必要条件，而充分条件还有很多。红六军团作为长征的先锋探路部队，以一往无前的英勇气概，一路浴血奋战，进至通道，后又转兵至贵州与红三军会合。红六军团在通道所建立的战略支点主要有两个,其一,为中央主力红军在此休整提供了可借鉴的经验,也为随即实施的转兵提供了进军方向、路线选择;其二,红六军团与红三军胜利会师后,部队人数达到了 8000 余人,合二为一壮大了红军力量,为两个月后红二、六军团策应中央红军发动湘西攻势集聚了更强大的突击力量。红二、六军团的湘西攻势,特别是攻打沅陵县城,打乱了国民党围堵中央红军的军事部署,确保了战略支点的形成,为通道会议召开和中央红军转兵西进提供了有力支援。二是为通道转兵后的中央红军继续西进转移建立了战略支援支点。此后,红二、六军团在包括沅陵地区在内的湘鄂川黔边根据地,战斗了 10 个月,歼灭国民党军两个整师、1 个师部和 1 个旅部等 2 万余人,缴枪 8000 余支,轻重机枪 100 多挺,各种火炮 20 多门,创建了湘鄂川黔革命根据地,红军力量扩大一倍以上,达 2 万余人,新成立了第十八师和第十一、第十七团,此外还成立了独立团、独立营、游击队等。红军力量的增强不仅建设和保卫了根据地,而且钳制了一部分追击中央红军的国民党军队,有力地配合了中央红军的战略转移。

### (二)为保存中国革命的重要力量提供了战略支点

1935 年 11 月至 1936 年 1 月初,红二、六军团通过迂回怀化,成功实现西进贵州的战略转移,这是人民军队史和中国革命史上的一件大事,创造了奇迹。红军声东击西,挥师东南,突破澧水、沅江封锁线,直插湘中的新化、溆浦,忽又西折而去,再从洞口、绥宁进入会同,再由南向北推进,在新晃进入贵州。这种大范围的迂回,极大地调动了敌军,打乱了敌军的整体兵力部署。特别是在芷江发起的便水战役,有效地阻延了敌军的追击,红军得以从容向黔东进军。此时,红二、六军团与出发时的人数基本一致,极大地保存了有生力量。以这支红军为基本力量,在 1936 年 7 月组成了红二方面军,成为三大红军主力之一,并在全民族抗日战争时期、解放战争时期立下不朽功勋。

### （三）为包括怀化在内湘西地区的解放保存了战略支点

从1934年9月红六军团西征至通道，到1936年1月红二、六军团战略转移离开怀化进军贵州，在一年多的时间里，红二、六军团在怀化播下的革命种子，经过血与火的洗礼，生根发芽。1938年3月，中共湖南省工作委员会（省工委）批准溆浦县建立了县工委。同年10月，中共湖南省委员会（湖南省委，7月上旬由湖南省工委改名）决定成立中共湘西工作委员会，负责12个县的党的工作，工委机关设在沅陵，其中包括沅陵、辰溪、溆浦、麻阳、洪江、晃县。随后，湘西工委的3名组成人员分赴沅陵，以不同的身份开展工作，沅陵成为湘西地区党的活动的中心。后工委机关移至辰溪，至1941年2月，因国民党反动当局的破坏，形势日趋恶化，被迫撤销。撤销前，在怀化已建立了沅陵、溆浦、辰溪3个县委及洪江、麻阳、晃县3个直属支部。党组织在怀化开展工作由公开转入秘密的地下党状态。进入全民族抗战时期后，怀化党组织相继恢复与发展，为抗日救亡运动在怀化的开展提供组织上的保证。虽受到国民党反动政权的残酷镇压，但怀化区域内仍有一些党员在活动。1949年春，党组织先后在溆浦、辰溪、沅陵、麻阳等地恢复，纷纷开展迎接解放的工作。并在怀化解放前夕，组建了湖南人民解放军湘西纵队，成为一支重要的人民解放力量。

## 四　三次重大行动研究的新发现

忠诚地落实党的战略决策，是一级党的组织、一名党员干部重要的政治品质。红二、六军团为贯彻党中央的战略决策，在怀化所建立的中国革命战略支点，与开启中国革命第一次伟大历史转折的通道转兵这一重大的历史事件，同样具有不可磨灭的历史功绩。通过这一课题的研究，主要有以下三点收获。

**（一）对一些重要历史事实的新发掘**

新发掘主要有两个方面：一是对红军长征在怀化的时间；二是湘鄂川黔根据地（怀化）的时间与地域面积。关于红军长征在怀化的时间，通常认为，红二、六军团长征在怀化分为两个时间段：即1934年9月15日至9月19日红六军团自通道进靖县出，共五夜六天，是一次"小通道转兵"；红二、六军团实施战略转移，于1935年11月21日进至沅陵，至1936年1月8日自芷江、新晃西出贵州，在怀化时间为一个半月左右。由此计算，红二、六军团长征在怀化的时间不到两个月。关于湘鄂川黔根据地在怀化存在的时间及地域面积，也通常认为，湘鄂川黔根据地（怀化）的时间自红二、六军团发动湘西攻势进入沅陵始至其战略转移离开沅陵后结束，而包含的区域面积仅为沅陵。

但经过研究后发现，以上认识是片面的，应从红军长征的历史背景与湘鄂川黔革命根据地政权实际存在史实去分析。一是关于时间方面。红军长征在怀化的过程是具有连续性的，并由三个时间段组成。第一个时间段是红六军团西征至通道，红三军（红二军团）在中央的指示下接应红六军团，一定意义上讲，标志着红二、六军团整体上已开始长征；第二个时间段是在中央红军进至通道前，红二、六军团发起湘西攻势进行策应，这也事实上成为红军长征的一个重要组成部分，并在中央红军通道转兵后的长达一年多的时间里，继续主动地采取行动进行更广泛的策应；第三个时间段从红二、六军团1935年11月19日战略转移开始，经沅陵在怀化大部分区域迂回，并在芷江、新晃交界处发动便水战役后，于1936年1月8日进入贵州。三个时间段，共计1年零5个月有余。而湘鄂川黔革命根据地（怀化）的时间，与红军长征在怀化的时间几乎是同步。二是关于区域方面。三支主力红军长征几乎经过了怀化全境，其中包括红六军团探路及中央红军长征经过通道、靖县两县，红二、六军团长征过沅陵、辰溪、溆浦、会同（时洪江区隶属会同）、洪江市、中方（鹤城区与中方县同属原县级怀化市）、芷江、新晃等县市区。湘鄂川黔革命根据地存在的重要依据是政权机构存在并正常运作。从中共湘鄂川黔省委、省革命委员会、省军区自1934年11月26日成立，至1936年2月8日成立中共川滇黔省委，中共湘鄂川黔省委及各机构才停止运作。① 由此证明，在这一时间段里，湘鄂川黔革命根据地（怀化）一直是存在的，也充分说明湘鄂川黔革命根据地涵盖了怀化全境。

### （二）对红二、六军团在怀化历史定位的新认识

在我们党的历史上，通道会议是一次生死攸关的会议。会议的重要成果是促成了通道转兵。但决定是否能落实，受很多因素影响，有的还是极其关键的因素。如果没有红六军团的探路，中央红军在通道转兵的方向、路线可能面临多种选择，最大的可能还要派出部队先行探路，这样将会极大地压缩机动时间，敌人会趁此完成更加严密的军事部署。如果没有红二、六军团及时地发动湘西攻势进行有力策应，敌人对中央红军的合围就可能完成，就是到了通道，中央决定转兵后，也可能被敌就地"围剿"，西出贵州可能成为难以完成的任务。特别是通道转兵后的近一年时间里，红二、六军团为了中央红军顺利长征和在陕北稳住阵脚，毅然决定多"背"一些敌人，敌军最多时达30万人，以不到2万人的红军来完成这一战略任务，需要承担极大的压力和牺牲。对红二、六军团在怀化的贡献，不应只将其作为一个"配角"，单纯从"策应"角度来估量，应将其放在红军长征和中国革命的整个过程中去评估。长征期间，红二、六军团在怀化的革命斗争（包括三大重大行动）厥功至伟，成为中国革命第一次伟大历史转折顽强的推动力量和伟大历史转折成果坚定的捍卫者。

过去，我们研究红二、六军团在怀化的长征历史，多是就史实本身及价值来开展，对现实的指导意义着墨并不多。这次以红二、六军团长征时期在怀化进行的三次重大行动来切题，给我们打开了一个全新的视

---

① 中国工农红军第二方面军战史编辑委员会编：《中国工农红军第二方面军战史》，解放军出版社1992年版，第462页。

角。三次重大行动具有以下三个重要特点：一是围绕党的重大战略决策来进行，充分维护了党中央的权威；二是在党的集中领导这一大的原则下，充分发挥了主观能动性；三是有强烈的全局观，充分体现了担当精神。

# 湖湘红色影视教育资源的开发及其实践

## ——以纪录片《闪闪发光的学校》为例

### 谢 嘉[*]

**摘 要**：《闪闪发光的学校》（以下简称《闪闪》）是由湖南广播电视台推出的党的二十大献礼系列纪录片，入选国家广电总局"十四五"重点项目。该片从全国六所学校的校史追寻红色足迹，展示学校对培养中国革命的一大批红色志士所作出的重要贡献，发挥了红色影视教育资源的价值引导和培育作用。本文以《闪闪》作为红色专题纪录片的代表案例，着重以第二集《湖南省立第三师范学校》和第五集《湖南长郡联立中学》为研究对象，从影视语言的角度和教育功能的角度对该片的故事建构、叙事角度、人物话语进行分析，总结湖湘红色影视教育资源开发的方法原则、价值意义以及存在的难题，探寻其在开发实践中的可行性路径，为湖湘红色文化的广泛传播提出建设性意见。

**关键词**：红色专题纪录片 红色文化 《闪闪发光的学校》 湖湘红色资源

---

[*] 作者简介：谢嘉，湖南省人民医院团委书记兼社工办主任，湖南师范大学博士研究生。

红色教育一直以来是党和国家积极宣传红色文化知识、宣扬革命文化精神、呼唤有志青年挑战自我、超越自我、奉献社会的重要手段，在学校教育和社会教育中发挥着不容忽视的作用。以往，红色教育常以学习培训、线下参观为主要形式，如今，红色教育资源的开发更具多样性，例如红色影视作品利用声画结合的多媒体形式囊括丰富内容，让人直观感受红色故事和人物心路历程，又得益于互联网时代易于传播的特点，打破了时空局限，实现了最大化的开发应用价值，使红色教育得以更有效、更便利、更直观的方式传播开来，对振奋民族精神、凝聚民族力量、实现中华民族伟大复兴的中国梦有着重要意义。

通过梳理红色影视作品的相关文献发现，针对学校开展红色教育的功能研究较多，但关于湖湘地区红色影视教育资源的研究屈指可数。学者们大多从红色影视作品的叙事模式、叙事结构、叙事视角、叙事风格等角度进行研究，探讨了其思想政治教育功能。如李敏贤、石瑾的《从〈觉醒年代〉看红色影视作品的思想政治教育功能与价值》[1]认为，红色影视作品"具有'整体性叙事下的民族身份认同'和'立体人物塑造与价值传输'的思想政治教育意义"。郝英杰等在《谈红色影视文化思想政治教育资源的开发》[2]中提出要发挥红色影视教育资源的导向功能、和谐人格的培育功能。封莎、黄晓帆在《红色题材微纪录片创作创新策略研究》[3]中强调通过多主体、全链条产业创新红色文化发展的新模式。

# 一　湖湘红色影视教育资源开发的原则

## （一）明确"最关键"的动机

媒体人身负党和人民赋予的社会责任，要明确创作动机，坚持正确

---

[1] 李敏贤、石瑾：《从〈觉醒年代〉看红色影视作品的思想政治教育功能与价值》，《电影评介》2021年第6期。

[2] 郝英杰、赵治、王集令：《谈红色影视文化思想政治教育资源的开发》，《中国高等教育》2008年第10期。

[3] 封莎、黄晓帆：《红色题材微纪录片创作创新策略研究》，《传媒》2022年第9期。

导向，突出时代精神，践行"三贴近"原则。以《闪闪》来说，通过聚焦湖湘的六所学校，用新的角度呈现尘封多年的历史记忆，重温经典红色岁月，反映党艰苦卓绝、筚路蓝缕的发展历史，传播极具丰富的红色文化内涵和时代内涵。该片反映了湖湘六所学校对中国革命培养一大批红色志士所作出的重要贡献，也显示出一个人走上革命道路与教育培养体系的重要传承和关联。

### （二）确定"最能拍"的选题

红色专题纪录片题材的选择在于故事性，而故事性需要更多地关注细节和对细节的处理，换言之，细节是被放大了的故事。一个好的细节镜头的表达，往往可以直接触动观众的共鸣点，给人留下深刻的印象。《闪闪》第五集《湖南长郡联立中学》就有这样的细节，它没有一味地呈现学校的大背景，而是选择了长郡优秀校友肖劲光的女儿肖凯作为情感切入点，体现了较强的情绪张力，提高了红色专题纪录片的可看性、故事性和感人性。

### （三）选择"最合适"的视角

红色专题纪录片要有吸引力，首先就要对拍摄的视角作出准确定位。第一，多求新。《闪闪》第二集《湖南省立第三师范学校》没有用传统枯燥的方式介绍回忆录的内容，而是代入真情实感，以入学新生的视角来了解红色学长的故事。第二，不求大。从一个小的着眼点切入来烘托宏大叙述主题。《闪闪》聚焦红色学长们在求学时期的故事，以小见大、构思巧妙，人物塑造有血有肉、富有感染力，避免了概念化、说教式的叙事手法，符合纪录片的艺术创作规律。

## 二　湖湘红色影视教育资源开发的实践

### （一）《闪闪发光的学校》开发实践的影视视角

#### 1. 丰富的声画结合

相比起历史陈列馆、故居等传统的红色教育资源，红色专题纪录片

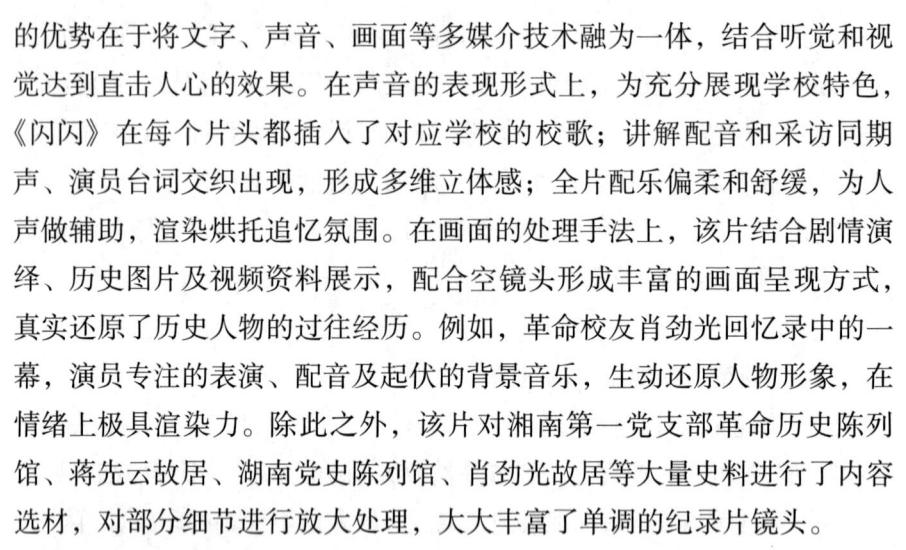

的优势在于将文字、声音、画面等多媒介技术融为一体,结合听觉和视觉达到直击人心的效果。在声音的表现形式上,为充分展现学校特色,《闪闪》在每个片头都插入了对应学校的校歌;讲解配音和采访同期声、演员台词交织出现,形成多维立体感;全片配乐偏柔和舒缓,为人声做辅助,渲染烘托追忆氛围。在画面的处理手法上,该片结合剧情演绎、历史图片及视频资料展示,配合空镜头形成丰富的画面呈现方式,真实还原了历史人物的过往经历。例如,革命校友肖劲光回忆录中的一幕,演员专注的表演、配音及起伏的背景音乐,生动还原人物形象,在情绪上极具渲染力。除此之外,该片对湘南第一党支部革命历史陈列馆、蒋先云故居、湖南党史陈列馆、肖劲光故居等大量史料进行了内容选材,对部分细节进行放大处理,大大丰富了单调的纪录片镜头。

2. 朴实的叙事语言

《闪闪》以贴近生活的切入点和朴实直白的语言完成了叙事。每集节目片头从展示日常生活中最为平凡的一幕引入,通过选取现实的生活场景给人以亲近感。例如,子孙对革命校友黄克诚成长背景的描述:"吃不饱饭,红薯是主要的粮食,所以他后面特别害怕吃红薯";读书期间遇到的困境、无奈和迷茫:"他感到生活很无奈,看不到任何出路。"这些叙事语言有助于加深观众对人物的理解,从而引起共鸣。

3. 个人故事递进升华

红色专题纪录片通过打造故事感来表现人物所蕴含的革命精神。《闪闪》每个人物的故事层层递进,起于成长环境,再至校园生活,而后至革命活动,从不同人生轨迹体现不同的革命精神。如湖南省立第三师范学校革命校友蒋先云经营新书报贩卖部,宣传《共产党宣言》等革命刊物,体现其不断学习向上的坚定意志;湖南长郡联立中学革命校友肖劲光在错过赴法留学机会后,远赴俄罗斯探求新知,寻求救亡图存真理,推动马克思主义在湖南的传播。这些人敢于冲破传统文化的禁锢,积极传播新思想、新文化理念,都是受校园教育的影响,而这一理念又反哺校园,持续影响后人。

**（二）《闪闪发光的学校》开发实践的教育视角**

1. "以生为本"促使红色宣教落地

《闪闪》以学校为拍摄主体，一方面体现革命先驱与教育培养体系的传承和关联；另一方面以校友代表为切入点，拉近当代学生和革命先烈的距离。红色影视教育资源的开发应以学生为本，摒弃枯燥无味的说教教学方式，在校内积极开展红色教育专题活动，将红色教育资源与影视结合，加工为适合不同层级学生的教育素材，激发学生主观能动性，使红色宣教常态化。

2. 发挥革命先烈的价值导向作用

《闪闪》以革命先烈为人物线索，通过塑造丰满的人物形象，与荧幕外的观众连接引发情感共鸣。其中，既有沉稳持重的领导人，也有热情活力的青年干部；既有以笔为枪的书圣斗士，又有豪情壮志的革命战士。该片以情感为纽带还原他们的成长故事，触动当代青年学子，从而引发强烈的号召力和感染力，潜移默化地使他们树立正确的人生价值观，很好地发挥了革命先烈的价值导向作用。

## 三 湖湘红色影视教育资源开发的难题

随着中国市场经济的发展，影视创作产业化时代到来，一切艺术创作都面临着经济效益和社会效益的矛盾，红色影视教育资源的开发在新时代的发展过程中也面临新的挑战，在发挥教育育人的功能中面临难题，主要表现为传播格局"窄播化"、教育功能与娱乐功能难统一、受众媒介素养参差不齐、西方影视作品的文化冲击。

**（一）传播格局"窄播化"**

截至 2022 年 12 月，《闪闪》通过芒果 TV、红网、湖南省政府网、学习强国平台、衡阳师范学院公众号等多渠道报道与转播，六集纪录片的总播放量达 10.6 万次，在芒果 TV 上播放量最高的一集为《长郡中学》。在网络平台上涉及的相关推广数据中，抖音仅发布 4 条视频，B 站 1 条，学习强国湖南学习平台播放量 177，点赞数 8，网易话题共 1 人次 2 条跟帖。从以上数据中可以看出，该片以官方组织机构作为主导，在宣传上明显缺乏红色教育资源的整体传播规划，传播能力和传播效果明显不足。《闪闪》的宣传报道以地方媒体为主，地域化传播辐射范围有限，且传播方式相对滞后，大部分采取图文形式的传统通讯稿形式，对于多样化、可视化的新媒体技术应用为空白，未能较好地覆盖青年群体。另外，该片缺乏自媒体账号矩阵，与新媒体的融合传播度低，无法形成立体化覆盖的传播格局。

### （二）教育功能与娱乐功能难统一

红色专题纪录片具有鲜明的政治性，同时也具有价值导向、人格塑造、精神激励、凝聚人心等教育育人功能。随着新媒体技术和文娱产业的蓬勃发展，影视创作面临着市场化和商业化转型的阵痛，如何平衡好教育功能和娱乐功能成为红色影视教育资源开发的难题之一。在互联网时代下，公众的注意力变得碎片化，人们的观影方式和兴趣习惯都发生了很大改变，尤其是青年一代，物质富足的生活与艰苦奋斗的年代相距甚远，加上现代人的工作节奏随之加快，生活压力与日俱增，在放松休闲的时间往往会选择相对轻松和娱乐性强的活动来舒缓压力，对于观看反映革命历史、革命精神和英雄主义思想的红色专题纪录片的兴趣明显不足。虽然近几年国家非常重视主旋律影视作品的创作和宣传，甚至许多企事业单位纷纷开展"光影铸魂"电影党课等相关活动，但往往都是强制性的政治任务，主动去观看和了解的人占少数，红色专题纪录片对公众仍然缺乏吸引力，这也给红色影视教育资源的开发带来阻碍。

### （三）受众媒介素养参差不齐

影视鉴赏是一个主观行为，是以审美享受为核心，并伴随理性认识的一种精神活动。影视鉴赏能力的高低取决于年龄层次、知识水平、人生阅历、文化背景等多方面的影响。由于艺术教育、引导的缺失，普通受众缺乏一定的影视鉴赏水平，对一部影视作品的选择和评价仅单纯从导演知名度、演员阵容、特效效果等因素去考虑。在对红色专题纪录片的鉴赏方面，人们更多地关注故事情节的走向，而容易忽略当中的意义内涵。为了博取眼球，一些自媒体在宣传影视作品上也缺乏对红色专题纪录片的关注，有的甚至对内容低俗的影视作品缺乏鉴别，使观众对正确价值观的接受出现一定程度的偏差。

### （四）西方影视作品的文化冲击

在社会开放性和文化多样性日益增强的今天，我国社会主义主流意识形态面临着前所未有的挑战。利用影视作品进行文化输出越来越成为西方国家进行文化霸权和意识形态渗透的手段，西方影视作品以强大的技术优势和资本势力迅速占据我国电影市场，同时还进行着文化渗透和价值输出，我国核心价值体系和主流文化受到强大冲击，红色专题纪录片在中国的电影市场占有率低，传播效果、影响力和育人的引领性大打折扣。因此，在西方影视作品的竞争和文化冲击下，红色专题纪录片发挥引领主流意识形态、弘扬主旋律的育人功能面临严峻考验。

## 四　湖湘红色影视教育资源开发的优化策略

### （一）把方向：坚持核心价值观的主流文化引领

党的二十大报告中谈到关于"文化"近30次，报告在如何增强中华文明传播力影响力中指出，"坚守中华文化立场，提炼展示中华文明的精神标识和文化精髓，加快构建中国话语和中国叙事体系，讲好中国故事、传播好中国声音，展现可信、可爱、可敬的中国形象"。报告指出，"繁荣发展文化事业和文化产业要坚持以人民为中心的创作导向，推出更多增强人民精神力量的优秀作品，推动中华文化更好走向世界"。① 区别于其他类型的影视作品，红色专题纪录片根本属性在于其意识形态属性。创作优秀的红色影视文化作品，则要以社会主义核心价值观为引领，建设具有强大凝聚力和引领力的社会主义意识形态。红色影视教育资源的开发既要立足国情，坚持中国立场和世界眼光，也要坚定文化自信，善于将中华优秀传统文化中的思想意识、精神内涵和社会主义主旋律融入红色影视作品中；要紧跟时代脉搏，贴近生活、贴近人民，从人民群众的日常生活中汲取智慧，在复杂多变、多元化的文化环境中传递中国声音，讲好中国故事。

**（二）提质量：以"内容为王"提升创作水准**

1. 内容与时俱进，提高受众吸引力

优质的内容和时代内涵是红色专题纪录片的重点，是提升其社会影响力的核心。人物的故事、营造的情境及传递的观念和意义都是吸引观众并产生社会效益的重要因素。要使作品更加饱满，应该具备细腻的内容、立体的人物塑造、精良的制作、丰富的文化内涵，并符合时代要求，才能更好地服务于广大人民群众的德育。

2. 叙事手法接地气，融入青春元素

红色专题纪录片应该尽可能地避免历史视域的宏大叙事，应该贴近普通大众，面向全体百姓，用接地气的叙事手法来呈现故事情节，表达真诚细腻的细节和内涵。此外，还可以更多地融入青春元素进行多视角表达，吸引更多青年学子一边追剧一边重温历史，激发他们浓厚的爱国情怀和民族自信心。

3. 注重情感共鸣，实现思想共振

一部优秀的红色专题纪录片需要能引发观众情感和思想的共鸣，要善于从生活体验中和时代主题中寻找情感联结点，还原人物真实的故事和情感。另外，还要将情感共鸣和思想共振相结合，从思想高度去激励

---

① 习近平：《高举中国特色社会主义伟大旗帜　为全面建设社会主义现代化国家而团结奋斗——在中国共产党第二十次全国代表大会上的报告》，《人民日报》2022年10月26日第3版。

人、鼓舞人、启迪人，然后使观众把启发体会践行到自己的实际生活中，丈量自己在时代中的站位，审视个人奋斗与国家发展、民族振兴的关系，升华自己的人生价值，才能真正地发挥红色专题纪录片教育育人的功能。

### （三）融资源：整合红色优势扩大多渠道传播

湖湘红色影视教育资源的开发可以通过多渠道传播载体的融合，从而增强主流媒体与地方媒体的联通，进行资源共享。如在地方图书馆视频专区、各地团市委活动现场、红色人物遗迹和旅游场所等区域进行投放，将红色教育资源数字化应用，在各融媒体和线下投放空间中切实提升红色专题纪录片技术赋能，最大化提升其基础曝光频次，帮助受众更好地了解湖湘红色文化，并满足受众进行红色文化消费的新需求。除此之外，随着受众在新媒体时代地位的提升，利用话题引发广大网友关注、评论、转发等传播行为也能增强红色影视教育资源开发下的集体记忆，如组织各种红色旅游节、开展湖湘英烈的纪念活动、建党周年的宣传活动、湖湘红色文化搜索同步推送等，着力将湖湘文化与红色文化有机整合为湖湘红色品牌，让红色基因植根在人们心中。

### （四）强效果：打造政、媒、众三合交融主体

湖湘红色影视教育资源的开发需要政府、媒体、大众三方聚合发力。首先，需要政府发挥管育并举的作用来营造风清气正的创作氛围；其次，需要与专业的媒体团队合作，利用新媒体运营人才，制定融合传播方案以促共赢；最后，需要社会大众在教育实践中从根本上加强对红色影视教育资源的重视。只有形成通力协作的有机整体，形成交互型立体传播链，才能进一步优化影视资源开发中红色专题纪录片教育育人的功能。

《闪闪发光的学校》以全国六所有着丰厚红色历史文化的学校的校史代表人物为核心进行叙事串联，以贴近生活为切入点，运用朴实形象的叙事语言完成故事呈现，塑造了更加立体的人物形象，从中提炼升华

出人物所蕴含的革命精神。同时，该片发挥湖湘学校中革命先烈的引领作用，深入开发湖湘红色文化的精神内核，加强与观众的情感共鸣，引导青年人树立正确的人生价值观，潜移默化地培养他们高尚的思想道德和素质修养。但是，该片受题材和选题限制导致吸引力不足等问题，使其在传播能力和传播效果上有待进一步提高。湖湘红色影视教育资源的开发应站位高远，坚持核心价值观的主流文化引领，以"内容为王"提升创作质量和吸引力，并合理规划湖湘红色教育资源，整合和发挥媒介资源和政策优势，通过构建以政府为主导、媒体为引领、社会各界参与的协同机制，形成政、媒、众为主体的交互型立体传播链，运用专业的新媒体影视运营能力，着力讲好中国故事，打造湖湘红色文化品牌，让红色基因植根在广大湖湘青年学子中，推动湖湘红色影视教育资源的开发不断完善。

# 湖南社会文化史研究

# 论湖南手工艺民族文化的
# 传承与保护

熊元彬[*]

**摘　要**：虽然手工业已从传统的经济产业升级为一种民族文化产业，但是在传承过程中仍有着民族原始性的足迹。湖南传统手工艺不仅丰富多彩，而且闻名遐迩，既有着沙坪"湘绣之乡"和"民间艺术之乡"，曾作为中国的"艺术名片"、"代表我东方之精神文明"的湘绣，也有浏阳"夏布之乡"、"中国烟花之乡"和被誉为"全球第一"的菊花石雕，以及邵阳"蓝印花布之乡"。甚至湖南还有诸如湖南第一纺织厂等被列入湖南乃至全国的工业文化遗产名录之中，受到政府高度重视。但是，受现代化和市场狭窄的影响，湖南不仅仍有诸多特色手工艺仍处于"养在深闺人未识"的局面，而且即使是享誉海内外的部分非遗手工

---

[*] 作者简介：熊元彬，历史学博士，湘潭大学哲学与历史文化学院副教授，湘学研究中心研究员。
基金项目：国家社科基金一般项目"中国近代学校手工教育流变研究（1867—1949）"（项目编号：23BZS120）湖南省教育厅科学研究青年项目"民国时期湖南第一纺织厂研究"（项目编号：22B0130）。

艺，仍面临着后继无人甚至濒临失传的危险，因而在传承民族手工艺文化和加强手脑并重教育中，可以从非遗手工入校园，面向大中专、中小学等开设手工艺文化素质课，手工市场化等方面加以保护和传承。

**关键词：** 非遗　湖南　民族手工艺　研究　传承

手工技术、生产、经济、组织管理等均是国家文明起源的重要标志之一。2022年5月27日习近平总书记就"深化中华文明探源工程"主持了中共中央政治局第三十九次集体学习，强调中华文明源远流长、博大精深，是维系全世界华人的精神纽带，"要深入了解中华文明五千多年发展史，把中国文明历史研究引向深入，推动全党全社会增强历史自觉、坚定文化自信"[①]。其中，手工业不仅和农业在其文明进程中扮演了重要作用，而且"手工业的起源甚至比农业更早，几乎与人类起源同步"。因此，探源中国文明进程，加强对手工业的研究尤为重要，甚至对其深入专题研究"必然构成文明起源研究中的重要领域"[②]。其中，学界对湖南传统手工技艺的媒介传播、个体非遗项目有所论述，[③] 但对于整个湖南传统手工艺有哪些值得传承，应如何保护则应有一个针对性的研究。有鉴于此，本文在总体论述湖南丰富多彩的传统手工艺基础上，结合政府的重视情况，以及应如何保护非遗手工艺三方面进行综合论述，以便进一步保护和传承丰富多彩的手工艺文化，并在大、中、小学校手工劳动课中加强手脑并重的素质教育。

## 一　丰富多彩的湖南传统手工艺

非遗手工艺是中华民族的精神命脉和人类智慧的结晶之一，它凝聚

---

① 《习近平在中共中央政治局第三十九次集体学习时强调　把中国文明历史研究引向深入　推动增强历史自觉坚定文化自信》，《人民日报》2022年5月29日第1版。
② 张清俐：《手工业考古推进文明起源研究》，《中国社会科学报》2022年5月30日第1版。
③ 张友亮、马进福：《湖南石门县举办手工制茶大赛》，《中国茶叶》2015年第37期；蔡克文：《湖南传统手工技艺食品品牌建设与产业开发策略》，《现代装饰（理论）》2016年第7期；罗威：《湖南传统手工技艺类非遗的媒介传播研究》，硕士学位论文，湖南师范大学，2018年。

了中华民族的历史传承、原生态民族风俗和区域文化。① 其中,据张玉山统计,截至 2020 年湖南不仅已有 70 项省级非遗项目,而且还有 26 项国家非遗项目。② 在 2021 年 6 月 11 日国务院公布第五批国家非遗名目中,湖南传统手工艺中又增加了怀化侗族木构建营造技艺、岳阳制扇及其黄茶制作技艺、益阳剪纸(梅山剪纸)等。

湖南位于中国中部地区,在传统手工技艺传承过程中占有重要地位。湖南不仅有享誉海内外的"湘绣",亦有"手艺世代相传"的湘潭"石鼓镇纸伞"和"色泽光亮"的益阳明油纸伞。特别是在民国时期还出现了"精致灵巧"、欧美驰名、多次荣获嘉奖的长沙"菲菲纸伞"③。因此,在湖南民间一直流传着"沔阳木屐湖南伞,益阳女子过了杆(最好)","洪湖的木屐,湖南的伞,苏杭的女子不用拣","新化扇子安化伞,益阳妹子过得拣"和"湘潭木屐益阳伞,沅江女子过得拣"④,"长沙木屐湘潭伞"⑤ 等谚语。这些谚语用来比喻湖南纸伞质量上乘,如同天生丽质的苏杭女子,无须挑选。

首先,沙坪是"国家非遗保护与传承基地",素有"中国湘绣之乡"的美誉。"湘绣各物为中国美术之特品。"⑥ 除了古代长沙马王堆一号汉墓出土的"黄色绮地乘云绣""长寿绣"之外,时至清末更是在国内武汉赛会、南洋劝业会、西湖博览会等,以及国外诸如法国里昂赛会、意大利都朗博览会、日本大众博览会、美国巴拿马博览会和"百年进步博览会"等国际赛会中荣获各种嘉奖和美誉,使湘绣"甲天下""蔚为国际友谊上之重要礼品"⑦。如美国费城博览会上的"威尔逊相",

---

① 以湖南江华八宝被为主的"神州瑶都"传承瑶篆文字及其历史文化、耒阳"纸都"传承造纸技艺、醴陵"瓷城"传承中华民族瓷器文化、湘西苗绣传承苗族历史文化等民族手工艺文化。
② 张玉山:《创新"非遗+文创"模式:振兴非遗手工艺产业》,《湖南日报》2020 年 7 月 16 日多媒体数字版。
③ 朱羲农、朱保训:《湖南实业志》,湖南人民出版社 2008 年版,第 1095 页。
④ 中国民间文学集成全国编辑委员会编:《中国谚语集成·调查卷》,中国民族大学出版社 1995 年版,第 533 页。
⑤ 芥子:《春秋·桃花江》,《申报》1935 年 6 月 14 日第 14 版。
⑥ 《实业·湘绣研究所请官维持》(武昌),《申报》1910 年 1 月 20 日第 3 版。
⑦ 《中国工商·湖南:湘绣缺乏推销机构》,《上海工商》1947 年第 10 期。

特别是芝加哥博览会上的"罗斯福绣像"更是"誉满全球"①。

在"数字湘绣初见成效……机器人绣花将不再是科幻"的当今，湘绣已成为中国传统文化的重要内容。作为中国文旅品牌文化、第一批国家非遗项目，湘绣不仅已备受国家高度重视，而且时下还应加强传承和创新。2006 年湘绣入选第一批国家非遗名录，2009 年湘绣研究所被评为"国家级非遗传承发展基地"，2014 年该研究所又成为"国家级非遗生产性保护示范基地"。此外，沙坪还是"中国民间艺术之乡"，成功获得"国家地理标志"商标。2019 年以湘绣为题材、纪念新中国成立 70 周年的历史剧《国礼》的上映，再次凸显了湘绣在国际上的重要地位。作为毛泽东第一次去莫斯科的第一号寿礼——"湘绣斯大林大元帅像"②，与 1937 年国民政府财政部部长孔祥熙参见英皇乔治六世时赠送的湘绣均已作为中国的"艺术名片"，"代表我东方之精神文明"③。

其次，湘西凤凰享有"蓝印花布之乡"的美誉。中国传统漂染可追溯到新石器时期的赤铁粉末印染，其中湖南旧式染坊"由来已久"④。长沙马王堆汉墓出土的"印花敷彩纱"和"金银色印花纱"证明了秦汉湖南漂染技艺已较为出色。先秦时期，统治者将上衣染成玄色对应天，而将下裳染成黄色对应地，其中《礼记》中有楚国"蓝尹"工匠管理蓝靛的记载。湖南传统漂染主要有蓝花布印染、蜡染、扎染、拔染四种，其中"拔染"现已失传，但是"蓝布印花布"颇为著名，其历经工业化浪潮，却经久不衰。同时，具有独特风格的凤凰扎染的传统技艺也已成为湖南 26 项非遗技艺项目之一。

最后，浏阳、醴陵还是中国的"夏布之乡"。浏阳、醴陵夏布实际上可代表整个湖南，不仅历史悠久，久负盛名，是中国夏布的主产地，而且还比四川夏布更为著名。甚至即使产量最大的江西，在近代为赢得

---

① 《湘绣罗斯福》，《铁路月刊：平汉线》1933 年第 39 期。
② 马平：《歌颂斯大林大元帅六九寿辰：附画像》，《友谊》1948 年第 12 期。
③ 《中外新闻：名流插隽：孔专使赠英皇湘绣》，《兴华》1937 年第 15 期。
④ 朱羲农、朱宝训：《湖南实业志》第 2 册，湖南人民出版社 2008 年版，第 992 页。

市场也托为浏阳夏布。① 在产销过程中，不仅以清末醴陵最为旺盛，使江西萍乡、袁州等地经销商都直接赴醴陵采购，而且其质量之佳，冠于全国。② 但是由于交通不便、本地商人起步较晚等诸多不利条件，以致醴陵夏布之名遂为浏阳夺其席，直至民国初年外间才开始知晓有醴陵夏布。

此外，在非遗项目中，湖南还有诸多著名的民族传统手工艺。如湘西苗族地区的"保靖苗画"、"凤凰纸扎"和苗族"银饰锻制"手工技艺，以及浏阳"菊花石雕"、邵阳"宝庆竹刻"及其滩头的"木版年画"、益阳安化的"千两茶制作"技艺、株洲醴陵"釉下五彩"等手工文化技艺。其中，保靖田河镇梁永福在继承祖业时，于绘画中加入各种颜色，使单色样稿发展为五彩苗画，从而成为当今苗画著名的传承人。同时，湘西苗族还综合其苗绣、银饰、草木染等手工艺进行民族服饰文化创新。此外，2008年被列入第二批国家非遗名录的"千两茶制作技艺"作为中国黑茶的始祖之一，在生产上基本为手工完成，是中国手工制茶的典型代表。甚至湖南还有诸多的工业文化遗产，其中以湖南第一纺织厂较为著名。该厂创办于1912年，之后陆续增设织布、漂染等现代化部门。但是，该厂因1938年长沙文夕大火而几乎毁于一旦，只是部分设备迁至安江、衡阳，才建立了第二、第三纺织厂，而长沙的湖南第一纺织厂直到1949年才在湖南省政府的支持下，重建了"裕湘纱厂"。该厂现已成为湖南乃至全国重要的文化遗产。2009年长沙市政府重修"裕湘纱厂"并作为景点对外开放。2018年，该厂入选中国第一批工业遗产保护名录。

## 二 政府高度重视传统手工艺

由于手工业在不同时期的地位和作用不同，因而政府重视情况有

---

① 王汝惺编纂：同治《浏阳县志》第七卷《食货》，1871年刻本。
② 傅熊湘编：《醴陵乡土志》第六章《实业·夏布》，1926年铅印本。

别。原始社会时期，人类开始出现简单的手工生产。国家出现之后，无论是奴隶社会还是封建社会，手工业都是仅次于农业的重要经济产业，因而除了少数手工艺品备受重视外，政府主要是从经济产业价值方面加以重视和提倡。如传统的制茶、蚕桑、酿酒等手工业，政府主要是从经济产业方面加以重视和管理。

即使到了近代之后，在与机器竞争中手工技艺仍有所提高，但是作为农业大国，中国政府仍将手工业主要作为经济产业加以重视。如清末在实业救国的推动下，1906年清政府拨款创办"湖南瓷业学堂""湖南瓷业公司"，从而在发展经济中提高了湖南瓷器技艺，开始将精瓷升级成"五彩瓷"。但是鉴于中国长期处于农业国的现实，1944年就有论者提出中国要工业化，"就必须先使农村能'工业化'"，而农村工业化就"必须充分发展"诸如湖南夏布等农产品加工业。同时，为筹集战时军需物资，1939年1月19日蒋介石还向地方士绅作出特别说明，宣称对于各种小规模手工业，"更应由地方士绅，利用原有规模，加以扶持，或接济其资本，或扩充其产量，或改良其方法，或推广其用途，凡属可资实用，足以适应战时需要之物品，应集各方才能资力以赴"[①]。

新中国成立后，长沙作为中国八大手工业城市之一，政府加强了对手工业的管理。1949年，湖南省政府将1941年创办的"湖南省蚕丝改良场"易名为"湖南蚕桑研究所"，隶属农业厅，成为湖南全省唯一的蚕桑专业性研究机构。同年，湖南省成立的"红星湘绣场"（今天的湘绣研究所）成为当时全国28个绣种中唯一的国有企业。1954年6月在手工业社会主义改造中，湖南成立了手工业管理局，隶属省政府公交办公室，与湖南省手工业生产合作社筹备委员会合署办公，内设人事、生产、统计、财务、行政五个科和经济部。"文革"时期湖南省手工业管理局因诸多原因受到了严重影响，如1968年9月成立湖南省手工业小组，撤销了湖南手工业管理局；1970年湖南成立轻工业局，管理全省手工业生产技术，同时撤销省手工业小组；1973年湖南省成立省二轻

---

① 吴大琨：《经济建设论》，国民出版社1944年版，第95页。

工业公司，主管手工业事宜。

改革开放之后，随着经济文化的快速发展，手工业已从传统时代的经济产业升级为一种文化艺术产业，政府更是给予高度重视。其中，非遗项目中的湖南传统手工艺是中华民族的精神命脉之一。传统中国工艺文化中的诸多手工艺已被列入世界、国家、省、市不同级别的非遗项目，但还有诸如肠衣等尚未被大多数人熟知的手工艺文化。习近平总书记一直关心中国的历史文化，将中国特色社会主义政治制度的开辟归根于"历史传承和文化传统"。2014年2月，习近平总书记在北京考察时，再次强调，"历史文化是城市的灵魂，要像爱惜自己的生命一样保护好城市历史文化遗产"①。

党的十九大以来，习近平总书记多次调研了部分地区的手工艺品。2017年10月，党的十九大将"加强文物保护利用和文化遗产保护传承"作为坚定文化自信的内容写进报告，成为习近平新时代中国特色社会主义思想的重要组成部分。同年12月12日，习近平总书记在江苏马庄村看到手工特色香包，连连称赞"真不错""很精致"，并问"多少钱？我买一个，捧捧场"。2019年9月16日，习近平总书记在河南先后走进"匠心工坊"的手工艺品店、"不秋草"的竹编工艺等创客小店，实地考察了手工艺品助推旅游文化产业，以及振兴乡村，脱贫攻坚的情况。

传统手工艺是中华民族优秀文化的重要基因，传统手工艺在非遗基础上的创新则是手工艺民族发展的灵魂和永恒动力。习近平总书记高度重视传统文化，强调"优秀传统文化是一个国家、一个民族传承和发展的根本，如果丢掉了，就割断了精神命脉。我们要善于把弘扬优秀传统文化和发展现实文化有机统一起来，紧密结合起来，在继承中发展，在发展中继承"②。由此可见，在电子信息化、机械化的今天，手工业已从传统的仅次于农业的经济副业，升级为当今现代化、信息化背景下

---

① 《立足优势 深化改革 勇于开拓 在建设首善之区上不断取得新成绩》，《人民日报》2014年2月27日第1版。

② 习近平：《论坚持推动构建人类命运共同体》，中央文献出版社2018年版，第163页。

的艺术文化、经济产业，备受国家和省政府高度重视。

湖南省政府以及湘潭市政府也对传统手工技艺的传承与保护给予了高度重视。2016年湘潭县成立"传统文化手工业爱心创业社"，带动当地妇女创业。2017年12月26日，湖南省文化厅厅长禹新荣、副厅长张帆参加了"非遗点亮美好生活——2017年湖南非遗传统手工业博览会"开幕会，博览会设"非遗传统手工艺综合展""非遗传统服饰秀"等，手工艺与会者有湘西苗绣传承人吴英继、土家族挑花传承人余爱群等。2022年9月，湖南省文化和旅游厅公布了53名湖南省第六批国家级非遗代表传承人，进一步加强了手工艺文化的传承。

"龙牌酱油灯芯糕，槟榔果子水上飘"，形象地描述了湘潭著名的传统手工业品。近年来湘潭市对非遗手工艺给予了高度重视，如2015年湘潭市政协围绕传统手工业发展，开展了全面深入的调研，认为不同的传统手工业应"区别对待"，2016年湘潭市政协"为打造传统手工业千亿经济新板块，……力争通过5到10年发展，实现湘潭传统手工业等特色产业产值达到千亿元以上"[①]，部分可以形成规模经济，而有的则只能以作坊的形式存在。2017年湘潭市手工业协会牵头举办"剪纸培训班"。2018年湘潭市女性手工艺品协会开展了"手工香氛蜡片制作培训活动、手工插花培训"，共吸引了280余名妇女参加。2019年湘潭福彩"同庆"手工艺品荣获全国大奖。

## 三 加强传统手工艺传承的措施

在传统手工生产过程中，由于家传观念、市场封闭、政府重视力度不足等原因，严重影响了传统手工艺的传承和发展。综合来看，传统手工艺具有家传、师徒传授的特点，因而在传承的同时，为适应社会发展所需还必须采取诸多措施。如为了突破"母友相传，邻亲相授"的传

---

① 《湘潭市政协建设案办理工作再部署》，湖南省人民政府门户网站（www.hunan.gov.cn），2016年3月5日。

承模式,不仅需要培养一批技艺精纯的艺人,解决他们的就业途径,而且还需扩展其有限的市场,破除行业内的低端竞争,甚至还理当从非遗手工艺入校园、手工艺人的保护、政府的支持、传承与创新的有机结合、运用网络技术完善市场体系等方面进行传承和发展。

第一,非遗手工艺入校园。非遗手工艺入校园不仅是传承民族文化的重要举措,而且也是素质劳动技术教育的重要内容。在机械化和加强文化自信、民族自信的过程中,学校手工劳动教育在传承手工艺过程中具有较大的实用价值。同时,为响应国家对非遗手工艺的传承以及劳动教育的高度重视,可从"教而不研则浅,研而不教则空"的视角出发,以科研助推教学。

基于此,笔者从长期研究手工业着手,结合劳动教育理念,将手工课纳入高校劳动教育中,自 2014 年参与国家社科基金重大招标项目"中国近现代手工业史资料整理与研究"开始,就专题研究民族手工艺,并发表了一系列有关湘绣手工艺传承等的文章。① 2019 年,又主持了湖南省社科基金重大项目"湖南手工业文化遗产的传承"。同时,笔者面向全校各年级、各专业、各民族、各区域的大学生开设了一门《湖南手工业文化》素质课。该门课程每年 4 个课头,每个课头 120—200 人,采取"非遗手工入校园"+"专题理论讲解"+"师生手工实践"等多种方式。这种教学不仅响应了国家对非遗手工艺文化的重视,而且也有助于提高学生的动手实践能力、创造设计能力,达到手脑并重的素质教育。此外,熊元彬还在湘潭大学设立了"手工协会",指导会员进行基本的手工编织、剪纸等,进一步助推手脑并重的素质教育。

第二,保护传统手工艺人。如在代表湘绣最高水平的湘绣研究所,

---

① 熊元彬:《加强湖南传统手工艺的研究与传承刻不容缓》,《非物质文化遗产保护与传承》2021 年第 2 期;熊元彬:《传统手工业在传承中创新》,《社会科学报》2022 年 1 月 26 日第 6 版;熊元彬:《湘绣:农村中的绣工群体不断萎缩》,《社会科学报》2020 年 7 月 16 日第 6 版;熊元彬:《清光宣年间湘绣的发展及其影响》,《历史教学》(高教版)2018 年第 7 期;熊元彬:《民国湘绣的技艺及其产销》,《西北民族大学学报》(哲学社会科学版)2019 年第 6 期。

如今有着"守护湘绣传承的八旬老人"刘爱云，但传承需要诸多的完善，在可能的危机面前也应自觉承担起培养新生代刺绣人才的重任。因此，除了湘绣世家的努力之外，还可以继续推行该研究所的"以校企联合办学、订单式培养刺绣人才"的方式，以解决传承后继无人之局面。如2006年湖南工艺美术职业学院专设湘绣专业，由湖南省湘绣研究所设计培养方案，并派刺绣师指导，以便学业有成之后解决其就业问题。通过这样的办学，该研究所已将湘绣专业发展为独立的"湘绣学院"，从而培养了湘绣人才，传承了湖湘文化。

第三，加强政府支持力度。为响应国家对非遗项目的高度重视，除了中央的支持外，各省市也应挖掘当地灿烂的手工艺文化，积极向省市、国家汇报、申报，并将诸如"脱胎漆器非遗与旅游文化创意产业相融合，进行活态化保护传承"[①]。如2009年长沙市开福区进行了"首届失地农民湘绣培训班"，吸引农村失地的妇女踊跃报名。再如2015年12月1日湖南工艺美术职业学院举办"益阳市残疾人湘绣技能培训班"，这样不仅可解决残疾人就业困难问题，而且还能缓解政府压力。又如2018年湘西民族传统手工业企业开展苗绣培训班，帮助苗乡妇女创业、就业。同年，余坪镇、童市镇、长寿镇由政府出资，聘请专家进行刺绣培训，举办了"巾帼精准脱贫湘绣培训班"，为农村妇女参加培训提供了条件，这样不仅传承了湖湘文化，而且还有助于脱贫攻坚、扩展就业渠道。

第四，传承与创新的有机结合。传承传统手工业是基础，而创新则是民族手工艺发展的灵魂和永恒动力。中共十八届五中全会明确了"创新、协调、绿色、开放、共享"五大发展理念，将创新放在首位。2013年10月21日，习近平总书记在"欧美同学会成立100周年庆祝大会"上强调，我们必须把创新作为引领发展的第一动力。2015年10月29日，中共十八届五中全会第二次全体会议，习总书记强调"创新是长远发展的动力"。2016年1月18日，在"省级主要领导干部学习贯彻十八届五

---

① 高怡：《非遗传统手工艺与旅游文创产业融合模式探析》，《艺苑》2016年第6期。

中全会精神专题研讨班开班式"中,习总书记指出"抓创新就是抓发展",着力实施创新驱动发展战略,抓住创新就抓住了牵动经济社会发展全局的"牛鼻子"。

因此,在传统手工艺传承与保护过程中,尤其应将传统手工艺融入当代生活,从实用和市场驱动等多方面着手,加强非遗技艺创新。结合湖南非遗特色项目,将企业与基地进行有机的结合,实行"非遗文创公司+非遗基地"①,以及在脱贫攻坚过程中,采取"村民+非遗文创公司+村委会"的村民生产②、公司创新指导、村委会进行管理的多元化、有序化形式。如对湘绣、益阳明油纸伞等传统材料进行防腐、耐用等方面的改良,同时优化加工流程和工艺,甚至可结合机械化、智能化的时代优势,进行适当的手工生产,从而提高非遗手工艺品的质量和产量。

第五,加大舆论宣传,完善手工艺市场化体系。非遗手工艺品既要保护和传承,同时也需发扬光大,取得社会普遍的认可度、接受度。因此,在加强舆论宣传,进行非遗手工艺营销的同时,还应加大市场的调查力度,了解客户的需求,尤其是年轻消费者的生活方式、审美趋向,充分运用现代化的互联网,进行线上线下的经销,进行网络化的非遗文创购物、非遗热点分享,实现手工艺人与客户的相互对话和即时了解、互动,开发新产品和拓展广阔的市场。

总之,传统手工艺是一个地方原生态特色民族文化的主要载体。在经济文化快速发展的当今,虽然它已从传统社会中的经济产业升级为文化艺术产业,但在传承过程中仍留下了民族文化原始性的足迹。在现代化、机器化和加强文化自信的今天,中央和地方政府均对传统手工艺给予了高度重视,但手工业历史悠久、灿烂丰富的湖南仍有诸多特色手工艺处于"养在深闺人未识"的局面。为增强大学生的民族自信、文化

---

① 杨慧子:《非物质文化遗产与文化创意产品设计》,博士学位论文,中国艺术研究院,2017年。

② 张玉山:《创新"非遗+文创"模式:振兴非遗手工艺产业》,《湖南日报》2020年7月16日第5版。

自信，并传承和保护传统手工艺文化，不仅可在大中专以及各中小学开设手工业文化素质课，进行"手工理论＋手工实践"的手脑并重教育，培养动手、动脑能力，而且还理当加强对中华民族特色手工技艺文化的传承与保护，甚至加大与旅游文化产业的发展、脱贫攻坚的战略相结合的力度，走出一条"非遗传统手工艺＋旅游产业文化"等多方面相结合的产业链发展模式。

# 清代同治以前湘乡县学校的运营过程研究
## ——以《同治湘乡县志》为中心的考察

易烨婷 聂志军[*]

**摘 要**：清代湘乡县学校分为县学、书院和义馆三种，大部分是自开国至同治年间建立或修葺而来。这些学校的师资多由学校出资聘请，其中县学在学生人数上有固定名额，而书院与义馆则并无限定。这些学校在办学过程中会得到官方和私人的捐助，所得校产包括田亩、房屋、园地等，均由专人负责管理。学校所得收入，基本用于聘请师资、奖励学生和资助赴考。清代湘乡学校教育一方面推进了湖湘文化的发展，另一方面也见证了科举制的衰败，并为近代中小学堂的出现作出了贡献。

**关键词**：清代 湘乡 学校 书院 教育

清代湘乡是长沙府十二属之一，在湖湘文化领域中占有重要地位。

---

[*] 作者简介：易烨婷，湖南科技大学人文学院硕士研究生；聂志军，湖南科技大学人文学院教授，文学博士。

基金项目：湖南省普通高等学校教学改革项目（湘教通〔2019〕291号—503）。

作为古代国家选拔人才的主要制度，科举制在全面推行的同时，也推动了地方学校教育的发展，湘乡县学校教育即是在这样一种政治背景下形成。目前学界关于清代湘乡学校教育的研究，主要是在研究湖南或长沙府的过程中稍有论述，且集中在书院与经费等方面①，而专门对清代湘乡学校教育进行整体性的研究较少。本文拟以《同治湘乡县志》②为主要史料，从基础建设、师生情况、后勤保障等方面出发，冀能一窥清代湘乡学校教育的整体面貌。

## 一 清代湘乡县学校的建立与修葺

凡欲立学校者，必先有供师生学习之场所，方能称为学校。清代学校有县学、书院、义馆、私塾之分，而今为《同治湘乡县志》所载者，以县学、书院、义馆居多，这些学校为有清一代湘乡县学校教育的主阵地。虽其初建时间并非清代，但在清代也几经修葺，最终为清代湘乡学校教育和人才储备作出了重要贡献。

湘乡县学为清代官方主办的学校，其先可以追溯到宋代大中祥符二年（1009）所建县学，历元、明二代毁坏与重修，直至顺治十年（1653）知县南起凤重修。按《同治湘乡县志》载："康熙五年，知县陈拱照捐赀建明伦堂，及大门、教谕、廨舍，并砌学前道路。十三年，知县陈履泰加葺。三十七年，知县李玠捐金委举人简能培基重修。"③即湘乡县学自顺治十年（1653）重修后，在康熙年间经历了三次修葺，且每次均由湘乡县知县捐资修葺，可见修葺县学应当是知县的职责之一。此后，由于县学梁柱和门庭的朽坏，知县陈哲于雍正八年（1730）"率绅士刘荣、封耆民、彭时源等迁就补葺"④。至此，清代湘乡县学的

---

① 相关研究参见周郁《清代长沙府书院经费研究》，硕士学位论文，湖南大学，2006年；罗明《湖南清代文教建筑研究》，博士学位论文，湖南大学，2014年。
② 清代所修湘乡县志中，尚存康熙刘志、康熙李志、乾隆张志、嘉庆翟志、道光胡志、同治齐志，其中尤以同治齐志最晚出，所收清代邑事较现存其他诸志最全，故用是志。
③ 齐德五等修纂：《同治湘乡县志》卷四《学校》，岳麓书社2009年版，第153页。
④ 齐德五等修纂：《同治湘乡县志》卷四《学校》，岳麓书社2009年版，第153页。

学址才得以稳定不变，直至清末。除校址外，文庙作为县学的补充，也是县学的重要组成部分。清前期，湘乡文庙在郭外，且年久失修，直至乾隆四年署理知县陈嘉谷迁建。按《同治湘乡县志》载："乾隆三十八年，知县贾世模率邑士何谭骥、沈成慧、黄崇阶等鸠众重修。嘉庆五年，知县张博率邑士萧智渊、潘元汉、刘芳虞、周复、王先道、张伟等，先后鸠众重修。同治三年，知县德钧率阖邑绅士动用公项，撤旧更新，而以刘开墀、黄绍锡、贺济霖等董其役，越岁告成。"① 即清代湘乡文庙自乾隆四年（1739）重建后，在乾隆三十八年（1773）、嘉庆五年（1800）、同治三年（1864）又进行了重修。从上述情况来看，清代湘乡县学的运行与修缮属于知县的职责，也是历届知县政绩表现之一。早在雍正十一年（1733），朝廷就曾下令："凡府、州、县文庙、学宫有应行修理之处，该地方官据实确估，详明巡抚、学政，交予该地方官于学租银内动支修理，俟完工之日委官验明。责令教官敬谨守护，遇有残阙，即会同地方官酌量修补。地方官及教官遇有升迁、事故，离任时将文庙、学宫照社稷各坛壝之例，入交盘项内。接任官验明并无倾圮，出结接受。如有损坏失修之处，即揭报参处。"② 可见县学的修缮与否，不仅关乎地方官的政绩，如不勤修，更会遭到接任官员的参劾。

按照邓洪波《湖南书院史稿》的统计，湘乡县在清代同治以前共有书院四家③，分别是东皋书院、涟滨书院、双峰书院、连壁书院，这与《同治湘乡县志》的记载基本一致。首先，康熙二十三年（1684），"敕天下州县建义学"，东皋书院即是在这样一种政治教育的背景下所建立。雍正二年（1724），"重新学舍，择乡耆王世然董其役"。其后，"道光戊戌、甲辰，咸丰戊午，湘邑迭遭大水，书院滨河，屡被洗蚀，荡析无存，师徒久依褚公祠宇以居。咸丰十年，改建书院于县治之

---

① 齐德五等修纂：《同治湘乡县志》卷四《学校》，岳麓书社2009年版，第154页。
② 奉敕撰：《钦定大清会典则例》卷六十八《学校一》，《景印文渊阁四库全书本》第622册，台湾商务印书馆1986年版，第239页。
③ 邓洪波：《湖南书院史稿》，湖南教育出版社2013年版，第273—274页。

右"①。可见,自康熙年间建书院以来,东皋书院虽迭经修缮,但由于临近水岸,道咸时期为大水洗荡,直至咸丰十年(1860)迁书院于县衙的右边。后又经曾国藩奏请,迁建与塘湾,仍其旧名为"东皋书院"。其次,乾隆四年(1739),"迁建学宫于黄甲岭。邑人萧衍守申议,将旧学改为书院。知县徐锡仁颜曰:'涟滨'"。即涟滨书院是在湘乡旧学宫的基础上改建,时任知县题名"涟滨"。其后在乾隆二十九年(1764),"署知县朱鉴昌率邑士黄宜中、龙弼盛、叶麟、萧智湖、彭依古、彭秉琨等鸠众增修"②。这是官方修缮涟滨书院的记录,由于涟滨书院校产较多,故其后不见官方为涟滨书院修葺的记录,这在后文中再详述。再次,双峰书院始设于乾隆十年(1745),为时任知县张天如所创义学,后在"(乾隆)二十五年,知县张董达偕县丞沈之浦,率邑士程童等鸠捐,购地创建书院,额曰:'双峰'"③。即双峰书院前身为湘乡义学,后转设为书院。在此之后,双峰书院曾在嘉庆二年(1797)、道光五年(1825)、道光二十二年(1842)、同治二年(1863)、同治八年(1869)都进行了增修,可见双峰书院办学之盛。最后,连壁书院亦是知县张天如所设,似是双峰书院的分校,亦曾在嘉庆二十一年(1816)、道光四年(1824)、道光九年(1829)、咸丰七年(1857)、同治三年(1864)进行增修。从上述四所书院的建立与修缮情况来看,清代湘乡学校教育已经较为发达。

  上述两类学校已经属于或接近高等教育的范畴,而义馆则不同。清代湘乡四门义馆为乾隆年间所设,按照《同治湘乡县志》解释:"为指授童蒙而设",即是在四门分设义学教授儿童。清代湘乡四门义馆的位置分别是:"东门馆设洗笔池,北门馆设药王殿,南门、西门无定所。"由于义馆为义务教学,因此经常"经费不敷",以至于一度停止。直至道光初年,在收到捐赠的情况下,才"议复四馆之一,遂设于南门城

---

① 齐德五等修纂:《同治湘乡县志》卷四《学校》,岳麓书社2009年版,第158页。
② 齐德五等修纂:《同治湘乡县志》卷四《学校》,岳麓书社2009年版,第160页。
③ 齐德五等修纂:《同治湘乡县志》卷四《学校》,岳麓书社2009年版,第161页。

隍庙"①。可见义馆虽然于民众教育多有帮助，但是经费仍然是义馆能否持续的关键因素。随着义馆有了捐赠保障，最后被"宾兴堂"兼并。其实并不只有义馆的建立需要民间的捐赠，县学、书院等同样需要民间捐赠金钱或田亩，才能维持学校的发展。县学与书院虽有官方的介入，但毕竟资金有限，而邑绅也乐得以捐资博得美名。

综上可知，清代同治以前湘乡县学校主要分为县学、书院和义馆三类。其中湘乡县学的发展属于知县的责任范围，加之清代知县多为文官，因此也乐于参加这种文坛盛事。除县学外，还有东皋、涟滨、双峰、连壁四所书院，在一定程度上为科举制度的运行予以保证。义馆则是属于清代湘乡非常设的学校机构，与前两类学校共同构成清代湘乡县学校教育体系。

## 二 清代湘乡县学校师资、学额与藏书

在学校建成后，如何吸引学生前来就学，是决定这所学校能否维持下去的关键，在清代的湘乡也是如此。县学自不必说，这是古代读书人的必经之路，且有学额限制。书院虽有官方的介入，但究其本源仍是民间教育机构，因此学校师资、学生与藏书的优寡，成为清代湘乡书院持续发展的基石。

按，《明史·职官志》载："县，教谕一人，训导二人。"② 即县学设教谕1人、训导2人负责，入清以后基本沿袭。除去师资为官方所设外，清代湘乡县学每年有固定的学额，这与非官方的书院招生在性质上有所区别。但凡入县学即为生员，方才具备参加省级乡试的资格，因此在学额上有着严格的控制。按《清史稿》记载："生员额初视人文多寡，分大、中、小学。大学四十名，中学三十名，小学二十名。嗣改府视大学，大州、县视中学减半，小学四名或五名。康熙九年，大府、

---

① 齐德五等修纂：《同治湘乡县志》卷四《学校》，岳麓书社2009年版，第162页。
② 张廷玉等编修：《明史》卷七十五《职官四》，中华书局1974年版，第1851页。

州、县仍旧额，更定中学十二名，小学七名或八名。"① 依据这一标准，湘乡县学学额当在12—15名。按《同治湘乡县志》的记载："湘乡学额文武各取进十二名。"② 《钦定大清会典则例》也载："湘乡、宁乡、常宁、安乡、溆浦、永兴、桂阳七县改为大学，各十有五名。"③ 可见，清代湘乡县学每年的学额当是文武各12名，但由于"湘邑田赋，甲于长沙各邑，而学额旧仅十二名，每届文童多至二千余人"。因此，早在康熙时就有士子上书申请增额，直至雍正四年（1726），"湘邑以中学改作大学，遂加额取进十五名，武生未广额"④。咸丰六年（1856），由于湘乡士民在清剿太平军的过程中出力甚多，经知县唐逢辰、巡抚骆秉章奏请，湘乡县学额"著于原额取进文童十五名外，加增三名，取进武童十二名外，加增三名，作为永远定额，以示嘉奖"。即到咸丰六年（1856）为止，湘乡县每年可录文生员18名、武生员15名。其后，"嗣是因绅民捐银助饷，经督抚先后奏准，叠加学额，除仅广一次业已举行，毋庸核计外，作为永远定额者，文武童生各十名"⑤。由于湘乡县士民在剿灭太平军和捐饷上有功，迭经巡抚奏请，至《同治湘乡县志》修成之前，湘乡县学每年固定文生员学额28名、武生员学额25名，但按照《同治湘乡县志》的记载，湘乡县只在咸丰七年（1857）、咸丰十一年（1861）、同治三年（1864）各增文武定额1名、1名、6名，即实际上当时湘乡县学每年有文生员学额26名、武生员学额23名。

前已述及清代湘乡官方县学的师资与学额，而书院作为清代湘乡非官方学校，其师资与生源则需自主招揽。书院一般设山长管理，其余主讲与学生则由书院出钱聘请或奖励。以东皋书院为例，"主讲以二月开课，九月解馆，束脩钱二百四十千文，聘银四两，贽仪两节，共银六两。路费以远近为差。生童官课，岁奖八次。坐斋馆课，月奖一次。均

---

① 赵尔巽等编修：《清史稿》卷一百〇六《选举一》，中华书局1977年版，第3115页。
② 齐德五等修纂：《同治湘乡县志》卷四《学校》，岳麓书社2009年版，第162页。
③ 奉敕撰：《钦定大清会典则例》卷六十八《学校一》，《景印文渊阁四库全书本》第622册，台湾商务印书馆1986年版，第259页。
④ 齐德五等修纂：《同治湘乡县志》卷四《学校》，岳麓书社2009年版，第162页。
⑤ 齐德五等修纂：《同治湘乡县志》卷四《学校》，岳麓书社2009年版，第163页。

三卷取一生，卷多止十名，不足则概取。童卷统以三十名为率，奖各有差"①。从这段话不难看出，东皋书院师资为聘请，学生的数额应在40名以上。其余三所书院的师资与生源情况应当与东皋书院相似，应当只是在人数上有所区别，即清代湘乡书院的师资与学生都是来自民间的士子，在没有通过县学考试或省级乡试之前，若欲求学或广学，只能在书院进行学习。同时，书院为了奖励学生和吸引师资，也会给予一定奖励，后文将详细说明。

除去师资与学额外，清代湘乡县学的藏书已具有一定规模，这些藏书主要由朝廷颁发、公家捐赠和邑士捐赠而来。按《同治湘乡县志》载："有颁发者。岁久，间有残缺，故不以卷计，而以本计，以检查较易也。有公捐者。乾隆四年，黄宜中捐书籍一百七十九种。岁久多佚，今据其见存学署者载之。同治七年，邑绅蒋益澧指《皇清经解》一部，计一千四百八卷，三百六十本。"② 此处不再一一列举书名与卷数，但依《同治湘乡县志》记载，这些书主要是御制或钦定文集，以及经史子集等。经统计，以湘乡县学为例，见于《同治湘乡县志》的钦颁书籍共计1742本，公捐书籍共计1270本，邑绅捐书籍共计360本，合计共3372本③。清代湘乡县书院藏书的来源主要为私人捐赠，其身份既有时任知县，也有邑绅。以东皋书院为例，其藏书主要包括钦定书籍与经史子集，见于《同治湘乡县志》的钦定书籍共分为四种。第一种为康熙年间钦定书籍，计538本；第二种是雍正年间钦定书籍，计1本；第三种是乾隆年间钦定书籍，计382本；第四种是嘉庆年间钦定书籍，计336本。以上四种钦定书籍，共计1257本④。除以上钦定书籍外，还有不少私人捐赠。其中知县刘达善捐《汲古阁十三经注疏》99本，邑绅蒋益澧捐《皇清经解》两部720本，刘兆龙捐《南岳志》8本，共计

---

① 齐德五等修纂：《同治湘乡县志》卷四《学校》，岳麓书社2009年版，第158页。
② 齐德五等修纂：《同治湘乡县志》卷四《学校》，岳麓书社2009年版，第156—157页。
③ 参见《同治湘乡县志》卷四《学校》，岳麓书社2009年版，第156—157页。
④ 参见《同治湘乡县志》卷四《学校》，岳麓书社2009年版，第158页。

827本。此外，还有《阮氏十三经注疏》等经史子集各部共2604本①。结合钦定书籍和经史子集的数量，东皋书院在修《同治湘乡县志》时已有藏书3431本，这与官方主办的县学相比，还多出将近500册。

综上可见，清代湘乡县学主要扮演官方教育与考试机构的双重角色，而书院则更多是以教育的角色出现。前者在师资和学额上有固定的数量，而后者主要取决于书院经营管理的优劣。从藏书来看，书院由于有来自民间的资助，所以在藏书上已经远超县学，可知书院教育在当时应是地方教育文化的主流。

## 三 清代湘乡县学校的校产与后勤

清代湘乡县学校的运行离不开经济上的支持，除了官方机构或私人的捐助外，清代湘乡县学校的校产是其能够长期存在的主要因素。这些校产包括官方划给的土地田亩，也有私人捐赠的田宅园地，并有专人负责管理。这些学校的产业所出，基本用于学校的建设与后勤保障，这也是古代学校的特色之一。

学田是湘乡县县学与书院的主要经济来源之一。县学学田基本为官方划拨，按《同治湘乡县志》载："一处地名沙子江，原额田一百九十亩，丈清田一百三十七亩。一处地名湖山塅，原额田五十亩，丈清田二十四亩。二处粮均在一都一区，册名李士田。"②从数据来看，湘乡县学学田原额田共计240亩，清丈田亩后共计161亩。此外，还有受捐学宫田25亩。清代湘乡县书院的受捐田亩则不同，由于既有官方捐置，又有私人捐田，因此湘乡四大书院中有三所超过县学学田的数量。按照统计，清代湘乡县东皋书院共计受捐田629.6亩，涟滨书院共计受捐田1044.9亩，双峰书院共计受捐田284.5亩，连壁书院共计受捐田231亩。从数据上来看，受捐田亩最少的连壁书院与湘乡县

---

① 参见《同治湘乡县志》卷四《学校》，岳麓书社2009年版，第159—160页。
② 齐德五等修纂：《同治湘乡县志》卷四《学校》，岳麓书社2009年版，第158页。

学学田数量仅有不到10亩之差。对这些田亩的来源，书院均有清楚的记载。第一，公家所置，如东皋书院田亩记载中就有"公置三坊车湾田八亩"的文字。第二，私家捐赠，如涟滨书院田亩曾记载："乾隆五年，知县徐锡仁捐置三都大育塅田十亩，举人黄宜中捐田五亩，共十五亩，册名徐黄助。"可见，身份官员或士子的捐田会有专门的册名，如这段材料中的"徐黄助"，他如"聂福礼"等册名也较为常见。此外，还有刻碑纪念者，如"嘉庆十八年，李一先兄弟捐七都秀才塘田八亩，刻碑存涟滨书院"①。可以想见，由于书院在受捐后给足了捐赠人名声上的福利，这也是清代湘乡书院能够长期得到捐田的原因。第三，书院自购或赎买。即书院在田亩形成盈利之后，会陆续买入田亩，以维持书院的长期运行。也有捐赠者直接将田亩卖钱后捐钱者，但随后书院又会以受捐钱币赎买，如连壁书院所得"傅楚鸣捐四十都下洲龚家塘田当价钱六十九千四百文，原价收赎"②。这些田亩只要书院存在，就属于书院的财产，书院正是将这些田亩租出，以收租的形式获得源源不断的资金。

园地也是清代湘乡县学校收入的主要来源之一，除去县学或书院本身占有的基地不提，这些学校时常会收到私人捐赠的园土。其一，县学除基地内，仍有"南门谭家巷基地一间""南门马王庙园土一块""昆仑桥上铺基四间，昆仑桥下鹤饮塘下荒坪一块"③ 等。其二，东皋书院除受捐田亩外，仍有"南门总土一所""十都潭市首总铺屋一宅"等。其三，涟滨书院除田亩较多外，园土也在嘉道年间多有置办。按《同治湘乡县志》载："嘉庆二十二年，置昆仑总邓家马头屋一宅。道光十二年，置县前总罗家湾屋一宅，万寿总铺屋三宅，园土一块，书院右屋一宅。"④ 即涟滨书院财产除基地外，还有屋宅6所、园土1块。其四，双峰书院财产也有房宅园地，如道光五年（1825）"置书院侧屋一宅，

---

① 齐德五等修纂：《同治湘乡县志》卷四《学校》，岳麓书社2009年版，第160页。
② 齐德五等修纂：《同治湘乡县志》卷四《学校》，岳麓书社2009年版，第162页。
③ 齐德五等修纂：《同治湘乡县志》卷四《学校》，岳麓书社2009年版，第157页。
④ 齐德五等修纂：《同治湘乡县志》卷四《学校》，岳麓书社2009年版，第161页。

又园土一块，塘一张"，其后在道光六年（1826）"置永市天清总基地一所"，又于咸丰七年（1857）"置永市地临总铺屋一宅，前后四栋，测水市土一块"①。其五，连壁书院所置房屋园土亦不少，如"娄底市长兴门口基地一所""娄底市灵巩桥屋土一所""娄底市老岸瓦屋一宅及屋后园土"②等。从上述情况来看，清代湘乡县学校的校产除去田亩外，还有不少房宅园土。这些房宅园土并未都可为县学或书院所直接利用，因此只得进行经营，而管理者并不可由师生担任，如东皋书院与涟滨书院俱"公择廉正绅士三人经理，三载轮交"③。这与周郁研究长沙府书院的情况大体相似④。

  清代湘乡学校房宅园土经营所得，其用途主要有聘请师资、奖励学生和给予考生赴考经费保障等。首先，聘请师资的待遇，主要视书院收入情况进行调整。按《同治湘乡县志》载："主讲以二月开课，九月解馆，束脩钱二百四十千文，聘银四两，赞仪两节，共银六两。路费以远近为差。"⑤这是东皋书院延聘师资的待遇，其后有所增加。按："乾隆三十六年，知县李昺详定东皋、涟滨主讲束脩，各以八十两为额。嘉庆二十一年，邑绅李世凤呈请增山长膏火银六两、米四石。咸丰三年改为钱一百千文。同治六年，涟滨增山长钱米，自二月至九月，每月加钱四千文，加米五斗，聘赞两节，共银八两。"⑥可见，直至乾隆三十六年（1771），东皋书院主讲束脩才与涟滨书院一样每年定为八十两，但两书院在后来的办学中逐步增加主讲的待遇，这应当与两书院后来所得到捐助日益增加不无关系，双峰与连壁二书院主讲的待遇也与东皋、涟滨两所书院相同。其次，奖励表现优秀的学生。以东皋书院为例，"生童官课，岁奖八次；坐斋馆课，月奖一次；均三卷取一生，卷多止十名，

---

① 齐德五等修纂：《同治湘乡县志》卷四《学校》，岳麓书社2009年版，第161页。
② 齐德五等修纂：《同治湘乡县志》卷四《学校》，岳麓书社2009年版，第162页。
③ 齐德五等修纂：《同治湘乡县志》卷四《学校》，岳麓书社2009年版，第160页。
④ 周郁：《清代长沙府书院经费研究》，硕士学位论文，湖南大学，2006年。
⑤ 齐德五等修纂：《同治湘乡县志》卷四《学校》，岳麓书社2009年版，第158页。
⑥ 齐德五等修纂：《同治湘乡县志》卷四《学校》，岳麓书社2009年版，第160页。

不足则概取。童卷统以三十名为率,奖各有差"①。从材料不难看出,这是有差额的奖励,但并没有说明奖励的类别和具体数额,涟滨书院则载有具体奖励数额。按《同治湘乡县志》载:"生童官课,岁凡八次,生卷取八名,童卷取十九名,每名奖米四斗。十年,呈请坐斋,生童月课一次,生卷四本取一,童卷六卷取一。生童第一名均奖钱一千六百文,二名以下各奖钱一千文。"② 即奖励既可以是米,也可以是钱,并注明了奖励的具体标准。其余如双峰书院以奖励钱币为主,而连壁书院则以奖励大米为主。最后,资助赴考生童的差旅费,后由于宾兴堂的建立,凡资助学生赴考的费用,均由宾兴堂处理。按载:"廷试悉归会试公车费内按名均分,以寅、申、巳、亥年租作为乡试考费,以辰、戌、丑、未年租作为岁科童试卷费,其生员岁科试未议卷费,惟廪保送考有费。"③ 这些举措对于清代湘乡县的教育发展有着极其重要的作用。

综上所见,清代湘乡县学校的校产主要包括田亩与房宅园土,其来源主要有官方划拨、公家所置、私人捐助和书院自行购买等。这些财产虽属书院,但其经营例由专人打理,而书院老师与学生只是其最后的受益者,并不能直接管理这些财产。这些校产所得,基本用于延聘师资、奖励学生和资助学生赴考。

清代湘乡县学校教育是中国古代地方教育的一个典型缩影,科举制度发展到明清时期,逐渐成为古代王朝控制地方的重要举措。尤其是有清一代,为了促进满汉融合以及更好地统治广大汉族地区,以满清贵族为首的统治者进一步强化了地方思想文化的统治,因而将科举制度与学校教育结合起来,让士民一心扑在圣人典籍与功名中,形成了一套独特的古代地方教育系统。湘乡地属湖南,也是古代湖南开发较早的地区,可以说是湖湘文化的发源地之一,清代著名的政治家、理学家曾国藩即是出自湘乡。以曾国藩等为首的湘乡士子在清代历史上产生的巨大影

---

① 齐德五等修纂:《同治湘乡县志》卷四《学校》,岳麓书社2009年版,第158页。
② 齐德五等修纂:《同治湘乡县志》卷四《学校》,岳麓书社2009年版,第160页。
③ 齐德五等修纂:《同治湘乡县志》卷四《学校》,岳麓书社2009年版,第164页。

响，从正面证明了清代湘乡学校教育的成功，也在一定程度上证明了湖湘文化的强大之处。当然，《同治湘乡县志》修订时，按照现在的历史分期方式，当时的中国社会已经属于近代社会，湘乡县学校教育也必定受到了巨大冲击，同时也是阻挠中国近代化的因素，但不能完全否认清代湘乡县学校在创办近代中小学堂过程中所作的贡献。

# 民国时期湖南的木材日常消费

杨 乔[*]

**摘 要**：民国时期，湖南的木材贸易兴旺，湖南木材大多销往汉阳鹦鹉洲木材市场和南京上新河木材市场。湖南的木材主要用作造船业、建筑业及各种器具打造。随着各地铁路的兴起，湖南木材大量被用作铁路枕木。

**关键词**：民国时期 湖南 木材消费

湖南是一个林木繁盛、山清水秀、森林资源丰富的地区。"清代至民国，由于人口继续增长，垦殖面积扩大，各项建筑用材及薪材需求量与日俱增，省内外商贾大量运销竹木营利，滥施采伐。"①

"湘省木材产地，不曰某县，而曰某河，盖因木材自某河运出而得名也。一曰九嶷河，产木之区为宁远、道州、嘉禾、蓝山四县，区内所

---

[*] 作者简介：杨乔，湖南省社会科学院（湖南省人民政府发展研究中心）历史与文化研究所副研究员。

基金项目：本文是湖南省社会科学院 2019 年度智库课题"近代湖南木器、竹器、编席贸易研究"的阶段性成果。

① 《中国农业全书·湖南卷》编辑委员会编：《中国农业全书》（湖南卷），中国农业出版社 2000 年版，第 118 页。

产木,品质为良,而围码最大,每年约出产 160 余万株。二曰东江河,产木之区为资兴、永兴、汝城三县,每年约出产 200 余万株。三曰茶陵河,产木之区域为茶陵、攸县两县,每年约出产 60 余万株。四曰苗河,产木之区为黔边之洪江、麻阳、会同三县,区内所产木材,品质坚硬,远过其他各处,每年约出产 280 余万株。综计四河所出,每年不下 700 万株。"①

民国时期,木材贸易是湖南的支柱产业之一。"湖南的木材质量优、出产量大,农商部十分重视,派专人调查木材生产加工情况。"② 1913 年,湖南各地经营木材贸易的木商甚至因为在何处收取厘金争执不休。"湘省所属之辰、沅、永、靖、衡、宝等处夙以产木著闻。每年贩运出口,利逾百万。清时曾于常德及岳州之象骨港等处成立专局,抽收此项厘金。进入民国后,仍维持现状。汉镇大兴建筑,所需木料为数甚巨,贩运出口者络绎不绝。前由驻汉湘省木帮总会电达财政司,谓木料为出口大宗,征收木厘宜择合宜之地。从前各厘局非适中地点,不便商民。请改设靖港、德山及益阳沙头。但湘中商人则均谓仍以原处为宜。彼此争执,已由财政司派员前往各处调查抉择,以免各执一是。"③ 1913 年,"湖南森林甚富,苗林木质甚坚固,较之他处不同。有人组织木业银行,在长沙设立总行,在汉口、上海各处分设支行"④。这一时期,湖南木材消费十分红火。

## 一 湖南木材的销售市场

湖南木材,是湖南重要出口物资,每年运输出省在一百数十万两码以上,有一千数百万株,以运至湖北汉阳之鹦鹉洲为最多,亦有运至南

---

① 佚名:《湘省木材产销情形,质量均佳可作枕木用,铁部订购已达 20 余万》,《大公报》(天津) 1936 年 5 月 29 日第 10 版。
② 佚名:《农商部训令第 362 号:湖南林务专员朱继承查湖南沅江一带为木材出产著名之地,仰就近派员前往切实调查》,《政府公报》1917 年第 576 期。
③ 佚名:《木商争执》,《申报》1912 年 9 月 21 日第 6 版。
④ 佚名:《实业纪:(一)农业状况:湖南木植发达之先声》,《华侨杂志》1913 年第 2 期。

京上新河或九江、芜湖、镇江等地销售。汉阳鹦鹉洲木牌纵横数十里，大都来自湘省，该处木商、顾客、水手众多。"一至该处如入湘境，所见者几尽湘人。鹦鹉洲，即由湖南木材集中于此而著名。"①

木材是长江中游地区的大宗商品。自北宋时起，江华、道县、零陵、祁阳等县就已经出现竹木市场，年经营木材10万两码以上。蓝山县"东西瑶峒，宝藏所兴，大桥、宁溪、所城、长铺诸墟，皆都会也。大桥多竹木。富民墟者，南门滨钟水一市场。清康熙间，刘令涵之所建也，多竹木、布匹。"② 各地木商在此"架排载舟，涉洞庭而抵鄂汉者络绎不绝"。商人们将集中于白水镇的竹木"编筏贩至汉镇，岁可数万金"③。"祁阳商民向以木贸为大宗。其由江华道县等处购木泛由湘潭长沙湖北等处出售者是为东湖木贸。贸其由贵州及黔阳等处购木，泛由汉口出售者，是为西湖木贸。每年木贸商无不下数万，资本亦不下数百余万。商民涣散，毫无团体，每值春水泛涨碰坏木排纠葛横生，讼端迭起。"④

汉口是长江中游地区最大的木材集散地。运到汉口之木材种类甚繁。武汉木材贸易皆集中于汉阳鹦鹉洲及武昌白沙洲二处，鹦鹉洲在汉阳南纪门外，地临大江，极利水运。白沙洲在武昌鲇鱼套上游，与鹦鹉洲隔江相对，水路交通，亦极便利，两岸木材，纵横排列，弥望皆是，而在江中者木排竹筏，连绵数里。汉口的鹦鹉洲，湖南木商分五府八帮，计长沙府八帮（长、衡、浏阳、桃市、二里岐、埠上、益、安化）、衡州府二帮（郴州、桂阳）、永州府一帮、宝庆府二帮（四溪、宝庆）、辰州府五帮（辰永、常德、会同、靖州、沅州）。⑤

除武汉鹦鹉洲外，湖南木材多运销镇江鲇鱼套木材市场，年交易额

---

① 周维梁：《湖南木材产销概述》，《湖南经济》1946年第1期。
② 雷飞鹏修、成守廉纂：《民国蓝山县图志》卷二一《食货篇第九上》，1933年刊本。
③ 方行、经君健、魏金玉主编：《中国经济通史》（清代经济卷）中册，经济日报出版社2000年版，第1027页。
④ 佚名：《祁阳组织木商公会》，《实业杂志》1920年第1期。
⑤ 吴熙元：《工商调查：武汉之工商业（八）武汉之木林业》，《汉口商业月刊》1935年第2卷第6期。

20多万两码。明代中叶，镇江鲇鱼套成为江苏最早的木材集散中心，有江南木业早期"鼻祖"之称。远在清道光前，就有外著客商贩运木材扎排运镇，停放镇江鲇鱼套待售。木业不失为镇江商业有分量的大业之一。①

南京上新河木材市场同样是湖南木材的主要销售市场。南京上新河江面宽阔，且无急浪，可作军港、船坞用。木商认定适合停泊木筏地段，由湖南洞庭湖及江西鄱阳湖出境的木材，大多集中于上新河。因圆体木材，体积庞大而沉重，不能装船的，只可扎成木筏。②

民国时期，湖南木材在南京上新河木材市场，"每年销量，战前约二十万两，每两价三十余元，合计营业总额六七百万元，战后木价高涨一万五千倍以上，估计每年营业总额近一千亿元，营业不谓不大，其中以六七月为旺季，正月二月为淡季"③。

## 二 湖南木材的日常消费

湖南木材以杉木、松木、柏木为主。杉木数量在木材中最占多数，用途最广，房屋建筑材料（柱、栋、门、板、壁等）、造船材料（桅杆和锯板装做船体）、寿材需要甚多。松木数量比杉木为少，造船时只用作板壁，房屋器具使用居多。柏木产于湖南桂阳甚多，价格高，多用作家具材料及寿材，寺庙、公所的建筑。

### （一）造船业

清咸丰三年（1853），曾国藩为操演水军，在衡阳筷子洲建造船厂，制造军用船舶，带动该地私营船舶业逐渐兴起。至1905年，湘潭

---

① 中国人民政治协商会议江苏省镇江市委员会文史资料研究委员会编：《镇江文史资料》第15辑，载《工商业史料专辑》1989年第3期。
② 江苏省政协文史资料委员会：《江苏文史资料集粹》（经济卷），江苏文史资料编辑部1995年版，第241页。
③ 田恒生：《参观南京木业中心上新河》，《兴业邮乘》1947年第132期。

以"寄港地"之名开放后,省内行业纷纷进入,杨梅洲造船业随之兴旺,从小火轮开始继而制造蒸汽机动力的百吨级木质轮船。清光绪三十一年(1905)常德辟为"寄港地"之后,常德和津市开始出现手工作坊式的造船场所,造船能力和技术渐有提高,当时已能造鳅船、麻阳船、辰溪船、木驳帆船、拖驳船等数十种船型,所造船的载重量为5吨至80吨不等,大船载重量100吨左右,并能修理外商的洋船(小火轮)。[①] 造船行业需要大量使用木材,造船业在湖南的兴起必然带动了木材的消费。

### (二)各种器具打造

木器家具是普通群众家家户户都需要用的产品,依家庭经济情况购置或简陋或奢华的不同花色和品种的家具。这一行业受外国货物的影响不大。因为家具类商品重量较重且占地方,实没有大量从国外进口家具的需要。在湖南,有的地区形成了木器加工业的著名之地,木材加工、木器销售行业兴旺。

木器制作历史悠久,在日常生活中常见。如柜子、床、桌、椅、凳、茶几、犁、耙、木桶、脚盆、打谷子的扳桶、水车、风车、水碾、木油榨等品种繁多的器具均用木材打造。所制出品,皆以随做随销为原则。会同县的洪江,是桐油集聚市场,圆木作铺中,更造油桶。

湖南木家具生产,历来是个体手工分散制作,清末才出现一部分作坊。据1935年出版的《中国实业志(湖南省)》记载:全省75个县均有小木工作坊,唯多散处乡村,资本微小,产品以箱柜桌凳床椅为大宗。最早的木工店铺为衡阳罗三元木器店,创于光绪十年(1884),店设在江东岸,经营资本300元,店员4人,产品为床、凳、桌、椅,年产值800元。

民国时期,一般民众均实行土葬,因此,各地市场对木材寿器的需

---

① 朱三明主编,湖南省交通运输厅编著:《湖南水路交通史60年(1949—2009)》,湖南教育出版社2015年版,第28页。

求量一直较为平稳。

与此相配套的是，省内各县城、乡镇都有木作店、锯木店，为木商生产板方材，同原木一道运往汉口销售。乡村亦有一些专业锯匠，或受雇于他人，或自制板方材，运到市场出售。

民国时期，锯木行业体现了行业的进步。"衡阳白沙洲之机器锯木厂，系利用汽车机头做发动机，可发生20至30匹马力。该厂有锯片8个，每一锯片，每日能锯木材30余方，每方约20块木板，衡阳各建筑公司，均向该厂订购锯木。"①

此外，民国时期，湖南竹木贸易同样兴旺。"鹦鹉洲竹木亦由湖南运来的楠竹益阳所产居多，用途甚广，如轿子、椅子及笊篱、竹绳等（竹绳为捆木材及曳船之用），使用极多，亦有制作扁担以为肩挑之用者，交易习惯与木材略同。"② "汉口益利织布厂曾聘用湖南竹器匠，仿照日本造法制造桌椅、镜架等物，形式静雅，颇为合用。"③

### （三）铁路枕木

民国时期，随着各地铁路的兴起，铁路枕木的需求量一跃而起，需求日益增多。湘省树木，向于春泛时节，扎绞木排浮湘江而下，运销于汉口、南京、上海等地。其用途则为建筑材料及寿器等。湘枕木交货分株洲、长沙、岳州三处，自产地运至交货地，远者达两千里左右，除去运费，则山价甚为便宜。

为此，湖南省成立了由政府部门牵头的团体，积极对外推销湖南木材。"湘省推销木材之团体有二：一为湖南推销木材委员会，由省党部推定委员一人，湘财政厅、建设两厅长、建设厅主管科长，并由全省木商代表中选定三人，共七人组成，以建设厅长为主席委员。该会掌管之事务如下：调查及推销路枕及其他建筑木材；确定路枕种类数量；审定路枕价格；改善交木收价手续及地点；保证采购，便利运输。该会经

---

① 佚名：《工业动态：衡阳机器锯木厂》，《中国工业（桂林）》1942年第9期。
② 佚名：《汉口之木材贸易》，《中外经济周刊》1925年第109期。
③ 佚名：《新闻：仿造竹器》，《四川官报》清光绪三十一年（1905）第11期。

费,按木商所售木价征收3%充用。一为湖南木商联合办事处,由木商公司组成,推定常务委员三人驻处,负对内外一切任务,现木商公司共26家,资本亦达20余万元,最大的公司则为协和、华泰、务材、合昌、利源、天一、辰源、华合、湘南一、天申福等十家。"①"湘省府闻湘赣铁路局已呈准铁部代购新枕木60万根,以资抽换。由湘建厅督饬全省殷实木商尽数承办。为集中力量起见,已由政府与木商合资组建规模较大之木材公司,及湘南取产木材委员会。特再电铁部恳转商购委会,将未购定之新枕木,全数采用湘省木材,以维国产,而裕民生。"②

与此同时,民间各商会也在积极推销湖南木材,促进湖南木材的销售。"湖南木材为吾国巨产,湖南靖沅两州之所产其质甚能赖久,最适于铁道枕木之用。如粤汉川汉采此两地木料尤为适宜。湖南有乡绅有鉴于此,纠集同志于汉阳创办湘江煤木采办公司,专运沅、靖两州各种木料,发售沿江各省。煤则供给各工场之用,木则供给建筑铁道之需。"③"三阳木植公司总经理刘振东谓敝公司采有湖南长沙安化新化益阳各县木料,体大质坚,正合枕木之用,愿供采买。"④

民国时期,在多方团体和人员的共同努力之下,湖南枕木的销售极旺,订单较多。"湘省为产木之区,以境内交通不便,湘省铁道,竟用洋木,坐致利权外溢,货弃于地,殊可惜也。湘省政府联合木商代表,合组推销国产木材委员会。与铁道部接洽,推销枕木,而湘省所产木材,始渐为人注意。一年之间,铁道部订购枕木,凡二十余万根。其用途则为建筑材料及寿器等,向无用作枕木者。自用作枕木,加以化验,知湘木较之洋木,有过之无不及。湘产杉木,可用十三四年,价值比洋木低廉。"⑤"本路修筑萍坑支线,该线计需枕木4万根,业经春株段工

---

① 佚名:《湘省木材产销情形,质量均佳可作枕木用,铁部订购已达20余万》,《大公报》(天津)1936年5月29日第10版。
② 佚名:《湘省电请采购湘木,湘鄂铁路抽换枕木》,《民报》1935年2月10日第3版。
③ 佚名:《实业:湖南木料为吾国巨产》,《并州官报》1908年第39期。
④ 佚名:《1921年2月24日交通部批第69号:三阳木植公司总经理刘振东原具呈》,《政府公报》1921年第1802期。
⑤ 鞠孝铭:《湖南木材的产销》,《大公报》1947年7月14日第6版。

程处商请湘处代为订购，并饬限于7、8、9月三批交足。"① "本路在湖南订购之湘枕木15万根，应赶工钉道之需，决定以小火轮各半拖运京沪，已电饬湘处照办。又本路全线通车所需枕木，为数甚巨，除已在浙赣各地采购外，尚感不数甚多，兹由局驻湘办事处再行增购20万根，以应需要。"② "铁部为提倡国产枕木，顷向湘商订购大批松树枕木，在汉设厂，自行造制。"③

湖南的木材贸易在民国时期堪称大宗，省内外木材消费量巨大，呈供不应求之势。在传统的建筑材料、木制家具、寿器等需求稳定的情形下，更是增加了铁路枕木的用途。在湖南从事木材相关行业的人员众多。

---

① 佚名：《萍坑支线枕木，湘处代为订购》，《浙赣路讯》1947年第13期。
② 佚名：《湘办枕木十五万根轮运京沪应赶工需》，《浙赣路讯》1947年第15期。
③ 佚名：《铁部在湘订购枕木，将在汉设厂自制》，《民报》1936年11月14日第3版。

# 最早的炎帝神名考释
## ——也谈大骨四方风的南方神名

彭志瑞*

**摘 要**：🌿是大骨四方风南方名的摹写。对于这个字，学术界已经有"夹""彝""因"三种解释。笔者认为是"炎"字，因为"炎"不仅字形与大骨南方名最接近，而且读音与《山海经》"南方曰因"的"因"字最接近，"南方曰炎"还有战国和秦汉时期的文献作后续支持。"南方曰炎"是目前所知最早的炎帝神名出处，比《国语》所载大约提前600年。

**关键词**：南方 神名 夹 彝 因 炎

大骨四方风是著名的历史文物，它是商王武丁时期（约前1250—前1192在位）的一片牛肩胛骨（以下简称大骨），刻有24个甲骨文字（残，全文应为28字），记载了东、南、西、北四个方向的神名和风名。

---

\* 作者简介：彭志瑞，湖南省炎陵县教育局退休干部，湖南神农炎帝研究会理事。

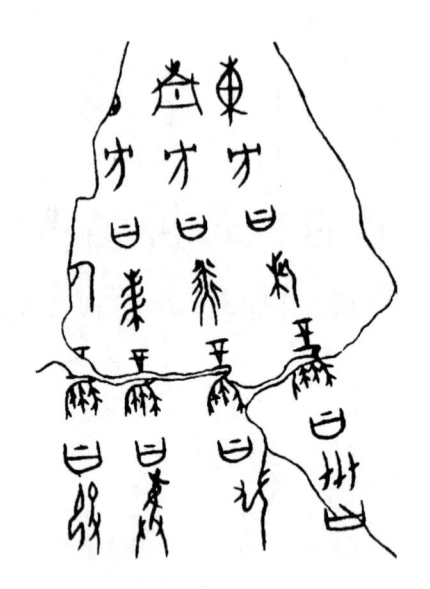

图 1　大骨文字摹写

1944 年，胡厚宣先生发表《甲骨文四方风名考证》一文，右图是对大骨文字的摹写，见于胡先生《甲骨文四方风名考证》文后。①

由于大骨的问世，原来散记于《山海经》的四方风也引起了学界关注。该书所载四方风如下：

>《大荒东经》："大荒之中……名曰折丹——东方曰折，来风曰俊——处东极以出入风。"②
>
>《大荒南经》："南海渚中……有神名曰因因乎。南方曰因乎，夸风曰乎民。处南极以出入风。"③
>
>《大荒西经》："（西北海之外，大荒之隅）……有人名曰石夷，来风曰韦，处西北隅以司日月之长短。"④

---

①　胡厚宣：《甲骨文四方风名考证》，载《甲骨学商史论丛初集》，河北教育出版社 2002 年版，第 274 页。
②　袁珂：《山海经校注》，上海古籍出版社 1980 年版，第 348 页。
③　袁珂：《山海经校注》，上海古籍出版社 1980 年版，第 370 页。
④　袁珂：《山海经校注》，上海古籍出版社 1980 年版，第 391 页。

《大荒东经》："东北海外……有人名曰鹓。北方曰鹓，来之风曰狄。是处东极隅以止日月，使无相间出没，司其短长。"①

胡厚宣先生认为："此某方曰某，来风曰某者，实与甲骨文之四方名及风名相合。"② 他结合《山海经》的记载，对大骨四方风残缺的4个字作了订正和补充。又根据民国中央研究院第十三次发掘殷墟之甲骨文，对大骨西方神名和西方风名作了订正。经胡先生整理后的大骨文字如下：

东方曰析，风曰劦；

南方曰夹，风曰微；

西方曰彝，风曰韦；

北方曰宛，风曰役。③

同时，他还对《山海经·大荒经》所载四方风作了整理，内容如下：

东方曰折，来风曰俊；

南方曰因，来风曰民；

西方曰夷，来风曰韦；

北方曰鹓，来风曰狄。④

学者们虽然对四方神和四方风神的定位基本一致，但是对胡先生将大骨南方名释为"夹"字存在分歧。裘锡圭先生认为是"因"字，⑤ 丁山先生认为是"粦"（舜）字。⑥ 裘先生在《甲骨文字考释（续）·释南方名》（以下简称《释南方名》）中谈到，《甲骨文编》将这个字当

---

① 袁珂：《山海经校注》，上海古籍出版社1980年版，第358页。
② 胡厚宣：《甲骨文四方风名考证》，载《甲骨学商史论丛初集》，河北教育出版社2002年版，第267页。
③ 胡厚宣：《甲骨文四方风名考证》，载《甲骨学商史论丛初集》，河北教育出版社2002年版，第267—268页。
④ 胡厚宣：《甲骨文四方风名考证》，载《甲骨学商史论丛初集》，河北教育出版社2002年版，第266—268页。
⑤ 裘锡圭：《裘锡圭学术文集》第一卷，复旦大学出版社2012年版，第179页。
⑥ 丁山：《中国古代宗教与神话考》，上海书店出版社2011年版，第87页。

作未识字收在附录里，说明学界对大骨南方名的释读至今尚无结论。

根据字形和读音，笔者认为将大骨南方神名释为"炎"字比较妥当。兹将理由陈述于后，虔请专家指正。

## 一　不是"南方曰夹"

胡厚宣先生将南方神名释为"夹"，首先是字形不合。裘锡圭《释南方名》一文针对胡先生的观点提出质疑："甲骨文作南方名的这个字，其实并不是'夹'字。甲骨文'夹'字……不但'大'形头部两侧并无两道曲笔，就是两侧人形的写法，跟这个'大'形身体部分两侧的笔画也显然是不同的。"① 是《释南方名》所引用的"夹"的甲骨文，其中"大"本是一个"人"，处于居中位置，胁下的两个小"人"相向而立。胡厚宣先生自己也说"字象二人相向夹一人之形"。② 唯其相向，才有"夹"的意义。相对于"夹"字而言，大骨南方名有两处不符：一是头上多出两点，二是胁下变成两个相背的小"人"。两人相背就失去了"相向夹一人"的意义，所以这个字不可能是"夹"。

其次是读音不协。大骨四方风是殷人的记录，《山海经》四方风则是战国人的记录，时隔千年，两个版本在字形上虽然有差别，但是毕竟存在内在的联系。例如，大骨说"东方曰析"，《大荒东经》说"东方曰折"，《说文解字》认为"析"字"一曰折也"，③ 说明"析""折"二字古代相通。又如，大骨说"西方曰彝"，《大荒西经》说"西方曰夷"，"彝""夷"音近。再如，大骨说"北方曰宛"，《大荒东经》说"北方曰鹓"，"鹓"从"宛"得声。根据以上分析可知，大骨所载南方

---

① 裘锡圭：《裘锡圭学术文集》第一卷，复旦大学出版社2012年版，第177—178页。
② 胡厚宣：《甲骨文四方风名考证》，载《甲骨学商史论丛初集》，河北教育出版社2002年版，第267页。
③ 许慎：《说文解字》，中华书局1963年版，第125页。

神名也应与《大荒南经》所载"因"字同音或音近。

这里重点分析"因""夹"二字的读音。《说文解字》徐锴注曰：因，于真切；夹，古狎切。① 这是上古音系统的读音。两者声、韵、调都不同，谈不上有什么联系。

以上分析说明大骨所载南方神名不是"夹"字。

## 二　不是"南方曰因"

裘锡圭先生认为大骨南方名是"因"，但是他又说："在已经辨析出来的甲骨文里实际上并没有'因'字。"② 他所例举的"因"字来自山西省子长县西周铜鼎铭文，这件铜鼎的内壁有六行 43 个字，◇采自该铜鼎的铭文拓片。消息发布者王进先先生将这个字释为"因"，③ ◇是裘先生对该字的摹写。

裘先生认为：形如◇的"因"字"实像人在衣中"，大骨上的南方名◇也像"'大'在'衣'中"④。这个解释有待商榷。◇是一个外周封闭的图形，"人在衣中"怎会将头部和手脚也包在衣中？从字形上分析，南方名◇同样不是"'大'在衣中"。

◇是《细说汉字——1000 个汉字的起源与演变》一书所引甲骨文"因"的形体，作者左安民解释说"像人卧于席上"。⑤ 无论是从字形上分析还是从它的引申义（依靠、凭借）上分析，"像人卧于席上"比"人在衣中"更为可信。其实，◇和因是一个字，只是因为◇是金文，更讲究图案效果，所以外周方框受"大"的形体影响而发生了讹变。

---

① 许慎：《说文解字》，中华书局 1963 年版，第 129、213 页。
② 裘锡圭：《裘锡圭学术文集》第一卷，复旦大学出版社 2012 年版，第 178 页。
③ 王进先：《山西子长县发现西周铜器》，《文物》1979 年第 9 期。
④ 裘锡圭：《裘锡圭学术文集》第一卷，复旦大学出版社 2012 年版，第 178、179 页。
⑤ 左安民：《细说汉字——1000 个汉字的起源与演变》，九州出版社 2005 年版，第 190 页。

对比🔣和🔣两种字形就知道，大骨南方名不可能是"因"，前者全开放，而后者为全封闭。根据以上分析，裘先生释南方名为"因"的观点同样不能成立。

## 三 不是"南方曰粦"

丁山先生认为，大骨南方神名为"粦"（即燐），① 笔者也不敢苟同，理由如下。

首先是字形不合。《说文解字》曰："粦，鬼火也，从炎、舛。"徐锴注曰："舛者，人足也。"② 说明"粦"字是会意字，两片火因为能走动才成为"鬼火"。会意字的简化不会将表意的核心部分省去，例如"因"字，像一个人卧于席上，③ 如果省去"大"或"囗"，都不能成为"因"。大骨南方名🔣并无两只脚，显然与"粦"不是同一个字。

其次是读音不同。丁山先生认为，以《尚书·尧典》所载"厥民因"论大骨所载南方神名，其读音必然与"因"字相近，而非"夹"字读音。④ 然而，"粦""因"二字的古音虽然都在真部，但是"粦"属来纽，"因"属影纽，⑤ 一个是舌音，另一个是喉音，二者显然不同。

再次是义训牵强。丁山先生说："粦在篆文，字本从炎。淮南天文，'南曰炎天'，炎天为炎，当亦传讹自'南方曰粦'；即春秋内外传以来所称炎帝，亦未尝非'粦帝'传写之误。"⑥ 用合体字与其中某一组合成分互训，在形声字中可行，如《说文解字》曰："目，人眼"，

---

① 丁山：《中国古代宗教与神话考》，上海书店出版社 2011 年版，第 87 页。
② 许慎：《说文解字》，中华书局 1963 年版，第 210 页。
③ 左安民：《细说汉字——1000 个汉字的起源与演变》，九州出版社 2005 年版，第 190 页。
④ 丁山：《中国古代宗教与神话考》，上海书店出版社 2011 年版，第 87 页。
⑤ 唐作藩：《上古音手册》，江苏人民出版社 1982 年版，第 79、155 页。
⑥ 丁山：《中国古代宗教与神话考》，上海书店出版社 2011 年版，第 87 页。

"眼,目也"。① 但是在会意字中不可以,如"省"字之"少"本是"屮",② 指眼睛发出的光,与"目"字组合表示注视。但是,"省"或"屮"不能释为"目",反之亦然。

丁山先生引《淮南子·天文训》说:"淮南天文,'南曰炎天',炎天为炎,当亦讹传自'南方曰粦'。"③ 但是,《淮南子·天文训》对东、北、西、南四方是这样表述的:东方曰苍天,北方曰玄天,西方曰颢天,南方曰炎天。④ 苍天、玄天、颢天、炎天分别对应青、黑、白、赤四色,这种说法与五行中的东方青、南方赤、西方白、北方黑是一致的。"炎"因为是"火光上也",⑤ 所以能够代表赤色,如果将"炎天"释为"粦天",便失去了"南方赤"的本义。

综上所述,丁山先生将大骨南方神名释为"粦"也是难以成立的。

## 四 应是"南方曰炎"

如果将大骨南方名训为"炎",则形训、音训、义训三者都讲得通。

其一,字形一致。

炏 和 炎 是甲骨文"炎"字的两种字形。前者图画性很强,像两堆火相叠,在甲骨文书籍上看到的"炎"字基本上都是这种字形。后者虽然更抽象,但也不生僻,它被罗振玉《殷虚书契后编》收藏(后1.13.5,后2.94),《古文字诂林》(第八册)对此有介绍。罗振玉解释该字说:"卜辞中从火之字作 ᗨ ᗢ ᗩ。古金文亦然。然亦有从 火 者,故知 炎 即炎矣。"⑥ 在左安民《细说汉字——1000个汉字的起源与演

---

① 许慎:《说文解字》,中华书局 1963 年版,第 70 页。
② 许慎:《说文解字》,中华书局 1963 年版,第 74 页。
③ 丁山:《中国古代宗教与神话考》,上海书店出版社 2011 年版,第 87 页。
④ 刘安:《淮南子》,岳麓书社 1989 年版,第 25 页。
⑤ 许慎:《说文解字》,中华书局 1963 年版,第 210 页。
⑥ 古文字诂林编纂委员会:《古文字诂林》第 8 册,上海教育出版社 1999 年版,第 729、730 页。

变》一书中，甲骨文"炎"也是这种字形。①

试将⿰与大骨上的⿰比较，上一个"火"字完全相同，只是大骨字在下一个"火"字的肩胛上分别多了一道短画，变成两个相背的"人"字。这两道短画即是古人的饰笔。

所谓饰笔，是指那些出于美化目的而添加的与字音、字义无关的笔画。古文字饰笔在殷商时期已经产生，并且贯穿西周和春秋战国时期。例如"帝"字，据《说文解字》可知，该字古文没有上面一点，这一点即是饰笔。②再如"卩"（音"节"），是"节"的古字，《说文解字》说："瑞信也。"是古代代表身份和权力的信物，用于出使或者调兵，作为凭证。"卩"又写作"卪"，③中间的一点也是饰笔。这些饰笔有的流传下来，有的被淘汰，笔者不能道其万一，但是大骨⿰字中间的两道短画肯定是被淘汰了。其实，丁山先生将该字释为"粦"，说明他也认为"火"字肩胛上的两道短画是饰笔。

所以，从字形分析，"夹""粦""因""炎"四字中，以"炎"与大骨原字最具渊源关系。

其二，读音相近。

首先分析韵母。根据《上古音手册》可知，在上古音系统，"炎"属谈部，"因"属真部。④据清代音韵学家研究的成果，上古真韵包括先韵的一部分，例如，"旬"中有"绚"，"因"中有"咽"，"寅"中有"演"，⑤等等。在上述三组字中，前一个字的本韵（先韵）保留在后一个字中，而后一个字的韵母与谈韵十分接近。根据黄侃拟测的先秦音值，真部为 ian、yan，谈部为 iam。⑥由此可知，"因""炎"二字的韵头、韵腹相同，仅在韵尾收音有细微差别。

---

① 左安民：《细说汉字——1000 个汉字的起源与演变》，九州出版社 2005 年版，第 226 页。
② 许慎：《说文解字》，中华书局 1963 年版，第 7、187 页。
③ 许慎：《说文解字》，中华书局 1963 年版，第 186—187 页。
④ 唐作藩：《上古音手册》，江苏人民出版社 1982 年版，第 150、156 页。
⑤ 唐作藩：《上古音手册》，江苏人民出版社 1982 年版，第 148、150 页。
⑥ 王力：《汉语语音史》，中国社会科学出版社 1985 年版，第 43 页。

其次分析声母。在上古音中,"因"属影母,"炎"属匣母。① 但是,王力先生认为"炎"本是喻母三等字。② 而喻、影相近,所以"因"和"炎"的声母可以互转。即使在今天,我们将"夹""粦""炎"三字读音与"因"的本韵字"咽""烟""胭"等对比,也以"炎"字的相似度最高。由此可知,《山海经·大荒南经》所载"南方曰因"的"因"字,本字应是"炎"。

其三,"南方曰炎"有后续文献支持。

大骨"炎"字是迄今所见炎帝神名的最早记载。自战国至秦汉,炎帝一直作为南方之神而载于典籍。《史记·封禅书》有关于"秦時四帝"的记载:秦襄公作西畤,祠白帝;秦宣公作密畤,祭青帝;秦灵公作吴阳上畤祭黄帝,作下畤祭炎帝。③ 丁山先生认为,秦時四帝"是内取诸殷商王朝的'方帝',外取诸印度'四天王天'"④。殷商时期有四方神,大骨所载四方神只有"炎"与战国以后南方神名相符,这就说明大骨所载原文确实是"南方曰炎"。楚辞《远游》曰:"指炎神而直驰兮,吾将往乎南疑。"⑤ "南疑"即九嶷山。九嶷山位于今湖南省南部,相对于中原地区来说,九嶷山位于正南方。由此也可以看出,在战国时期人们的观念里,南方神名为炎帝。《吕氏春秋·有始览》将天分九野,其中,东方曰苍天,北方曰玄天,西方曰颢天,南方曰炎天。⑥ 如前所述,西汉时期《淮南子·天文训》关于天野的记载与《吕氏春秋》相同,这些材料也说明战国秦汉时期人们仍然秉持"南方曰炎"的方帝观念。

以上分析说明,武丁时期大骨所载南方神名是"炎"。

《国语·晋语·重耳婚媾怀嬴》载,司空季子语曰:"昔少典取于

---

① 唐作藩:《上古音手册》,江苏人民出版社1982年版,第150、156页。
② 王力:《汉语史稿》,中华书局1980年版,第70—71页。
③ 司马迁:《史记》,中华书局1959年版,第1358—1364页。
④ 丁山:《中国古代宗教与神话考》,上海书店出版社2011年版,第475页。
⑤ 王泗原:《楚辞校释》,人民教育出版社1990年版,第309页。
⑥ 吕不韦:《吕氏春秋》,岳麓书社1989年版,第85页。

有蟜氏，生黄帝、炎帝。"① 这里所说的黄帝、炎帝都是神话人物，是由方帝转化而来的。司空季子即胥臣（前697—前622），春秋中期晋国政治家、教育家。从传世文献来看，他是最早提到炎帝的人物。他讲这番话的时间是公元前637年重耳流亡秦国之时。由于武丁时期载有四方神名的大骨已经出土，"炎"成为目前所知最早的炎帝神名，比《国语》所载司空季子有关炎帝的说法提前了大约600年。

---

① 左丘明：《国语》，上海古籍出版社2015年版，第237页。

## 湘学文献研究

# 保靖县档案馆藏民族社会调查概述

张振兴[*]

**摘　要**：1931—1942 年保靖县政府对县境内的民族人口与社会状况，展开了系统而全面的调查，其内容涉及县境内各民族基本状况、社会经济生活、文化风俗习惯等方面。此次调查活动之直接动机和目的乃是为了解当地各民族基本情况，以便更好进行社会治理与地方社会经济文化建设，并为应对当时中国所面临的列强入侵，以求与救亡图存相呼应。将此民族社会调查资料置于近代中国西南民族调查研究的视野中进行考察，对中国西南民族学、民族史、区域史研究具有十分重要的参考价值。

**关键词**：保靖县档案馆　民族社会调查　西南民族学研究

　　保靖县档案馆是湘西土家族苗族自治州保靖县政府下属，专门保存历史档案与政府各部门行政事务档案的部门，其以丰富的馆藏历史档案及资料被誉为"湖南第二馆""湘西第一馆"。保靖县档案馆藏历史档案主要有清代历史档案与民国历史档案，其中馆藏最为丰富乃民国历史

---

[*] 作者简介：张振兴，民族学博士，贵州医科大学马克思主义学院副教授。

档案。其民国历史档案，保存了自 1911 年至 1949 年间，保靖县政府各级行政部门的公文及事务性文件。这些档案资料，经保靖县档案馆工作人员进行编目并分类整理，共分为 29 个全宗、52 个类别、19064 卷[①]。此 19064 卷档案大致可以分为六个方面：（1）自中央国民政府、省政府、地区政府及各级职能机构上传下达的行政命令，以及保靖县政府及各机关，乃至乡、保、甲的行文和呈文；（2）党派、社团机构档案；（3）武装、军事机构档案；（4）经济、金融、商业、合作社等机构档案；（5）司法文书；（6）文教医卫机构档案。

这批档案中保存的数十份 1931—1942 年保靖县政府对县境内的民族人口与社会状况的调查资料，其内容涉及县境内各民族基本状况、社会经济生活、文化风俗习惯等方面。这一民族社会调查，乃民国年间保靖县政府在上级政府部门的政令指挥下，有组织、大规模地对县境内各人群（族群）基本状况、社会经济生活、文化风俗习惯等方面的全面调查，其最直接的动机和根本目的，是为应对当时日本入侵的严峻形势，通过了解各地人群（族群）的基本情况，更好地进行社会治理与地方建设，同时动员全民族团结对外、一致抗战。将这批调查资料置于近代中国西南民族调查研究的视野中进行考察，可望发掘其对近代中国西南民族学、民族史、区域史研究的价值与贡献。

保靖县档案馆保存的民族调查档案，集中收录到 2 号全宗（"保靖

---

① 根据保靖县档案馆整理的档案目录，其馆藏民国档案主要包括："中国国民党保靖县党部"（全宗号 22）、"三民主义青年团保靖县分团部"（全宗号 23）、"保靖县参议会"（全宗号 28）、"保靖县动员委员会及保靖县新生活运动促进分会"（全宗号 24）、"保靖县妇女会农会"（全宗号 26）、"保靖县商会"（全宗号 27）、"保靖县政府秘书室"（全宗号 2）、"保靖县民政科"（全宗号 7）、保靖县建设科（全宗号 9）、"保靖县社会科"（全宗号 25）、"保靖县邮政局"（全宗号 20）、"保靖县统计室、会计室"（全宗号 5）、"保靖县合作指导室"（全宗号 3）、"湖南盐务办事处报警器支处"（全宗号 18）、"保靖县禁烟委员会"（全宗号 17）、"保靖县干训所"（全宗号 29）、"保靖县财政科"（全宗号 8）、"保靖县田粮处"（全宗号 19）、"保靖县军事科"（全宗号 11）、"保靖县国民兵团部"（全宗号 12）、"保靖县民众抗日自卫团"（全宗号 13）、"保靖县清乡委员会"（全宗号 15）、"保靖县铲共义勇总队、铲共后援分会"（全宗号 14）、"保靖县警察局"（全宗号 16）、"保靖县司法处"（全宗号 30）、"保靖县军法室"（全宗号 6）、"保靖县特种会报室"（全宗号 4）、"保靖县教育科"（全宗号 10）、"保靖县卫生院"（全宗号 21）等 29 个大类、52 个类别、19064 卷。19064 卷档案中，政府公文政令与往来文书有 10116 卷，民事、刑事案件的法律档案有 8948 卷。保靖县档案馆编：《保靖档案史料》，中国档案出版社 2006 年版。

县政府秘书室"档案)的6个案卷中①,分别是:2号全宗1号目录154号案卷"县风俗习惯调查及国民政府《古物保存法》"、2号全宗1号目录409号案卷"县特种部族调查"、2号全宗1号目录410号案卷"县社会经济、交通等调查表"、2号全宗1号目录464号案卷"湖南省政府改正西南少数民族命名表"、2号全宗1号目录465号案卷"绥靖公署改正西南少数民族名称"、2号全宗1号目录539号案卷"县风俗调查"。

这6个案卷保存了1931年至1941年间,保靖县政府对县境内的各人群(族群)展开的人群基本状况、社会经济生活、文化风俗习惯等各方面的社会调查档案。现按照时间顺序,将这些民国湘西民族调查档案的内容分述如下。

## 一 民国二十年保靖县风俗调查

"民国二十年保靖县风俗调查",是时任湖南省主席何键为编制民国十九年(1930)湖南行政年鉴及各项统计专册,亲自签署省主席令,向全省各县印发的十六种调查表格之一②。而保靖县政府拖延交付,因此被何键两次电令催交,最后迟至第二年的六月三日才全部填报上呈③。

---

① 保靖县政府秘书室档案被编为2号全宗,该全宗共有档案1389卷,分2个目录,其中1号目录为综合类档案(即政务、自治、军事、防共、司法、财经、文化教育、外交等方面政府事务类),共1023卷,2号目录为秘法类档案(即民事、刑事、行政诉讼与各类法规条例等),共366卷。

② 这十六种调查表分别是:保靖县工厂调查表(第十三表)、保靖县名物产调查表(第十四表)、保靖县县政府工作人员调查表(不详)、保靖县人口调查表(第七表)、县外侨情形调查表(第八表)、保靖县团防调查表(第十表)、保靖县公安业务调查表(第十一表)、教育行政现况(不详)、保靖县匪情调查表(第十五表)、保靖县金融状况调查表、风俗调查表(不详)。缺五种。

③ 民国年鉴的编制与资料,目前研究还比较少,国家图书馆王燕亭、刘崇民的《从馆藏民国年鉴看我国早期年鉴的发展》(《河南图书馆学刊》2009年第6期),介绍了国家图书馆藏的民国年鉴情况,这些民国年鉴跟我们今天编制的政府年鉴内容和作用都是一样的。国家图书馆藏有湖南年鉴,同时湖南省图书馆有民国十九年(1930)《湖南省政治年鉴》,湖南省图书馆还藏有1934年出版的1933年《湖南年鉴》。政府除了编制年鉴展开调查,还会组织其他形式的调查,如民国二十年(1931)《湖南各县调查笔记》,民国二十八年(1939)《湘西乡土调查汇编》等。

1931年保靖县填报的民俗调查表，其调查的内容分4个大类，每大类下又细分13—15项具体调查内容不等。其4个大类包括以下几种（见表1）。

表1　　　　　　　　　湖南省保靖县风俗调查表

| 序号 | 内容 |
| --- | --- |
| 甲 | 生活状况 |
| 乙 | 社会习尚 |
| 丙 | 婚嫁情形 |
| 丁 | 丧葬情形 |

其中生活状况的调查内容主要为：职业状况、主要物价、服饰习尚、饮食嗜好、居室情形、交通状况、家族制度、钱币及度量衡现状、气候及雨量情形、农产品、制造品、救恤制度、保卫情形、其他习惯等14个方面；

社会习尚为：起居、交际惯例、宗教情形、迷信、盗贼、娼妓、奴婢制度、农佃制度、娱乐、赛会、争讼、械斗、其他习俗等13个方面；

婚嫁情形为：订婚办法、婚约形式、聘礼种类、选期手续、迎娶仪式、结婚仪式、结婚年龄、续娶习惯、改嫁习惯、赘婿习惯、多夫或多妻习惯、童养媳习惯、其他特殊习惯等13个方面；

丧葬情形为：始丧情形、遗嘱形式、继承关系、入殓手续、成服礼节、丧服差等、讣告形势、吊奠礼节、从引仪式、安葬仪式、服丧期间、居丧制度、祭祀礼节、女子之地位、其他特殊情形等15个方面。

因此为编造全省的政治年鉴内容，其调查内容是针对县境内所有人群的风俗习俗、生活状况。但我们阅读这份档案时发现，其调查的对象根据表格设计与省政府要求，应当是境内所有民人的风俗习俗、生活状况，但保靖县上报到湖南省政府的正式表格，主要还是以境内汉民的社会风俗习惯调查内容为主，偶有涉及苗民的社会风俗习惯，也仅附着于汉民习俗内容当中，而并未进行特别区分和说明。①

虽然，此次调查的内容相对简单粗浅，且主要针对汉民，而对苗民等其他少数民族社会风俗习惯未进行明确区分，但毕竟是针对整个县境范围的调查，其涉及的内容包括社会生活与风俗习惯等方方面面，对我们了解当时湘西境内的各民族风俗习惯具有可贵的资料价值。同时，还为我们呈现了湘西境内（具体指保靖县境内）的人民社会习俗，其汉民与苗民之间在诸多方面具有共同性，并没有绝对的界限分明。

## 二 民国二十七至二十八年民族调查

2号全宗1号目录409号案卷"县特种部族调查"，主要收录的是民国二十七至二十八年，也就是1938—1939年，从湖南省政府、国民党湖南省执行委员会、湖南省第三行政督察专员公署、鄂湘川边区绥靖公署发给保靖县政府的各种民族调查指令与表格，以及保靖县呈报完成的调查表格内容②。此外，内中还保存两封石启贵与时任保靖县县长冯守信的通信。③

按照时间先后，这些民族调查表格主要有：

（1）民国二十七年六月，湖南省第三行政督察专员公署专员萧忠贞发《西南边区民族调查表》④；

---

① 这里需要说明的情况是，在这份案卷中，还有调查的草稿。在这些草稿当中，通过划改的部分，还是可以看到一两条专门针对苗民的调查内容。如一份草稿当中的甲类"生活状况"第14条"其他习俗"就有"汉民喜迎神赛会，酒食娱乐，苗民更喜迎神赛会击缶彩，并均尚械斗"这样的记载，但在最终的上报表中被删去。

② 这些调查表相较民国十九年（1930）风俗调查表上报拖延了一年，此次保靖县政府收到调查命令之后，很快填报上呈。

③ 民国二十七年（1938），湖南省政府沅陵公署发协助本署苗区宣传员工作，内中保存有苗区宣传员石启贵与保靖县县长冯守信的通信，其中涉及有关石启贵编写《湘西苗族考察报告书》的一些情况。

④ 保靖县政府于民国二十七年（1938）六月二十七日接到训令和调查任务，七月二十五日即上报，只是未符合其要求，又于八月四日再次按照表格形式进行填写上报。

（2）民国二十八年三月，湖南省政府主席薛岳发《特种民族调查表》（以后上报为"湖南省保靖县特种民族调查表"）①；

（3）民国二十八年五月，鄂湘川边区绥靖公署主任谷正伦发《苗胞调查表》（以后上报为"湖南省保靖县苗胞调查表"）②；

（4）民国二十八年九月，湖南省执行委员会书记长田植发《夷胞状况调查表》（以下简称"湖南省保靖县夷胞状况调查表"）③。

各调查表格式设计与调查事项如下。

表2　　　　　　　　西南边区民族调查表④

| 序号 | 事项 |
| --- | --- |
| 1 | 民族种类 |
| 2 | 居住区域 |
| 3 | 人口数目（分男、女两项） |
| 4 | 壮丁数目 |
| 5 | 生活习惯 |
| 6 | 过去开化工作情形 |
| 7 | 备注 |

表3　　　　　　　　随表还附填表注意事项6项

| 序号 | 注意事项 |
| --- | --- |
| 1 | 民族种类栏分别填注苗夷等族类别 |
| 2 | 居住区域栏填注前项民族住居省县乡村 |
| 3 | 人口数目栏填注各该民族男女各别总数 |
| 4 | 壮丁数目栏填注各县记民族自十八岁至四十五岁之男丁数目 |

---

① 保靖县政府于民国二十八年（1939）三月收到调查任务，四月二十六日即呈报省政府。
② 保靖县政府于民国二十八年（1939）五月三十日接到调查任务，六月九日呈报。
③ 保靖县政府于民国二十八年（1939）九月二十三日收到调查任务，十一月八日呈报。
④ 保靖县政府上报的标题为"保靖县民族调查表"。

续表

| 5 | 生活习惯栏如衣食住行及冠婚丧祭等及语言性格职业知识程度均应详细填注 |
| --- | --- |
| 6 | 过去开化工作情形栏填注各该省此往对于边区民族工作经过情形,以后工作意见调查的地点为保靖县麦坪、葫芦、夯沙、水田四乡 |

表4　　　　　　　　　特种部族调查表①

| 序号 | 内容 |
| --- | --- |
| 1 | 部族名称（每表只填一种部族，如有他种部族，同在一地时，应另填一表） |
| 2 | 分布地区（填乡镇名称） |
| 3 | 人数（分别男女填写） |
| 4 | 主要衣服原料及来源 |
| 5 | 主要食品种类及来源 |
| 6 | 住宅构造 |
| 7 | 运输工具 |
| 8 | 有技能之人数（分农民、工匠、商贾、巫医等类填写） |
| 9 | 是否与汉族交易并列主要交易物品 |
| 10 | 交易是否用纸币、银元、铜元或其他对象，以何种最流行 |
| 11 | 是否与汉族通婚 |
| 12 | 能通汉语人数 |
| 13 | 能识汉文人数 |
| 14 | 有无学校设备（填列校数及学生数） |
| 15 | 有无用其本族文字之书籍 |
| 16 | 最流行之汉文书报小说 |
| 17 | 所模（膜）拜之神像及寺庙 |
| 18 | 每年宗教上之重要集会若干次（填写集会之意义及其时日、地点） |
| 19 | 有无自卫之组织及武器（填组织、武器名称及数量） |
| 20 | 本族内或与汉族发生纠纷时用如何解决方法 |
| 21 | 其他特殊之习惯 |

① 保靖县上报的标题为"保靖县特种部族调查表"。

表 5　　　　　　　　　　　苗胞调查表一①

| 序号 | 内容 | | | | | |
|---|---|---|---|---|---|---|
| 甲 | 沿革概述 | | | | | |
| 乙 | 种类及数量 | 种类 | 装束服制 | 数量 | 合计 | 总计 |
| 丙 | 分布概况 | 各种苗胞 | | | | |
| | | 居住区域 | | | | |
| 丁 | 与汉胞间关系 | 曾否通婚 | | | | |
| | | 同化情形 | | | | |
| | | 雇佣情形 | | | | |
| | | 有无斗争 | | | | |
| 戊 | 备考 | | | | | |

表 6　　　　　　　　　　　苗胞调查表二②

| 己 | 经济概况 | 职业 | | | | |
|---|---|---|---|---|---|---|
| | | 贫富概况 | | | | |
| | | 生产 | | | | |
| 庚 | 风俗概况 | 婚姻 | | | | |
| | | 丧奠 | | | | |
| | | 祭祀 | | | | |
| | | 语言 | | | | |
| | | 家庭关系 | | | | |
| 辛 | 政治概况 | 纳税 | | | | |
| | | 兵役 | | | | |
| | | 工役 | | | | |
| | | 保甲 | | | | |
| 壬 | 文化概况 | 政府所办学校 | | | | |
| | | 外人所办学校 | | | | |
| | | 自办学校 | | | | |
| | | 有无文字 | | | | |
| | | 宗教 | | | | |
| 癸 | 备考 | | | | | |

① 保靖县上报的表格名称为"湖南省保靖县苗胞概况调查表一"。
② 保靖县上报的表格名称为"湖南省保靖县苗胞概况调查表二"。

表7　　　　　　　　　夷胞状况调查表①

| 序号 | 内容 |
| --- | --- |
| 1 | 夷胞人口数、全县人口数、夷胞占全县人口数百分比 |
| 2 | 部落种别、组织概况 |
| 3 | 有何领袖人物、有何进步人物 |
| 4 | 生活状况、特殊习俗 |
| 5 | 夷汉居民情感是否融洽 |
| 6 | 教育设施情形为何 |
| 7 | 有何特殊政治设施 |
| 8 | 有何发展夷胞党员计划 |
| 9 | 夷胞中现有党员人数 |

通过研读这些档案，我们可以得出如下几个方面的认识。

第一，调查之目的：是为了解西南各民族基本情况，动员各族人民团结一致积极抗战，应对日本全面侵华战争。

1938—1939年，无论是从湖南省第三行政督察专署、湖南省政府还是鄂湘川黔边区绥靖公署、国民党湖南省执行委员会等训令指示，随处可见如下话语：

> 查西南各省边区汉夷杂处，自古多□□□有以来苗变层见叠出，考厥原因，实由于当时政府忽略宣导，边官措施失当，坐令民族间之情感隔膜有以致之。值此全面抗战期间所有地方秩序之稳定，民力之团结，在在俱关重要，对于苗夷等族亟应因势利导，予以组织。□使其效忠党国，□增强抗战力量，本部现□编订宣抚苗夷方案，惟恐不明情形，将来实施困难，特制定西南边区民族调查表式，先行调查俾资参考相应检送，□项表式一份，咨请查照，转饬所属苗夷等族聚居各县，从远调查填报汇□以重政为荷等由计。

---

① 保靖县政府上报表格题为"湖南省保靖县夷胞状况调查表"。

检送西南边区民族调查表式一份，准此合行抄发该项表式一份令，仰该署即使遵照转饬所属苗夷等族，聚居各县从远调查依式填报，以凭汇□处此令。①

"查关于夷苗民族政教设施情形及目前进行计划，前经函饬详细报核在案。际兹抗战期间对于夷苗同胞之扶植亟待筹划施行，即希查案从详具报以凭核办"等因，准此除外分令合行令仰该会迅将该县夷苗民族政教设施情形及目前进行计划详细具报以凭汇办，切切此令。②

兹奉行政院二十八年一月二十一日吕字第六零一号密指令，以各省夷苗人数居住地方及其现状各项，饬由本部注意调查具报等因。奉此查本部前以西南夷苗等族亟应因势利导予以组织训练，使其效忠党国，藉以增强抗战力量，特制定西南边区民族调查表，于二十七年五月十三日以民字第五五四四号咨送请特饬就属苗夷等族聚居各县，□速调查填报在案。③

查边区各县苗民数逾百万，除兹抗战紧张，全民动员，所有辖区内该民确实数量及其社会生活各种情况，亟待明了，以便推行组训工作，兹持调□苗胞调查表二种，拟□钧着分令所属各县限期查报是否有当，理合俭同表示签请鉴核示遵。④

第二，各调查内容之比较：从各项调查表格设计与保靖县上报调查内容可以看到，主要是针对保靖县境内的苗族，同时又由于发文的机构不同，其调查侧重点有所差异。

（1）"保靖县民族调查表"：其调查的地点在保靖县的麦坪、葫芦、

---

① 民国二十七年六月，为奉令检发西南边区民族调查表式二份仰查填来核由，湖南省第三区行政督察专员公署训令，民字97号。
② 保靖县政府总字第3004号，中华民国廿八年二月一日公函二十八年二月一日于保靖县党部总字第三十六号案奉湖南省执行委员会二十八年一月二十日沅字第五六六号训令开。
③ 保靖县政府总字第3598号，湖南省第三区行政督察专员公署训令，民国二十八年三月廿五日发，湖南省政府府沅字第一二七一二号密令开。
④ 民国二十八年五月鄂湘川黔边区绥靖主任公署通令，三二字第121号。

夯沙、水田四乡，主要针对这四个乡的苗族进行调查。根据表格设计，其调查内容集中在对苗族的人口、居住分布以及生活习惯，其中生活习惯分为苗民性格（民性朴质无文，勤劳节俭，好讼仇杀，不愿离乡外出）、住室（贫者结草为庐，富者大厦崇垣，不喜开窗。翁姊子妇兄弟妯娌群处不避，牛马猪羊丛栖一室，污秽不堪）、服饰（男满襟青蓝布衣，头缠青、白花帕，腰束以带，跣足髭须；女则耳垂银环，辫发盘头，外裹大帕，项圈手钏重叠，佩戴有重至数十两者，衣较男者稍长，斜领直上，刺绣花纹。女子未嫁者，额发中分，示与妇别）、食物（以米、玉蜀黍为大宗，尤为嗜好牛肉）、婚姻（婚嫁多由父母之命，媒妁之言，纳聘过礼始克成婚。唯结婚之日，夫妇不交拜而合卺。数日后始大集宾朋设宴庆贺。主宾歌唱问答者一日两夜或两日三夜不等。夫妇不睦，随时可以脱离。处女外遇，父母不禁。若犯其妻妾，则举刃相向，不稍宽恕）、丧葬（人死以筊卜之，随其□卜，掘窟三四尺，镶以木板，置尸其中，以土封之，后三日，邀亲戚饮。初丧之日，家人哭泣，亲友以土物吊，主人则椎牛设饮，谓之送哭，近有仿照汉制者）、民俗（遇疾不求医，延巫求祷，叩许"椎牛"，即病愈杀牛酬神之谓。民皆善骑射，亦精医药，药皆采自山中，非方书所载。或吞或敷，奏效甚速，对于天王神异常敬畏。天王事迹，谓系汉族马伏波将军，但无考证）、语言（语言咿呀觕舌，亘古不变，动物多以"大"字冠之，称呼多以"阿"字冠之。古无之物，为火柴、煤油之类，仍采汉音）。

此外，还有接受汉化的情况（过去开化工作情形），并提出今后要在苗区多设学校，强制苗民儒学接受教育，"汉化"苗民。

（2）保靖县特种部族调查表：其调查的地点在保靖县水田乡与葫芦乡，调查对象为居住在这两乡的苗族居民，从部族名称、分布地区等21个方面展开调查。其内容较为丰富具体，与"保靖县民族调查表"某些内容有所重复（如服饰、食物、住宅、宗教信仰等方面），但较之其内容更为具体和丰富。这个调查的侧重点是苗民与汉民的交往和关系。

（3）湖南省保靖县苗胞概况调查表：根据表格设计，10个大类，每大类下又分若干小类。其主要调查地点为水田、葫芦二乡，其调查的内容在相同的事项方面并没有差异。

（4）湖南省保靖县夷胞状况调查表：此一调查内容，除了跟上述3个调查表格内容有所重出之外，还具有非常鲜明的党务工作特点，如专门设置了有关"领袖人物"与"进步人物"调查事项，有何发展夷胞党员计划，显然是为了吸纳与发展苗族居民加入国民党而有针对性地展开调查。

1939—1940年，正是七七事变之后，日本侵华战争势头最盛，中国抗日战争处于最为艰难的时期，国民政府此时也已迁往重庆，西南区域成为抗战的大后方。为了挽救民族危亡，应对日本灭亡中国的狂妄计划，同时稳定国民政府所在的西南大后方，所以不得不积极展开对西南各民族的了解与团结。此时，无论从国民政府到湖南省政府以及各地方政府，积极开展的对西南少数民族的调查正是在这一大背景下展开的。而保靖县政府档案馆藏的上述民族调查档案，成为我们了解这一时期国民政府各级机构所开展的各项调查工作，以及对西南少数民族调查的内容的宝贵资料。

## 三 民国二十九年至三十年改正族名表与风俗调查

2号全宗1号目录464号案卷为民国二十九年（1940）十一月，湖南省主席薛岳发文湖南省政府训令，遵照国民政府"改正西南少数民族命名表"决议。2号全宗1号目录465号案卷为鄂湘川黔边区绥靖主任公署将"改正西南少数民族名称表"转发给保靖县政府，嘱令遵照执行。

民国政府通过行政命令的形式制定"西南少数民族命名表"，并将之推行到西南各省，命令各地县遵照执行，改正对少数民族的称谓，是民国时期中央政府一项重要的民族政策。就其原因与目的，两份档案的发文所言甚详：

行政院本年（民国二十九年）十月十一日，阳一字第二〇九五八号训令："奉国民政府本年九月十八日渝文字第八五五号训令：案查关于边疆同胞，应以地区分称为某地人，禁止用苗、夷、蛮、猺、猡、獞等称谓。其西南遍地有少数民族，若专为历史及科学研究便利，应将原有名词一律予以改订，以期泯除界限，团结整个中华民族。业于二十年八月间以渝字第四七零号训令，通饬遵照在案。"兹经中央社会部、教育部、中央研究院会同详细研究，拟送改正西南少数民族命名表，专为学术上研究应用，至一般普通作品，宣传品概以其生长所在地称之，合行抄发改正命名表，令即遵照。

"改正西南少数民族命名表"是民国二十九年（1940）一月十八日，由中央社会部会同教育部及中央研究院开会商讨后制定。其主要内容是将文献中记载的有关对西南少数民族称谓，带虫兽偏旁命名共66条，一一予以改正，以表达对西南少数民族的尊重，维护各民族之间的团结。

1941年的县风俗调查，接续1939—1940年的民族调查，是对湘西民族调查的全面深入与扩展。其调查的目的在电文中有明确的说明：

现值非常时期，欲求发扬民族精神，当先改善社会风气。而欲改善社会风气，自非风土人情洞悉靡遗无从着手。古时辀轩下采，凡童谣俚语以及劳人思妇之词，亦皆编入国风，良以风俗关系人心，□□鲁国家政令，社会情状至为重要。兹为明了各县风俗相互比较，从事改善起见，特抄发内政部所编风俗调查纲要，俾各县照逐项查报。

观其调查纲要，与1930年风俗调查报告一模一样。而其调查的内容是在1939年与1940年的基础上进行了综合与扩充，并没有太多的新意。

## 四　保靖县民族社会调查对近代西南边疆历史研究之启示

华勒斯坦等在《开放社会科学：重建社会科学报告书》中提到，一切的学术研究都要符合时代需要。① 民国年间的湘西民族调查正是在时代的需求中开展，并为我们提供了如此丰富的研究成果和材料。其价值大体如下。

政治目的之需要。保靖县政府对县境内民族社会生活的各次调查，无疑都是带有很大政治需要而进行的。

地方经济建设之推动。民国保靖县民族调查，除了政治目的之外，对于当地社会经济的建设不无裨益。从档案保存的材料来看，至少我们可以看到保靖县政府在填报各次调查表格的过程中，他们还是进行了比较细致的社会调查的。这些调查为地方政府了解县境内各民族人民的基本情况提供了原始可靠的数据，进而对地方政府如何开展地方经济建设提供发展对策。这当是民国保靖县民族调查对于地方建设方面的有益贡献。

无论是地方政府的民族社会调查，还是学者所进行的学术规范研究，都是在一个特定的时代背景中进行。这种特定的时代背景我们无法选择，但是我们可以在当中发挥自身可能发挥的作用，所谓做"时代的弄潮者"，不是我们被动地去迎合时代发展的需要，而是把握时代赋予我们的机遇去主动寻求属于西南民族学研究的机遇。

对于湘西研究，甚至是整个西南民族学研究，有待深入与拓展的领域还有很多。但就以湘西研究为例，不仅大量的新材料还没有得到应有的整理与运用，同时对于前人的研究成果也没有得到我们应有的重视。比如说对于凌纯声、芮逸夫《湘西苗族调查报告》与石启贵《湘西苗

---

① ［美］华勒斯坦等：《开放社会科学：重建社会科学报告书》，刘锋译，生活·读书·新知三联书店1997年版，第103—113页。

族实地调查报告》之间的比较，其研究的深度与广度便有待加强。

以发掘保靖县档案馆藏民族社会调查资料为契机，我们将之置于当时实际情况中，并结合今天的田野调查进行深入的研究。这或许对于我们认识湘西社会有所帮助，并对于当下发掘中华各民族交往交流交融以及铸牢中华民族命运共同体意识，为湘西地方社会经济建设提供来自历史的经验与借鉴。

# 方志所见李元度佚文五则考释

## 王志强[*]

**摘 要**：方志中保存了大量的历史文献，其中不少文献为文人文集所遗收。现于各地的方志中发现李元度集外佚文五则，分别为《石钟山志序》《碧琳琅馆丛书序》《重修关王桥记》《清旌表节烈黄母杨太恭人暨媳陶孺人节烈碑序》《光禄大夫胡达潜墓志跋》，本文将其整理点校，并考证其创作时间、文章主旨，以补李元度《天岳山馆文钞》之遗。

**关键词**：李元度 佚文 方志

李元度（1821—1887），字次青，又字笏庭，自号天岳山樵，晚年又号超然老人，湖南平江县人。道光二十三年（1843）举人，咸丰年间入曾国藩幕，历任浙江盐运使、云南按察使、贵州布政使等职。李元度工于诗文，著有《国朝先正事略》《天岳山馆文钞》《天岳山馆诗集》等文集。王澧华整理的《天岳山馆文钞》2009年由岳麓书社出版，

---

[*] 作者简介：王志强，南昌师范学院文学院讲师，文学博士。
基金项目：2022年广元市哲学社会科学重点研究基地广元历史与文献研究中心一般课题"历代剑阁县志整理与研究"（项目编号：GYLS2022YB06）；2022年江西省高校人文社会科学研究青年项目"明清江西方志中的'忠烈志'研究"（项目编号：ZGW22204）。

是目前研究李元度的重要参考文献。同时，王澧华也指出"《天岳山馆文钞》为李元度于清光绪四年（1878）自编，光绪六年刊出，此后之作，皆未能收入集中"，且他整理的"《天岳山馆文钞》仅就原书标点，未能辑佚"①，故目前仍有部分李元度的佚文散落在外。今于方志中搜集到李元度佚文五则，现将其点校考释，以对李元度的学术思想有进一步的了解。

## 一　石钟山志序

豫章十三郡，一州之水悉汇于彭蠡，由湖口出江，有两石钟山，分峙南北，内湖外江之阃阈也。郦善长以谓水口相搏，响若洪钟，唐李渤作《记》，则以南隅双石当之，而苏文忠独哂其陋，谓山有穴罅，微波入焉，噌吰如乐作，又港口有大石，当中流空，中而多窍，风水相吞吐，有窾坎镗鞳之声，与向之噌吰者相应，自有此说，而天下后世莫不知有石钟矣。嗣是周文忠有《续记》，李文正有《辞》，罗文恭复有《记》，程文敏有《石钟传》，则仿昌黎传毛颖，以游戏出之，何廷秀有《赋》，邱文庄有《浚赋》，率由苏子发起端，然皆流连光景之词，于疆域之阻隘，战守之方略，未遑及也。

咸丰三年，粤贼自武昌掠舟而下，刺九江，镵安庆，窟江宁为伪都。六月，贼舟由湖口入犯南昌。明年，曾文正公督师讨贼，拔武汉蕲黄，膊贼田家镇，遂攻九江。其时今宫保尚书赵公、总制杨公，并帅舟师东下，所向如拉枯朽，贼乃筑坚垒于上下钟山，对岸梅家洲别筑伪城，遏我师入湖之路。文正檄罗忠节、李忠武、胡文忠诸公攻伪城，不下，水师燔贼筏，乘朦攻入湖口，尽毁彭蠡湖贼舟，及都昌而止。亡何，水益涸，贼以铁索横江断归路，入湖之师不得出，贼夜用火攻袭大营。文正遂入江西，加饬戎政，而外江内

---

① 王澧华：《李元度集外佚文四篇辑述》，《湘学研究》2020年第2期。

湖之水师梗阂莫能并矣。

五年春，文正遣水师进屯康山，贼自都昌陷饶州及广信，罗忠节复其城。四月，公帅水师驻南康，元度帅平江军二千人从。五月，水师破鞔山，获九江所失帅舟。六月，攻梅家洲失利。七月，元度帅所部渡湖而东，文正檄萧节愨公捷三等会攻湖口，陆军入县城，水师直捣石钟。垂破矣，会节愨中炮死之，贼益旅拒，陆军退屯苏官渡，贼数来犯，皆破走之。时罗忠节已复义宁，帅亲卒六十人抵湖口，督平江军再攻石钟，卒以水师不能深入罢攻，而忠节以改援武昌矣。十一月，伪翼王石达开犯苏官渡，我军击却之，宫保彭公间道入江西抵大营，文正命仍领水师。

六年二月，文正以南昌綦严，檄水师归护省城，陆军剿抚州。

七年，李忠武攻九江急，石钟贼戒备加严。九月，彭、杨二军约内外合攻石钟山，李忠武密帅师从间道夹攻，遂拔坚垒及梅家洲伪城，克湖口，至是，内外水师始复合。

八年四月，拔九江。七月，曾文正再起督师，道湖口，疏请敕建水师昭忠祠，制曰：可。

十年，贼自建德来犯，击走之。

同治三年六月，大军克江宁，粤贼平，彭公方筑楼石钟山，颜以飞捷。此军兴以来，石钟山战守攻取之崖略也。功既成，文正公奏立长江水师营，设提督一，总兵五，其一曰湖口镇，诏以丁君兹山任之。彭公奉诏巡视往来，并驻节兹山，祠及亭馆皆公所手治也。丁公莅镇既久，军民和辑，乃属胡麓樵太守撰《石钟山志》。既成，征序于余。余惟地理为史部之一，山川又地理家之一，余所见山志，自唐卢鸿一之《嵩山记》，杜光庭之《武夷山记》，李冲昭之《南岳小录》，外若明宋涛之《泰山志》，李时芳之《华岳志》，赵之韩之《恒岳志》，彭簪之《衡岳志》，并著录四库。若江西诸山，则有唐张密之《庐山记》，令狐见尧之《玉笥山志》，元元明善之《龙虎山志》，俞策之《阁皂山志》，及近人之《怀玉山志》，详哉其言之矣。然皆搜名胜，记游览，他未遐及也。今志石钟一隅之地耳，而全局安危治乱系焉，其视郦李之所述，东坡之所记，益公、西涯、念庵、篁墩、琼山之所赋咏，今昔大相悬矣。循兹以往，浚有万年，其又乌可控搏耶？余于兹山，旧有辙迹，恨未竟其功，数年前，舣舟一拜昭忠祠，凡其血食兹山者，半皆吾旧雨也，为低回，为之不能去。今序是志，益觉三十年陈迹，全集心头，缕缕犹昨日也。遂次其语，因胡子以复丁君云。

光绪九年春正月平江李元度序。[①]

按：光绪《石钟山志》共 16 卷以及首 1 卷，乃是石钟山的第一部山志。《石钟山志》是由总兵丁义方、李成谋搜集，方宗诚、胡传钊校订而成，卷首录有贺寿慈、李元度、李成谋、丁义方、方宗诚、胡传钊等六人的序言。值得注意的是，《石钟山志》的修纂者和写序者，都是湘军出身，贺寿慈是湖南临湘人，李成谋是湖南芷江人，丁义方是湖南益阳人，胡传钊是湖南善化人，方宗诚虽然是安徽桐城人，但他是曾国藩的重要幕僚。可以说，《石钟山志》始终代表和贯彻着湘军的意志，乃是湘军众志成城而修纂的一部方志。

关于《石钟山志》修纂的目的，据贺寿慈所言，"军门（丁义方）之意，则不以逸而忘劳，犹复痛定思痛，缕陈前事，笔之简端，意欲以是告后之镇此地者，务禀王公设险之经，深维慎固封守之义，万无以吾险资敌"。丁义方在《序》中亦说："俾足供游览于无事之秋，以实欲见之者，痛定思痛，不忘险阻，聊效一得之愚。"概言之，《石钟山志》的修纂，有着强烈的现实指向，即为了警示后人，不忘居安思危；提醒当代，切勿以逸忘劳。李元度也认为石钟山地理位置险要，太平天国部队占据此地长达十年之久，湘军不得立寸功。因此，他认为修纂《石钟山志》"于疆域之阻隘，战守之方略"有很大的助益。

《石钟山志》详细记载了湘军与太平天国军队在湖口的战斗，其篇

---

① 李成谋、丁义方纂，方宗诚、胡传钊校订：《石钟山志》卷首《序》，光绪九年听涛眺雨轩刻本。

幅占据了整部志书的七分之一。且因修纂者绝大部分参加过这次战斗，故保存了很多第一手的史料和他们当时的想法，这一点在李元度的《序》中，就有所体现。李元度当时率领 2000 名平江军跟随曾国藩镇压太平天国水师，因战事不利，平江军划归罗泽南麾下，后罗泽南去救援武昌，平江军又重归曾国藩管辖。通过该志，可以看到湘军和太平天国军队之间激烈的攻防战。贺寿慈说道："今得斯志读之，盖叹军门之用心，深且远矣。"与此同时，也能看到太平天国军队坚毅的斗争精神，"军士固守阵地，英勇善战，坚韧不屈，视死如归的精神，在书中都有详细的记载"[①]。

实际上，李元度对于方志颇为上心，先后纂有《平江县志》《南岳志》，此《序》可以见出李元度对于方志的认识，如他认为方志是史部地理类著作，"余惟地理为史部之一"，这种认识承继的就是《四库全书》的观念。同时，李元度也对方志的"存史""资治"作用有较深的认识，"今志石钟一隅之地耳，而全局安危治乱系焉"。

## 二　碧琳琅馆丛书序

平江李元度序：著书立言为三不朽之一，而其所以不朽，仍视作者之精神识力为期。其人之精力能寿诸十世者，即传之十世；能寿诸百世者，即传之百世。学者如牛毛，成者如麟角，欧阳公所以致慨于飘风好音之过耳。而为勤一世，以尽心于文字者，悲也。惟丛书之辑，则合众作者之精神识力，以并传诸不朽，故较单行本具传之也倍久。昔人以收集名章断句，比之于哺弃儿继绝世，实则风云月露之辞，不甚关于殿最。惟著述则作者毕生精神识力之所寄，故尤赖仁人君子之能永厥传也。

同郡方柳桥观察，性好藏书，官岭南三十年，所藏约二十万

---

① 中国人民政治协商会议湖口县委员会文史资料研究委员会：《湖口文史资料选辑》第 3 辑《石钟山专辑》，政协湖口县委员会文史资料研究委员会内部印刷 1987 年版，第 76 页。

卷。既选刻《古经解汇函》《古小学汇函》为承学者导师，又锲《全唐文纪事》及《北盟会编诸书》，其嘉惠艺林也至矣。近辑《碧琳琅馆丛书》，计六十二种，皆艺苑中秘本也，就中如《岳阳风土记》《岳阳纪胜汇编》及《许侍御诗深全史》《日至原流考》，则关乎乡国之文献。又宋末元初平江罗嘿耕乡贡著《罗氏识遗》，著录《四库全书》中，而其书自署郡望，《提要》遂以为新安人，余撰《平江县志》时尝力辩之，今得观察表章汇锲之，而是书之若灭若没于六百年中者，一旦粲然复明于世，观察之功伟矣。

夫物各聚于所好，而常得诸有力者之家。观察笃素耆古若此，吾知众作者皆赖观察以传之不朽，九原可作，莫不蹲蹲起舞，而观察之并传不朽也，复奚疑哉。①

按：《碧琳琅馆丛书》乃是湖南巴陵人方功惠所纂辑，巴陵与平江同属岳阳治下，李元度与方功惠是老乡。方功惠（1829—1897），字庆龄，别号柳桥，出身于官宦世家。方氏家族一直有着藏书传统，其父亲方宗徽任广东清道司巡检期间，便开始收藏书籍，《巴陵县志》称："碧琳琅馆藏书名天下，而实自宗徽贻之。"

《碧琳琅馆丛书》是方功惠晚年所辑，共收书六十二种，因方功惠不幸去世，仅刊刻了四十四种，后世对该丛书评价颇高，"巴陵方功惠以粤吏而富藏书，当光绪年间，就所藏秘本，选择刊刻，有《碧琳琅馆丛书》，中皆难得之孤本，版亦雅善。惜乎版甫刊成，而方氏逝世，故所印流传绝少"②。李元度尤为关注《碧琳琅馆丛书》对乡土文献的保存之功，他以《罗氏识遗》为例，细述《碧琳琅馆丛书》的价值所在。这从侧面反映了李元度关注乡土发展、致力于家乡建设的心态，这对我们了解其修纂《平江县志》的心态有较好的理解。

---

① 姚诗德、郑桂星修，杜桂墀纂：光绪《巴陵县志》卷三十《人物志》，民国三年刻本。
② 广东省文史研究馆编：《广东文物》，上海书店出版社1990年版，第860页。

## 三　重修关王桥记

巴陵山脉，来自平江之幕阜，其东南交界处曰清水岭，有水出柘溪东北，流数十里纳罗裹，反北斗岭，诸水汇于关王桥，径湘阴境入洞庭。关王桥者，地有关王庙，桥以庙名，巴湘平临之孔道也。余少时赴郡应试，尝一再经焉。考汉前将军关侯庙祀遍天下，初晋王爵，至明神宗时封帝号，国朝因之，兹桥以关王称，其必建自明初可知矣。前之废兴不可考，康熙中，里人捐造木桥，伐石为墩，上置木板通行人。越乾嘉年间，圮复修者数矣，遂易木为石，易平桥为瓮洞，洞凡三瓮，巨石为之，势益坚且壮。迄同治戊辰大水，瓮洞不能容纳，桥再坏，石脚渐坍塌，都人士补葺之，工未竟，水至三洞，尽倾。

光绪戊寅，里人共醵金千六百有六十，杨君纪官捐金八百，周君桃溪昆仲蠲金八百有六十，协力修复之。审地势，稍移而下，桥成瓮洞如旧，修十二丈，广三丈，高四丈有奇，胝前工为尤伟，过者莫不多诸君之嗜义也。庚辰夏，大雨水，五月晦雨尤甚，夜半水骤涌数尺，自柘溪至此数十里中，山多崩坼，怪水自坼出，盖蛟为之也。桥两岸市肆及唐氏、胡氏、毛氏、冯氏、陈氏所居宅，皆没于水。六月朔，水益泛涨，关王庙淹数尺，沿港所有数百年故宅，损坏无孑遗，日晡桥圮，近村之里泗桥、步仙桥皆圮，即湘阴之渡头桥亦圮。水至湘阴，益汹涌，坏民居千余户，溺毙数百人，杠梁彴略悉付波臣，病涉者歌公无渡云。于是周君桃溪之贤母张宜人，念行旅之望洋兴叹也，爰命桃溪再图修复，除动用前次余赀百余金外，复自蠲五百余金蒇其事，经始于辛巳冬月，落成于壬午秋月。

来征文以记其事。昔单子适陈，因桥道以知国政之得失，今关桥一隅地耳，都人士急公好义至再至三，不惮益虔，若张太宜人之乐善，尤巾帼中所仅见者，是皆可以风厉薄俗，垂光彤史也，予故乐为之书。抑又思桥之成而复毁者，水为之；水之暴发者，蛟为之也,《礼·月令》有伐蛟之文,桂林陈文恭公抚湖南时,曾颁伐蛟说于所属州县。盖雉与蛇交,遗卵于地,闻雷则入地三尺,至千丈而止,积数十年,渐成蛟,闻雷复上,起三尺。其出也,则拔山破石而去,平地水深一二丈,所过无不残灭。凡孕蛟之处,上常有云气,或隐隐作声,遇雪则其地必无雪,雪时侦伺之可立获也。既得其处,则掘而殪之,羽翼未成,一夫可制其命,此亦为民除害之一端也。昔豫章许旌阳驱逐蛟龙,所至有灵迹,若幕阜之道岩,分宁之铜鼓营,并有蛟潭剑迹,其已事也,况伐蛟之著在《礼经》者哉!谨附著之,以为有心人告,俾知蛟害可除,即蛟水可以不作,而桥梁之善举,益可垂诸久远云。①

按:该文原作"李元度重修关王桥记",同书光绪《巴陵县志》卷四十五曰:"关王桥,石桥三甃……平江李元度有《记》,见《津梁》。"可知该文乃平江李元度所撰。该文所作时间,据文中关王桥成于"壬午秋月",可推断文章当成于光绪八年(1882)前后。

《重修关王桥记》记述了巴陵县关王桥的兴修历史,并重点介绍了巴陵士民的急公好义之心,对后世了解巴陵乡贤具有一定的助益。而文中最后部分李元度从蛟龙的角度对水灾进行解释,详述蛟龙的产生、出现、捕杀等事项,亦可窥见晚清官僚对于自然现象的认知,可为晚清民俗史、思想史研究提供基础史料。

## 四 清旌表节烈黄母杨太恭人暨媳陶孺人节烈碑序

烈妇杨氏,黄观察之淑姬,香谷太守之庶母,松崖参军之生母也。同治四年,太守迎养在署,姑媳同殉难以卒。五年春,余膺天子命,总统援黔各军,驻师石阡,因得与太守识。军政之暇,太守

---

① 姚诗德、郑桂星修,杜桂墀纂:光绪《巴陵县志》卷十一《建置志》,民国三年刻本。

尝谓余曰:"我庶母恭俭仁孝,不幸姑媳殉节。为之后者,其忍幽光弗著,不为之传?且我庶母之节烈,其贞操素定,不自临殉时始见也。先是乙卯,我先大夫出守是邦,出剿徐逆,另股匪变起仓卒,城以不守,庶母曹太恭人度不免于署,后石壁自尽,头颅俱裂。维时庶母即欲继殉,有家婢急抱捍之曰:'必如是,若主人何?'再三劝解,始隐忍变服,杂稠人以免。嗣后,我大夫将城克服,庶母见年迈,忧勤曲致,一切事不忍委之婢仆,必以身亲疾病汤药,疴痒亲抑搔,污秽亲浣洗,数年不倦,虽孝子之事慈亲,不是过也。迨大夫即世,不肖以军务需人夺情,奏留檄署阡。郡垣复蹂躏一空,又突为荆竹大股袭陷,庶母与媳陶氏携持而泣曰:'贼至不死,非义也。死不以时,非洁也。'遂乘火然署侧屋,媳先跃赴火中,倏成灰烬,节烈凛然。庶母方奔赴,而贼已环至林,立臂中枪,昏迷扑地,贼亦莫之识。有家人曳避打石坡,但闻喃喃訾贼语,旋经撞散。越数日,始见于汉洞中,面如生然,已早尽矣,痛哉烈哉!"此太守所涕泣为余道者也。

　　余窃思不夺其志之谓节,不挠其气之谓烈,今士大夫读书谈道,每谓纲常名教、人之大防,顶天立地,当为完人,及临难而苟免者,何可胜道?无他,持其志者未坚,而气先为之馁也。孟子曰:"其为气也,至大至刚,以直养而无害,则塞于天地之间。"可知气本浩然,非养之既粹,则志牵于欲,鲜有不丧其气者,又何怪坊表之不立,而操守之忽易耶?故尽其道之极者,忠臣烈妇之所以浩气常凝也;违乎义之正者,畏死幸生之所由名节俱堕也。几希之界,存之则君子,而去之则小人,庶民可无惧耶?若杨氏姑媳之节烈如此,真孔子之所谓杀身成仁,孟子之所谓舍生取义者矣,是乌可以不传?抑又闻太守为浙东世家,其先叔武昌司马桂晋公、滇南太守梅谷公,俱以身殉国,忠孝节烈萃于一门,正气钟祥,我知黄氏之方兴未艾也。用是乐为之序,其略以勒诸石。①

---

① 周国华修,冯翰先纂:民国《石阡县志》卷十六《艺文志》,1966年油印本。

按：该文在序文下方，写有"浙江按察使衔李元度平江"的字样，可知为李元度所作。《清旌表节烈黄母杨太恭人暨媳陶孺人节烈碑序》是李元度应知府黄启兰之邀而作，文中的"五年春"，据民国《石阡县志》卷六《职官志》，黄启兰于同治四年（1865）任知府，可知该文作于同治五年（1866）前后。

值得注意的是，黄启兰与李元度的相见并不光彩。根据记载，同治四年，荆竹一带爆发了农民起义，义军包围了石阡城。身为太守的黄启兰不思守城御敌，反倒是丢家弃口，一个人仓皇逃跑。黄启兰为了消除弃城逃跑的恶名和罪责，于是前往铜仁请求李元度支援。李元度以缺粮为由拒绝了黄启兰的请求，直到黄启兰答应筹备粮食，方才派遣军队去解救石阡，"知府黄启兰因五月十三夜之变，亲往铜仁告急，李元度以无粮辞之。时军务房书张金鉴、孙发荣、徐光清等同往怂恿黄太守承认办粮，李元度遂分锐字营统领李光燎带兵由石阡进攻"①，这鲜明地反映了晚清将领拥兵自重以及地方官员贪生无能的现状。

民国《石阡县志》存有两篇李元度为当地烈妇所作的文章，一篇是《李烈妇吴氏殉节碑》，另外一篇即此篇，前者已经为《天岳山馆文钞》所收录，而后者却未收录。两篇文章可互相印证，李元度在叙述完贞烈事迹后，重点谈了自己对于节义的认识，具有一定的文献价值。

## 五　光禄大夫胡达滫墓志跋

岳州平江李元度跋：封光禄公墨溪先生，蚤岁能文，邃经术，乡举时，主司选刻其易书诗艺，元度束发时，尝手写而诵之。咸丰甲寅，元度从今相国曾公治水军东下，公来饯相国，居舟中两日，任劝轮军饷，一见钦为巨人长者。时公兄子文忠公，方帅黔勇来军不数年，文忠再造东南，勋烈震一世，公皆坐见其成功，人以比东山之折屐齿。同治丙寅，元度帅师援黔，道益阳，拜文忠祠墓，迨

---

① 周国华修，冯翰先纂：民国《石阡县志》卷九《武备志》，1966年油印本。

官程，未获跻堂为公寿。闻公聪强健饭，如舟中始见时也。辛未二月，公考终里第，郭筠仙中丞铭其幽隧，其文质厚，得班史气息，无溢美辞，是足以传公矣，他日有续《楚国先贤集》《长沙耆旧传》者，其将有以取斯也。①

按：该文乃是李元度为晚清名将胡林翼叔父胡达潪所作的墓志，文章作于同治十年（1871）。胡达潪，字季甫，号墨溪，胡林翼的叔父。胡达潪46岁时，方由廪生考中道光五年（1825）副榜，因感慨年纪太大，便不再追求仕进。后侄子胡林翼显贵，胡达潪便在胡林翼身旁参谋军务，对于人才多有所举荐，同治《益阳县志》的《胡达潪传》即称"由戎务荐辟任州县府道者，尤多推毂之力"。

---

① 姚念杨修，赵裴哲纂：同治《益阳县志》卷二十四《藩封志》，同治十三年刻本。

# 《红苗归流图》考述

## 杨 婷　成臻铭[*]

---

**摘　要**：《红苗归流图》是湖南布政使阿琳给康熙帝的奏本。在该奏本中，阿琳结合自己为官经历与所见所闻，记录了总督鄂海的抚苗，以及乾州、镇筸地区苗民被招抚后的生活状态。从形式上来说，该书缺少方志的一些体例，且整本书篇幅较小，因此不能被看作清代方志。目前学术界关于本书的研究不多，因此奏本的作者生平、成书背景、成书时间、史料来源、文献价值、不足之处等，均有考述空间。

**关键词**：《红苗归流图》　阿琳　康熙年间

---

《红苗归流图》（以下简称《归流图》）原名《抚苗图册奏本》（以下简称《奏本》），是清人阿琳给康熙帝的奏本。《奏本》原被李彦斌先生收藏，2017年伍新福先生与李彦斌先生达成共识，将《奏本》全本彩印摘录于《中国苗族通史（增订版）》中，《奏本》首次面世。2021年伍新福先生以李彦斌先生家藏本为底本，对《奏本》进行点校，并

---

[*] 作者简介：杨婷，女，吉首大学人文学院中国史专业硕士研究生；成臻铭，吉首大学中国土司历史文化研究中心教授。

更名为《红苗归流图》，与点校后的鄂海《抚苗录》一起于岳麓书社出版。该书涉及的纲目较少，并不具备完整的方志体例，主体内容是康熙年间对湘西苗疆的开辟以及苗民的社会生活。尽管该书不能作为严格意义上的方志，但也具有一定的文献价值。截至目前，学术界尚未对该书有足够的关注。由此，本文以该书为核心，从作者生平、成书时间和背景、史料内容和来源、文献价值与不足之处四个方面展开讨论，并希望得到学界的指正。

## 一　作者生平

目前学界对阿琳生平尚未有详细介绍，笔者根据清代文献整理出了一定的轮廓（主要集中在阿琳的中晚年）。据《（乾隆）福建通志》载：

> 阿琳，字玉山，镶蓝旗荫生，康熙四十年以副使任巡海汀漳道，严重有威。漳俗苦，奸豪或恃强族，或充练总约正，或为乡长，种种借名并兼。琳曰：此亦所谓豺狼当道也，吾治之。乃择其尤黠者置之法，次者榜其过恶于门，使之愧悔，奸豪敛戢。寻升贵州按察使，累官太仆寺卿，卒之日民思其泽，康熙六十一年祀名宦。①

由记载可知康熙四十年（1701）阿琳任福建巡海道，为官正直且敢于直接同地方豪强做斗争，不久被升为贵州按察使，最后累官至太仆寺卿。更具体的时间《圣祖仁皇帝实录》有记："癸卯升福建巡海道阿琳，为贵州按察使司按察使"②，可知康熙四十四年（1705）阿琳任贵州按察使。而《（乾隆）贵州通志》载："阿琳，满洲人监生康熙四十

---

① 赫玉麟等编纂：乾隆《福建通志》卷三十《名宦二·漳州府·阿琳》，乾隆二年刻本。
② 《清圣祖仁皇帝实录》卷二二一"康熙四十四年六月癸卯"条，中华书局1985年版，第229页。

四年任。李华之，诸城人，进士，康熙四十五年任。"① 按照清朝会典的规定，一般每省只能有一个按察使，此时阿琳最有可能去了子牙河做分司。因为《圣祖仁皇帝实录》有记："升原任贵州按察使、子牙河分司阿琳，为湖南布政使司布政使"②，可知康熙五十一年（1712）阿琳是从"子牙河分司"被升为湖南布政使的。《圣祖仁皇帝实录》又载："升湖广布政使阿琳，为太仆寺卿"③，可知康熙六十年（1721）阿琳被升为太仆寺卿，不久后去世，被收录进《圣祖仁皇帝实录》的"名宦传"里。

因此，康熙四十四年（1705）阿琳由福建巡海道擢升为贵州按察使，五十一年（1712）又以按察使升为湖南布政使，其为官经历基本遵循了清代"道至按察使至布政使"的路线。即将出任湖南布政使时，湖广总督鄂海的"抚苗"刚刚结束，到任后阿琳出于各种目的将所见所闻绘图配文，整理成奏本进呈皇帝。几百年后奏本得以出版，并更名为《红苗归流图》，这也是目前阿琳唯一流传于世的作品。

## 二　成书时间和成书目的

《归流图》原是阿琳给康熙帝的奏本，上有皇帝的朱批，后因特殊原因朱批页被焚毁，因此具体成书时间已不可考。本节将分析成书背景和书中内容推断大概的成书时间，同时对成书目的进行阐述。

### （一）成书时间

此书没有明确的成书时间，但可以结合成书背景推断。"康熙四十二年，天子命将南征……诸臣以上不嗜杀，贷其余党，许以自新。苗人

---

① 靖道谟等：乾隆《贵州通志》卷十八"按察司"条，乾隆六年刻本。
② 《清圣祖仁皇帝实录》卷二五一"康熙五十一年十月丙子"条，中华书局1985年版，第492页。
③ 《清圣祖仁皇帝实录》卷二九五"康熙六十年十月甲子"条，中华书局1985年版，第862页。

咸喜更生，愿就抚者不啻数千余众。"① 康熙四十二年，皇帝因湖南红苗"多生事端"，派席尔达、图思海、徐九如、朱满等人抚绥苗区，诸多红苗愿意就抚，部分四散而去。而后这些散去的红苗逐渐变成了当地"寇盗"的根源：

> 迨康熙五十年，未抚生苗，或间为寇盗。总督臣鄂海初欲修筑边墙，以工非旦夕可成，于是完固城墉，添设营哨，以为守御之备。而上以苗人顽犷，务在革心，谕令加意抚绥……其愿就抚者，复得数千众。②

康熙五十一年（1712），未就抚的生苗屡屡生事，危害民苗边境，皇帝派湖广总督鄂海"抚苗"。经过近两年的努力，先前未就抚的生苗纷纷归诚，直接成为清王朝的编户齐民，鄂海也将此次"抚苗"的过程和结果详细记录下来。"抚苗"结束后不久，阿琳出任湖南布政使，他根据自己在湘西苗疆的见闻编纂和绘制了《归流图》，内容涉及红苗的日常起居、耕种纺织、信仰习俗、婚嫁丧娶等，图文并茂，生动形象。

因此，结合成书背景，笔者推测成书时间应在康熙五十二年（1713）三月至四月。因为此书有记湖广总督鄂海的"抚苗"事迹，按官位来说，在康熙五十二年（1713）四月之前（四月之后鄂海被调为川陕总督），鄂海是阿琳的顶头上司，下属歌颂上司的事迹是完全合理的行为。按阿琳的任职经历来说，康熙五十一年（1712）十月"抚苗"结束，同月阿琳以子牙河分司被调为湖南布政使，但康熙四十四年（1705）至康熙四十五年（1706），阿琳在贵州任了一年左右的按察使。贵州也是苗族聚居地，"治苗"也应当是阿琳所关注的。可以推断从阿琳离开子牙河到了湖南之后，便着手撰写《归流图》，书中内容大多可

---

① 阿琳：《红苗归流图》，岳麓书社2021年版，第119页。
② 阿琳：《红苗归流图》，岳麓书社2021年版，第119页。

以在《辰州府志》等方志中摘录，阿琳找人画完二十五幅图也不需要太久。并且在跋中，阿琳落款"子牙河分司臣阿琳"，如果来湖南已经很久了，是不会落款"子牙河分司"的。同时，此书是阿琳给皇帝的奏本，康熙之时已经出现"奏折"体例，"奏本"多用于官员的私事，也多在上任之初使用，所以成书之时阿琳来到湖南应该没有多久。再加上鄂海《抚苗录》中有记："是宜勒诸丰碑，昭示万世。臣鄂海等拜手稽首，而做铭"①，时间是康熙五十二年（1713）春三月，《归流图》中的"丰碑永训"图有配文："上亲加厘正，命勒石于镇筸及乾州"②，可知本书成书于"丰碑"以后。因此，此书最有可能的成书时间是康熙五十二年（1713）三月至四月。

### （二）成书目的

成书目的在阿琳的序和跋中可以体现。

一方面，自序中阿琳写"康熙四十二年……而天威固已暇播矣""迨康熙五十年……以昭显圣德"③。康熙四十二年（1703），皇帝曾派军队"抚绥"苗疆，很多生苗自愿就抚，康熙五十年（1711）又遣鄂海招抚先前未就抚的生苗。"且红苗自历代……何其盛也"④，指出了历朝历代对红苗的管理都未成制度，以至红苗屡屡成为"边患"，统治者也不能一劳永逸地解决问题。只有康熙一朝，红苗编户入籍，交粮纳贡，地通教化。阿琳编纂《归流图》有记录鄂海"抚苗"之事以及歌颂皇帝丰功伟绩之意。

另一方面，阿琳希望将自己在苗地的所见所闻记录下来，后世官员就可因俗而治。比如"即其信巫尚鬼……设神道以治之"⑤，阿琳认为红苗崇拜鬼神，甚至害怕鬼神甚于害怕法律，可以利用这一点，以

---

① 鄂海：《抚苗录》，岳麓书社2021年版，第4页。
② 阿琳：《红苗归流图》，岳麓书社2021年版，第168页。
③ 阿琳：《红苗归流图》，岳麓书社2021年版，第119页。
④ 阿琳：《红苗归流图》，岳麓书社2021年版，第119页。
⑤ 阿琳：《红苗归流图》，岳麓书社2021年版，第119页。

"鬼神之道"来治理红苗。他这一理念也确实给后世官员以启发，比如平定乾嘉"苗民起义"后，清政府以"白帝天王"为正教，以此规范苗民的行为，取得了不错的成效。

同时，阿琳此时刚上任，对本地情况还不甚了解，为了便于自己在当地的治理施政，也为了让下级更好地理解自己的治理理念，上任第一步就是详细了解将要治理的区域，并将信息记录造册，为后续的管理打好基础。这一点在跋的一开篇阿琳也有说明："剡板籍隶于天朝，而情状得之闻见"①，就是了解当地苗民的户籍情况，从而更清楚地知晓当地具体民情。

由此可知，此书最有可能成书于康熙五十二年（1713）三月至四月，此时湖广总督鄂海基本结束"抚苗"工作，仍是身为湖南布政使的阿琳的"顶头上司"。阿琳为了歌颂鄂海和康熙帝"抚苗"功绩，也为了记录"抚苗"后红苗的社会生活变化，便于自己后续的管理以及给后人一些"治苗"的启发，便给康熙帝上奏了《抚苗图册奏本》，也就是今天的《红苗归流图》。

## 三 篇目内容与史料来源

《归流图》大部分内容是"归流"后红苗的社会生活，包括住、食、衣、俗等，还涉及鄂海的"抚苗"。除了"抚苗"之外几乎都是阿琳亲身的经历，他也据此请人绘制了相关图片并配有文字解说。本节将对《归流图》的篇目内容和史料来源进行分析。

### （一）篇目内容

此书并不具备方志的完整体例，无分卷也无目录。全书约6000字，二十五幅图，涉及中央的"抚苗"、乾州、镇筸地区红苗的饮食、服饰、工具、习俗等内容，每幅图都有相应的文字史料解释。因此将此书

---

① 阿琳：《红苗归流图》，岳麓书社2021年版，第170页。

分为住、食、衣、俗、抚苗、作者的序跋六个部分。

第一部分为住，包括"山巢形式"，涉及红苗定居之所、房屋构造与屋内常备工具等。第二部分为食，包括"刀耕火种""粉蕨疗饥"，涉及红苗的种植技术与荒年充饥的食物等。第三部分为衣，包括"挑丝纺织""贸易蚕种"，涉及红苗的纺织工具、衣裳锦被的花纹与装饰、民人贸易蚕种等。第四部分为俗，此部分内容最多最具体，又可分为"趁墟交易""秋获囷藏""唱歌觅偶""苗风婚嫁""采药治疾"这些日常习俗，以及"农毕鼓脏""祭鬼椎牛""开庙歃血""鸡卜决事""悬梳卜病"这些特殊习俗。前者涉及红苗的经济作物与贸易、生产生活工具、觅偶与婚嫁、医疗技术等，后者涉及红苗的信仰、祭祀、占卜等。第五部分为"抚苗"，包括"累世仇杀""捉人抵事""枷禁勒赎""插签盗牛""伏草装塘""焚掠民村""负隅拒捕""王师捣穴""剃发归诚""丰碑永训"，涉及红苗与民人的几大矛盾点、康熙朝的几次"抚苗"、红苗归顺等。第六部分是阿琳的序和跋，序中对康熙朝的几次抚苗进行了概括总结，同时说明撰写此书的目的。跋对未详细说明的部分，如红苗的语言、长相、工具等，进行补充说明。

### （二）史料来源

《（康熙）辰州府志》已经无法考证，但《（乾隆）辰州府志》有记："辰俗劲直而朴茂，信巫而好鬼，其积渐使然"①，后接"康熙乙丑旧志"字样，说明康熙二十四年（1685）版的府志在风俗考中已经出现有关辰苗"信巫好鬼"的记录。乾隆一版成书于乾隆三十年（1765），距离康熙二十四年（1685）只有不到一百年的时间。这段时期内，国家没有在湘西苗疆进行彻底的"移风易俗"，因此，苗俗尤其是语言、祭祀、信仰等，不会发生巨变，府志的记录也会沿袭旧志。同时，阿琳新任湖南布政使，到任以后必定需要阅读相关资料了解当地，当时康熙版的《辰州府志》保存尚好，极有可能在阿琳的阅读清单之

---

① 席绍葆等：乾隆《辰州府志》卷十四《风俗考》，岳麓书社2010年版，第268页。

内。因此在本节,将《归流图》与《(乾隆)辰州府志》进行对比是合理的。

表1　　　　　　　　　　风俗记载重合度举例

| 《红苗归流图》① | 《(乾隆)辰州府志》② |
|---|---|
| 相土而居,斩木结茅,以蔽风雨。其门隘屋小,无间架层次,中架木榻,坐卧其上,曰火床(120页) | 缭以茅茨,檐户低小,出入俯首。左设一榻高四五尺,中设火炉炊爨坐卧其上,曰火床(277页) |
| 镇筸田少山多,所食半皆杂粮,苗人相比阳坡,荷钎执锄,披其榛莽,纵火焚之,待其灰烬而后播种焉,盖以谷种借暖气易于萌蘖也,谓之刀耕火种(122页) | 山多于田,宜谷者少,燔榛芜垦,山坡种芝麻、粟米、麦豆、苞谷、高粱、荞麦诸杂粮。既种三四年,即弃地而别垦,以垦熟者硗瘠故也。弃之数年,地力既复,则仍垦之(280页) |
| 必盛其服饰,簪髻皆以银横插排列,可垂大环径可二寸,项着银圈。贫者以铜或串贝为之,领缘襟袖,皆饰以斑斓缀,以银锡花,片角铃裳,用苗锦为之,杀缝而青红相间,亦杂以花片点缀其上。光彩陆离,各相夸示(128页) | 富者以网巾束发,贯以银簪四五枝,脑后戴二银圈,左耳贯银环如碗大,项围银圈,手带银钏。衣服系鹿皮,缠青布行膝。足跣厚如兽,蹻能履根梢,趋箐,莽捷若猿猱。其妇女银簪、项圈、手钏、行膝皆如男子,但两耳并贯银环,或二三四五不等,以多夸(278页) |
| 凡苗欲捉人,则邀同辈执械,潜伏于路旁草间,曰伏草。必二三其处,曰装塘,有头塘二塘三塘云(158页) | 苗性刚直,轻生好斗,睚眦之隙,动辄捉人纠党伏箐莽中,曰伏草。二三其所,曰装塘(279页) |

由此可见此书的史料来源是《辰州府志》中的风俗卷。但实际上《红苗归流图》对镇筸、乾州苗区的风俗描写比《辰州府志》要详细得多,并且在每一风俗之下配有相应的彩图。因此府志只是起到了参考作用,阿琳根据自身所见,对府志的记录进行完善和扩展,并请人绘制配图,才有了此书。

总而言之,此书严格意义上来说不算方志,它是阿琳给皇帝的奏本。书中涉及红苗生活方面的内容多是阿琳亲眼所见,为了歌颂皇帝的功绩,着人绘图进呈。绘图所配文字,参考了《辰州府志》风俗卷的

---

① 阿琳:《红苗归流图》,岳麓书社2021年版。
② 席绍葆等:乾隆《辰州府志》,岳麓书社2010年版。

记载，但比之更为详细。

## 四　文献价值与不足之处

《归流图》中的配图是阿琳请人用特质颜料在绢上所绘，历经三百余年色彩依旧鲜艳亮丽，是研究湘西红苗珍贵的图像史料。同时因为时代的局限性，此书也有一些不足之处，本节将具体叙述此书的文献价值和不足之处。

### （一）文献价值

此书是阿琳在湖南任职时，对"归流"后红苗的社会生活进行辑录，并上奏给康熙帝的奏本。书中关于红苗衣、食、住、俗等的描写，详备生动，具有较高可信度。值得一提的是，在此书之前也有很多方志记录红苗的社会生活，在史料来源里也可以看到此书与《辰州府志》是高度重合的。但阿琳是在文字叙述的基础之上，配有二十五幅彩图。一方面，图像史料可以直观地展示历史，突出重点；另一方面，图像史料和文字史料可以相互佐证，增加史料的可信度。尽管其他方志中也会配有图画，比如舆图、军事布阵等，但多为黑白，且内容有时不清晰。而据《奏本》原持有者李彦斌先生说，此书的图是画在绢本上的，用的纯天然颜料，三百多年过去，色彩依然鲜艳。从这一点来看，此书与其他方志相比，能够更清晰、更生动地传达信息。通过图画可以使人回到当时情景，比如书中的"鸡卜决事"，所配图画让人更直观地看到红苗的居住环境、穿着装饰、"鸡卜"所用工具，再配合文字解释，就能了解"鸡卜"的具体过程。这种文字加彩图的形式，确实使得历史更为鲜活。

除此之外，此书对于少数民族研究也有重要意义。不管是研究苗族支系社会生活的变迁、不同地区苗族文化的差异，还是研究中央政府治理地方的策略等，都可以以此书为核心史料。比如杨秋萍、吴俊的

《试论清代湘西外来作物引入的得与失》①，崔榕的《湘西苗族婚姻文化的百年变迁》②等，都是以《归流图》中的一些图片为基础，探讨苗族生活某一方面的变化或差异。因为有这一核心史料，所以研究可信度还是较高的。

值得一提的是，学术界目前对此书的研究主要集中在单张或几张图片上，几乎没有对整本书进行系统的研究，因此还有较大的研究空间。

### （二）不足之处

综上所述，《归流图》并不具备方志的基本体例，它是阿琳给皇帝的奏本，被后人收藏而后编纂成书。书中主体内容是乾州、镇筸红苗"归流"后的社会生活，因此，此书仅是一部初具雏形的方志。除此之外，本书还存在其他的不足之处。

第一，此书原名《抚苗图册奏本》，是阿琳歌颂康熙帝"抚苗"的奏本，内容编排上势必会有失偏颇。书中真正有关"抚苗"的部分比较少，只有第119、164、166、168页出现有关内容。全书花了绝大部分篇幅来介绍红苗的日常生活及其特殊的风俗习惯，想来是想用"苗人不化"却"尽数归顺"来突出皇帝的功绩。虽然这些记载对我们现在研究红苗社会文化而言是十分珍贵的史料，但是就书名和内容来说，阿琳的编排确实是有失重点。

第二，此书是"奏本"，却缺少一些奏本的体例。《钦定大清会典事例》曾规定：

> 顺治八年，题准每幅六行，每行二十格。平行写十八字。章内称宫殿者，抬一字；称皇帝、称上谕、称旨、称谕者，抬二字；称

---

① 杨秋萍、吴俊：《试论清代湘西地区外来作物引入的得与失》，《文山学院学报》2019年第4期。

② 崔榕：《湘西苗族婚姻文化的百年变迁》，《贵州民族学院学报》（哲学社会科学版）2011年第1期。

天地、宗庙、山陵、庙号、列祖谕旨者，均出格一字。昔行列衙门官衔，据奏人姓名；末幅具年月日，内外一式遵行。①

图1 《归流图》末幅

例如图1，在末幅里当时已经是湖南布政使的阿琳没有列出详细的衙门官衔，仅仅列出他的"子牙河分司"，也没有在末幅把年月日写上，与同时期鄂海的《抚苗录》在每一奏前都详细列出自己的官职相比，阿琳奏本的体例显得有些随意。

第三，此书更像是阿琳对史料的查找和总结。因为鄂海在乾州、镇筸"抚苗"之时，阿琳还在子牙河分司，也就是说其并未亲身经历鄂海的"抚苗"，相关内容是凭借自己的听说以及当时的记录来完成的，这样一来有些内容难免会有差错。比如《归流图》写道："各寨梗化之人及未抚生苗吴老铁等出朝剃发归城者，共一百四十七寨，计男妇老幼五千七百二十一人。"② 这一数据不论是和《抚苗录》的"毛都塘等五

---

① 昆冈、徐桐、刚毅、孙家鼐等撰：《钦定大清会典事例》卷一五一"通政使司"条，石印本。

② 阿琳：《红苗归流图》，岳麓书社2021年版，第166页。

十二寨,计户八百有八,计口三千一十二……盘塘窝等生苗八十三寨,计户六百八十三,计口三千一百八十一,亦先后来归"①,还是和《(乾隆)辰州府志》:"毛都塘五十二寨,计户八百有八,计口三千一十二……盘塘窝生苗八十三寨,计户六百八十三,计口三千一百八十一,亦先后输诚来归"②都有出入。可能因为阿琳并未接触《抚苗录》,因此无法得到准确数据。也可能因为鄂海马上要去陕西做督臣,阿琳没有时间仔细核对数据便匆忙上奏。不管哪一种原因,都是编排不严谨的表现。

不过总体而言,阿琳作为一个土生土长的满洲人,在湖南为官没多久便能将红苗的社会生活如此生动地刻画出来,实属不易。且康熙年间比"奏本"更为简便的"奏折"已经开始出现,"奏本"更多的应用于官员私事,体例不那么严谨也可以理解。因此,此书不管在当时还是现在,价值都是值得肯定的。

《红苗归流图》是阿琳在湖南任布政使时根据自己的见闻请人所绘,成书于康熙五十二年(1713)三月至四月,此时湖广总督鄂海的"抚苗"工作基本完成,且马上就要被调为陕西总督。阿琳为了歌颂鄂海和康熙帝的"抚苗"功绩,也为了给后世官员"治苗"有所启发,便给皇帝进呈《抚苗图册奏本》。《奏本》收藏于李彦斌先生,经过伍新福先生点校出版,更名为《红苗归流图》。书中内容有参考当地方志,但比方志更为翔实。绘制图片时采用的是特殊颜料,数百年过去图画和所配文字还清晰可见。当然,本书在体例和一些数据的记录上不是很严谨,甚至有所出入,但依然不能否认其是研究湘西红苗"归流"的重要史料。

实际上,研究红苗"归流"有助于更好地理解中华民族共同体意识的形成过程,也能通过实例阐述当今我国民族政策的重要性和合理

---

① 鄂海:《抚苗录》,岳麓书社2021年版,第3页。
② 席绍葆等:乾隆《辰州府志》卷十三《平苗考》,岳麓书社2010年版,第269页。

性，以史为鉴地说明，如今党和各级政府、相关部门，只有坚持民族平等，民族团结的思想，以维护各民族共同繁荣为执政理念，才能真正达到习近平总书记所提出的"以铸牢中华民族共同体意识"为核心思想的维护各民族根本利益的必然要求。

笔谈与书评

# 笔谈：历史上湖南对外交通述略

伍新福*

湖南，简称"湘"，或又以"湖湘""沅湘"概之。地处长江中游和洞庭湖之南，系中国南部内陆省区。东邻江西，南毗两广，西接黔、川（今重庆市地），北接湖北。地势原本是北高南低。由于地壳中生代末期"燕山运动"，使"江南古陆"断陷而成为洞庭湖低洼区。而南部古南岭继续断裂上升。于是逐渐形成全省东、南、西三面环山，而朝北开口的马蹄（凹）形状，南高北低，湘、资、沅、澧四水，由南而北纵贯其间。湖南所处的地理位置，及其地形地貌，对于湖南对外交通路线和商道格局的形成、发展，影响和制约甚大。

一

历史上湖南对外通道，主要是依靠水路，经沅、湘、资、澧四水，穿越洞庭，进入长江，然后东下或北上。

* 作者简介：伍新福，湖南省社会科学院（湖南省人民政府发展研究中心）历史与文化研究所原所长，湖南省文史馆馆员。

沿长江东下，直达浙江沿海，以通海外。唐代享誉中外的长沙湘江岸边的铜官窑瓷器，外销东南亚，远达西亚、波斯，走的就是这条路线。从考古发掘看，国内沿江沿海重要口岸，如汉口、扬州、宁波、邢江，远至西沙群岛，都出土有铜官窑瓷器。国外，朝鲜、日本、东南亚，以至印度、伊朗等地也均有出土。宋代"占稻"品种传入湖南，宋末元初，种植棉花和棉花纺织技术的传入推广，也都是这条路线。"占稻"，或称"占城稻"，属早熟稻种，耐旱。原产于越南地区，约五代时传入广西。宋真宗大中祥符五年（1012），江浙一带大旱，官府遂遣人到福建取"占城稻"种子三万斛，分给民间种植，并雕版印其种法，"揭榜于民"。由此，很快推广于长江中游地区，湖南也开始种"占稻"，并成为湖南"双季稻"的传统早稻品种。南宋末年，松江府（今上海地）黄道婆（1245—1330），流落海南岛崖州，学得植棉和棉花纺织技术。后返回故里，于当地教人种植棉花和纺纱织布。由此也逐步推广和传播于江南和湖南。进入近代，这条交通线和商道更为重要，特别是在湖南入长江的口岸岳阳，开辟为对外商埠之后，湖南的大宗商品（如桐油）更是通过这条交通线，源源不断输往欧洲。

越洞庭过长江北上，主要是溯汉水、枝江，经荆襄、汉中抵中原地区，或西向入陕甘，以通中亚。这条通道和交通路线的开通，主要肇始于楚人南下和楚国对湖南地区的开拓。而楚人和楚国势力是从东、西两条路南下进入湖南的。而西线又早于东线。

西线，自楚国郢都（今湖北江陵）一带，越长江南下，进入洞庭湖西部和澧水、沅水流域即湖南西部地区。春秋战国时期，这里为"蛮濮"民族聚居地。公元前822年，楚熊霜卒，"三弟争立"，"叔堪亡，避难于濮"。这是楚人南下进入濮地，即湖南西部的最早文献记载。周平王末，楚厉王"始启濮"，楚人和楚国势力开始向南发展。公元前704年，楚熊通自立为武王，"于是开濮地而有之"。继而，楚平王又作"舟师以伐濮"。至楚宣王和威王时期（前369—前329），置黔中郡于沅水中游今沅陵县地，楚国拥有了整个湖南西部地区。楚国沿这条交通线和交通要道，设置军事据点，建立城池。据考古发掘，澧水流域有石门古城堤遗址，澧县有白公城，还有宋玉城、申鸣城等。沅水流域有常德司马错城、桃源楚王城、沅陵黔中郡城、溆浦义陵城等。楚国还在沅水中游今麻阳县地开采铜矿，建立了楚国在江南的重要铜矿开采和青铜冶炼基地。

  东线，是从"鄂"地，即今武汉和湖北省中东部出发，南向过大江，穿东洞庭湖或沿其东岸南下，进入湘江流域，再溯湘江而上，抵湘中、湘南，最后达五岭山麓。楚熊渠，自江汉"兴兵伐庸、扬粤，至于鄂"。约公元前9世纪，楚国始据有"鄂"地。此后数百年间，楚人和楚国势力才沿长江、入洞庭，逐步进入湖南。楚文王时期（前689—前676），将楚属罗子自枝江迁罗县（今汨罗、岳阳地），建罗子国，建立战略据点。这是楚人和楚国势力从东线进入湖南之始。随后，楚庄王时期（前613—前590），又将其附属国——糜子国的遗民，迁至糜城，即今岳阳市梅溪大村梅子市。至楚成王元年（前671），通过南下"镇夷越之乱"，于是"扩地千里"，即进入当时"夷越"族聚居的湘、资二水下中游地区。公元前385年前后，吴起相楚悼王，"南并蛮越"，"遂有洞庭、苍梧"。即沿东部路线，溯湘江和资水而上，南抵湘南和南岭一带，建置洞庭郡和苍梧郡。

  湖南宜于水稻种植，自古盛产大米，自楚国和秦汉开始，即大量输出。而大米外运，主要就是靠四水，特别是湘江，由南而北，越洞庭、长江，再溯汉水、枝江，经荆襄和江汉平原，进入中原和关中。早在三国时，"长沙好米"之名已流传于北方和中原。魏文帝曹丕就曾将"长沙米"，与魏都邺城附近地区的"新城粳稻"比较优劣。西晋灭吴后，因杜预创导，还在江汉平原开通一条运河：北起夏水，达巴陵，"内泻长江之险，外通零、桂之漕"。即打通了溯湘江而上，直抵桂阳、零陵地区的漕运。南朝萧绎称帝后，有诏云："江湘委输，方船连轴。""方船"，即当时用来运粮的大船，又称"大舾"。又有史料记载："湘州七郡，大舾所出，皆出万斛。"湘州，西晋怀帝（307—313年在位）时期，分荆州、江州两州中八郡置，治临湘县（今长沙市）。所辖长沙、衡阳、湘东、零陵、营阳、邵阳、天门等7郡，皆产大米。通过"江湘"外运的万斛大船,连绵不断。可见,通过境内四水,越洞庭、长江外运大米数量之多。

湖南传统的经济作物则首推茶叶,栽培地域广,品种多,历史上亦为出口大宗。据记载,宋代前期荆湖(湖南、湖北)每岁市茶额,为247余万斤,仅次于"江南"(江苏、淮南、江西),居全国诸路的第二位。所产茶叶,主要也是越洞庭、长江,经江汉和荆襄北上,再运往西北,称为"边销"。宋代在南方特设六个"榷茶务"。其中,湖北的江陵府"榷茶务",除本府外即专门承办潭州(治今长沙)、鼎州(治今常德)、澧州(治今澧县)、岳州(治今岳阳)等地茶叶的"边销"。

## 二

湖南系中原和长江中下游地区,西通云贵川、南下两广的中介地。历史上,从北而南、自东而西,开辟和形成了一些重要的交通线和通道。西向,主要有三条。

第一条是沿沅江而上,直达贵州,经贵州入滇。这是开辟最早,又最重要的一条通道。战国时期,楚威王(前339—前329年在位)遣将军庄豪(或作庄蹻),率军伐夜郎,入滇,走的就是这条通道。据记载,他率军行船至沅江上游(清水江)的牂柯(今福泉县地),才弃舟上岸步战,征服且兰、夜郎,一直抵达云南,建立楚人的统治,史称"庄蹻王滇"。"楚雄"之名即与楚国有关。明代理学家王阳明,贬谪贵州龙场,也是溯沅水而上,中途曾停留沅水中游沅陵,结庐讲学布道。清初,清军取云贵也是走这条道线,破辰龙关取辰州(沅陵),再溯沅水而上,占据沅州(今怀化、芷江),再进军贵州。林则徐,嘉庆二十四年(1819),充云南正考官,也是溯沅江而上,由沅州、晃县(古属夜郎地),经沅江支流潕水进贵州入滇。正由于这条路线和通道的重要性和战略地位,明初,于沅水上游设偏桥、清浪等卫,控黔、播之"咽喉",为辰、沅之"藩屏"。万历二十八年(1600),又特设偏(桥)沅(州)巡抚于沅州(芷江)。这为湖南设巡抚之始。清康熙三年（1664），巡抚才移治长沙。沅江上游洪江古商城的形成，显然也就是依托这条交通线和通道。近代以来，洪江成为湘、黔两省的木材、烟叶、桐油等土特产品最大的集散地。有记载：清光绪二年（1876），洪江桐油首次畅销国际市场，居全国出口首位。

第二条是由湘西北经沅江支流酉水，入川黔的交通线和通道。溯沅江而上，至沅陵酉口，再溯酉水西向，经古溪州（今古丈、永顺、保靖、龙山和花垣地），到酉阳，进入四川（今重庆市）境内，转经乌江（古亦称黔江）下游，至重庆市黔江、彭水。再北上抵重庆，向西入四川腹地。这是历史上避开长江三峡天险，南部入川的最佳通道。秦取楚地，以沅陵为中心置黔中郡，走的应是这条路线；相传秦灭巴，"巴子"兄弟五人入五溪，也应是这条通道。酉水中游保靖县境有战国时的迁陵城遗址，从保靖西北向，溯酉水而上有龙山里耶古城遗址并出土数万枚窖藏的秦简，均与内地从湖南沿酉水入川的古道有关。迄清咸丰年间（1851—1861），石达开率太平军入川；1949年，解放军四野大军进川，走的都是这条通道和路线。

第三条是溯沅江而上，经渠水（雄水），由湘西南端通道县境入广西、贵州的路线和通道。这条路线和通道，应自古即有之。秦始皇遣50万大军"戍五岭"，其中一军10万人"塞镡城之岭"。古镡城，即渠水沿岸今靖州、通道、绥宁等县地。秦军戍守与控扼的就是这条通道。苗族历史上向西迁徙的三条路线，其中一条，也是溯沅水而上经渠水，从通道县地进入广西。有一部分苗族留居南丹、融水，以至西林、隆林，有一部分又沿都柳江北上，迁居溶江、都匀等地。在乾嘉苗民起义遭到清军血腥镇压时，凤凰、永绥（今花垣）有田、唐二姓部分苗族，逃往广西南丹一带定居下来，依然是沿这条路线和通道迁徙的。通道县名的由来，也与这条古道有关。据记载，北宋徽宗崇宁二年（1103），置蒙罗县（今通道、绥宁地），遣使从蒙罗"经略"广西，"抚定"907峒，开通道路一千二百里，沟通湘、桂、黔道路，故将"蒙罗"改名"通道"。

## 三

南向，从湘南越南岭下两广主要有两条通道。一是出零陵（永州）入粤西，为西线；一是出桂阳入粤北，为东线。

西线，溯湘江而上，由零陵入粤的通道，开拓于秦代。据《史记》载：秦始皇"使尉屠睢将楼船之士，南攻百越"，又"使监禄，凿渠运粮，深入越"。秦征越"楼船"大军，沿湘江而上，至上游零陵（今永州）地区。为进入粤西，乃开凿渠道。监禄所凿渠道，史称"灵渠"，沟通湘江和漓江二水，而顺漓江而下，可抵番禺（今广州）。尉屠睢率"楼船"攻"百越"（"越"又作"粤"）。这是由西线，溯湘江入两粤。西汉武帝征"南越"（又作"南粤"），遣（归义越侯郑严、田甲二人），"出零陵""下漓水"，也是这条路线。从长沙马王堆汉墓出土的长沙国《驻军图》看，从长沙溯湘江而上至零陵之后，还另有一条通道，即沿湘江支流潇水南航，经现在的江华瑶族自治县，再溯沱江南抵广东界，越南岭，顺连江、北江而下抵达番禺。《驻军图》中，在临粤界不远的地方，有一个标名为"龙里"的驻军地点，注明当时有108户，为一大村寨，今名回龙寨，处江华县东沱江上游。龙里之所以成为驻军要地，显然就是为了把守这条重要通道。

东线，由湘江支流耒水或舂陵水，达桂阳、郴县，再经湟水和武水，进入粤北。这条水道的开辟和定型，始于两汉。据史载：西汉武帝元鼎五年（前112）"征南越"，在遣将出零陵，下漓水的同时，又遣伏波将军路博德，出桂阳，下湟水入粤。湟水，又名洭水、光水，源出郴县，至广东连县境，汇连江、北江，抵番禺。东线出桂阳、郴县后，也可不走湟水，而下武水（或名武溪），南流穿越骑田岭，经现在的广东乐昌县，至曲江县，汇始兴水（东江）、北江，顺流达番禺入海。东汉建武年间（26—56），马援南征，就是沿这条路线进军的。《水经注》载：东汉桂阳有周府君庙，"在乐昌县西一百一十八里武溪上。武溪，惊湍激石，流数百里。昔马援南征，其门人袁寄生善吹笛，援为作歌和之，名曰《武溪深》"。马援的《武溪深》，历史上另有一说，认为系马援征"五溪蛮"时所作，因为沅水支流"五溪"中也有一条名叫"武溪"。这可进一步考证。但并不能否定，马援当年确实由武水（武溪），穿越骑田岭入粤南征的史实。

  从湖南入两广，除水路之外，东汉时期还开通了穿越五岭的陆路通道，史称"峤道"。《后汉书》《水经注》等史籍均有记载。东汉建武初，卫飒迁桂阳太守，以郡地跨五岭南北，去郡远者"且千里"。"吏事往来，辄发民乘船"，"百姓苦之"。飒乃"凿山通道五百里"，沿途置传亭、邮驿，"省役息劳"。这应是开辟"峤道"之始。东汉建初八年（83），郑弘任大司农，以南粤交趾七郡"贡献转运"，皆"泛海而至，风浪艰阻"，船多沉溺，奏请"开零陵、桂阳峤道"。于是，道路"夷通，至今为常路"。"峤"即"岭"也。越城岭又称"越城之峤"，萌渚岭又名"萌渚之峤"。开零陵、桂阳峤道，就是西出零陵，开凿越城岭，进入粤西；东出桂阳，凿通骑田岭，进入粤北。说"至今"成为"常路"，是指《水经注》作者郦道元在世的南北朝时，这两条"峤道"即已成为中原和长江中游地区，经湖南至两广与沿海的通途和要道。

# 一部介绍明代以降湘西民族教育的力作：《潕溪书院研究》评介

张津 伍磊[*]

历代王朝国家在少数民族地区推进"国家化"过程中，其改善国家与地方和谐共处的重要举措之一便是"教化"行为，少数民族地区书院则是"教化"行为的重要场所，也是推动各民族交往交流交融和中华民族共同体形成的重要区域。长期以来，学界的研究对象主要集中在岳麓书院等几所著名书院，而对少数民族地区书院的相关研究甚少。石群勇、田红主编的《潕溪书院研究》一书，于2022年8月由民族出版社出版，全书共42万字，为湖南省"十四五"教育科学民族教育科学研究重点培育基地阶段性成果。全书写作历时三年，通过实地调研、走访校友、翻阅大量史料，以及寻找书院创始人吴鹤的历史事迹，历时性地梳理了潕溪书院的发展沿革，全面展现了湘西少数民族地区书院的创建历程。

---

[*] 作者简介：张津，西南民族大学中华民族共同体学院博士研究生，吉首大学师范学院研究实习员；伍磊，吉首大学师范学院副教授，人类学博士。
基金项目：湖南省教育厅科学研究重点项目"铸牢中华民族共同体意识的文博路径研究"（项目编号：21A0338）；湖南省民族地区基础教育发展研究基地资助项目"清代湖南苗疆书院发展与地方教育：以潕溪书院为视角"（项目编号：HNJCJYJD1906）。

## 一　研究意义

中国的书院制度始创于唐代,是我国文化创造、传播、研究的重要载体。潕溪书院坐落于湖南西陲武陵山区腹地,湘西吉首东侧鳌鱼峰上。自古以来武陵山区就是土家族、苗族等民族聚居之要地,故该书院的创建具有划时代的意义。潕溪书院源于当地镇溪军民千户所(今吉首)的一所蒙学馆,由王阳明的苗籍弟子吴鹤所开办,其历史可追溯到明正德年间。"镇溪"一词与东汉时期"五溪蛮"有较深的历史渊源,因"五溪蛮"主要活动在汉时武陵郡地,故又称"武陵蛮"。"五溪蛮"聚居于现今西南地区,与土家、苗、瑶、侗等民族之先民有一定的关系。两汉时期,中央王朝与"五溪蛮"有着频繁的政治文化互动,但从未真正将政治权力渗透到当地。两汉以降,历经三国两晋南北朝、隋唐,各王朝国家与当地各族群的交流从未间断,直至五代时期溪州铜柱的竖立,王朝国家通过设立营寨对该地区实行新的控制手段。北宋熙宁三年(1070),朝廷于湘西设置镇溪寨,这便是明代镇溪千户所前身,也是如今吉首城的由来。

潕溪书院建立之时,正逢明朝政府在全国范围内大力推行社学。所谓社学,始创于元代,元世祖忽必烈出于增强民众道德教育和推广农桑耕种技术的目的,规定每五十户为一社,并于每社设学校一所。洪武八年(1375),明太祖朱元璋下令全国推广社学。明廷所推广的社学具有两个明显特点:其一,社学建立是由中央王朝提倡,属于国家主流意识形态,是中央对增强民众的道德礼制教育之需要;其二,在中央王朝的推广下,社学分布区域极为广泛,不只存在于内地州县,甚至于少数民族聚居腹地的镇溪千户所等边地所在地区均有社学设立。明朝廷对社学的大力推广为后来潕溪书院的创立奠定了社会基础。

清廷在继承明代社学的基础上进一步强调"化苗为民""化蛮为民"的思想,对少数民族移风易俗,从伦理道德上进行教化,进而加强对苗区的统治。自改土归流之后,随着当地人口的迅速增长,苗区出现了贫富分化加剧和土地兼并加快的现象。加之地方官员施政的种种失误，严重威胁当地苗族民众的基本生存权益，因此引发了声势浩大的乾嘉苗民起义。由于地方动荡，当地社会大量建筑毁于一旦，义馆、书院也都被夷为废墟。

乾嘉苗民起义期间，永绥厅"绥吉书院"、泸溪"崇文书院"、乾州厅"立诚书院"等书院都消失在历史长河之中，原位于乾州厅（今吉首）西的潕溪书院于清乾隆六十年（1795）被毁。清光绪十八年（1892），地方官员士绅乡民在镇溪所的吴鹤办学之地捐资重修潕溪书院，保存至今。[①] 潕溪书院自创立以来，始终坚持传播儒家文化，教化当地少数民族，推动了各个民族，尤其是土家族、苗族与汉族间的文化交流与互动，促进了地方少数民族文教事业的快速发展。潕溪书院作为历史上儒家文化和少数民族文化交往交流交融的见证，是湘西民族教育发源地之一。因此，对其展开系统性研究具有深远的学术意义和重要的现实意义，对于民族地区铸牢中华民族共同体意识有着积极作用。

由此可见，此书作为湘西少数民族地区古代书院研究的新作，对民族地区教育史研究意义重大。

## 二 主要内容介绍

此书共分为六编，概而论之，从明代的苗人教育先驱吴鹤的个人情况入手，详细介绍了他的生平和与潕溪书院的具体联系；以此为基础，继而探讨了潕溪书院自明代以来从蒙学馆到现代师范教育的发展变革历程；而后，此作又对潕溪书院文化景观进行了详解，剖析了其独有的历史价值、文化教育价值、社会价值、艺术价值和科学价值；再以出场时间为序，围绕潕溪书院的杰出人物，介绍了清末以后到当代出自该书院的精英学子，展示了该书院之于当地民族教育的重要作用；然后又以潕

---

[①] 伍磊、石群勇、田红：《湘西潕溪书院的历史变迁及价值研究》，《湘学研究》2022年第2期。

溪书院现当代相关人物的口述史为宗，聚焦与湘西师范教育有紧密联系各个人物的访谈实录，来作为研究潕溪书院的有力补充资料；最后，此书梳理了当代吉首大学师范学院的办学历程，讲述了数百年来从潕溪书院到吉大师院如何薪火相传，并发展成为武陵山区孕育杰出教育者的摇篮的过程。

具体而言，该书六编的主要内容如下。

第一编"苗族教育家吴鹤"由谭良田、王明辉、曾鸣三人撰写，是对苗族教育家吴鹤的个人介绍。本编从吴鹤的生平、思想教育及影响、吴鹤与潕溪书院、对吴鹤相关的史料进行汇总四个方面展开，梳理了与吴鹤相关的众多历史信息。从珍贵的原始史料出发，对吴鹤的生平事迹进行了考证：吴鹤出生于吉首市峒河街道上佬村，自幼热爱学习。正德五年（1510），王阳明因被贬从贵州前往庐陵赴任，途中路过辰阳，"吴鹤闻风私慕，负笈从师"，成为王阳明的学生。此后，他又"赴千里追随"两下江西向王阳明学习儒学。后又因路遇高僧劝诫，便回到家乡，于苗疆地区开办学馆传播儒学，教化苗疆民众，终身未仕。观其一生，吴鹤一心致力于教训其乡里弟子，倡导有教无类的教育理念，深受乡民敬重。此外，本编还对潕溪书院的创办时间进行了考证。编者通过各种史料推算出潕溪书院的创始时间可从正德八年（1513）吴鹤游学归来开馆算起，至今已经有500余年的历史。本编最后还汇总考释了当前所有能见的吴鹤的相关史料，极大地丰富了吴鹤研究的文献基础。

其中，本编最大的特色便是对后人吊唁鹤公祠所作诗词进行了详细解析，对多首诗词进行逐句解析，并对相关典故展开说解，让读者能深入了解吴鹤生平事迹及其对湘西民族文化的奠基、启蒙与传承作用。该部分文章写作难度较高，执笔人需要有深厚的史学理论功底、史料收集整理能力以及一定的文学基础。三位撰稿人以各种文献零散的记载中挖掘出的历史文化发展为基本脉络，梳理出了吴鹤这一数百年前湘西少数民族大儒的求学、办学经历，殊为难得。其中，在此作第三章第一节，作者以明中期王阳明平宁王叛乱这一历史大事件为时代背景，结合

《乾州厅志》对吴鹤与江西一僧人的逸事,从僧人招待吴鹤所用的枣、梨、西瓜等水果入手,分析出吴鹤离赣返湘的具体时间当为正德十三年(1518)八月至正德十四年(1519)六月,并认为吴鹤创办书院的时间就在此间。这种十分详细而又周密的考证手段,结果令人信服,是此书浓墨重彩的一笔。这样精彩的考论,从全新的视角对此前学界关于书院创建时间的考证以及吴鹤两次外出求学事宜的相关论证进行了有力补充。

第二编"溎溪书院历史沿革",撰稿人为田红、彭大庆、伍磊、田嵩。该编使用了大量翔实的史料为参考,以时间为序讲述了溎溪书院自明正德年间创立以来至今的历史沿革。明政府为维护和加强中央王朝对少数民族地区的权力渗透,在土司地区积极发展儒学教育,教育对象的平民化给予了吴鹤这样的苗疆弟子受教育的机会,亦为后来吴鹤通过社学升入辰州卫学深造,再追随王阳明求学的经历奠定了基础。按史料记载,吴鹤于司马溪、三岔坪一带苗乡设学,追溯吴鹤在明代所创建的学堂,可归于私塾一类,主要授课内容侧重于对当地的民众进行识字、写字教育,以"致良知"为导向,坚持有教无类、因材施教、德育优先的原则。其中,必然有王阳明的教育思想对吴鹤的文教行为进行影响,使得吴鹤的一生"笃志求道,不乐仕途",勤勤恳恳扎根偏远山区的土乡苗寨。清承明制,在中央和地方广设学校,尤其在苗区开辟和改土归流后,湘西地区的学校如雨后春笋般冒了出来。乾隆三年(1738),乾州厅同知王玮在溎溪书院内设立义学,聘请龙阳举人龙升明讲学多年,可惜于乾隆六十年(1795)毁于乾嘉苗民起义。嘉庆十二年(1807)乾州建"立诚书院",所里(今吉首)废"镇溪"而袭"溎溪书院"之名,咸丰十年(1860)毁于兵祸。光绪十八年(1892)重修书院。戊戌变法时期,废书院设学堂之风盛行,书院受此影响,山长辞教归家。光绪三十一年(1905)废除科举制度,传统的教育体制被瓦解,中国教育进入新式教育时期。《奏定学堂章程》的推行为溎溪书院发展成为现代新式的师范学院提供了社会背景。光绪三十四年(1908)溎溪书院的"经馆"改名为"乾州厅镇溪民立学堂"。民国二十五年

（1936）创建湖南省湘西特区师资训练所，民国二十八年（1939）更名为"湖南省立乾城简易乡村师范学校"。民国三十年（1941），在国民政府"政教合一"的管理体制下，学校更名为"湖南省立第九师范学校"。新中国成立之后，学校沿用了"九师"旧称，直至1953年改为吉首民族师范学校。1962年，湘西第二民族师范学院与湘西第一民族师范学校合并，更名为"湖南省吉首民族师范学校"。2001年，又与湘西民族教育学院合并为吉首大学师范学院。

第二编作为此书的主体部分之一，通过大量的史料梳理，完整展现了自明代以来的潕溪书院变革历程，可谓几经战火，又浴火重生。这也进一步凸显了潕溪书院自古以来在吉首乃至湘西地区的文化教育中占有重要地位。潕溪书院在当代被誉为"湘西民族教育发祥地、民族团结进步活化石"，这一称号当之无愧。

第三编"潕溪书院文化景观"，撰稿人为田红、伍磊、彭大庆、彭继媛。他们从潕溪书院的选址与布局、建筑平面形式与空间形态、景观设计、价值评估四个方面展开讨论，详细论证了为何潕溪书院能够作为湘西地区书院建筑典范。书院择址于吉首市峒河北岸海拔216米的鳌鱼峰，远离市井喧嚣。建筑群依山傍水而建，坐东北朝西南，为清式硬山式砖木结构的三进两院建筑。书院选址定基遵循"择胜""形胜"的风水选址观念，在鳌鱼峰山顶确立了背山面水的书院选址，山清水秀、宁静僻远的地理位置为书院文人提供了安静的读书环境与可陶冶情操的秀丽山水。书院内部有入口引导空间、祭祀空间、生活空间、教学空间、藏书空间等7处主体建筑，为师生的学习生活提供了优质、充分的配套，分明的空间区域划分使得书院能提供讲学、祭祀、藏书三大功能。书院建筑遵循"礼乐相成"的文化理念，通过诸如明伦堂、大成殿等体现"礼"的主体建筑，也通过精巧的庭院与天井设计展现了"乐"的精神，从时间与空间两个维度上丰富了建筑群的层次，使书院形成对立统一的和谐整体。潕溪书院的价值不仅在于其建筑本身，其展现的中国南方乡土建筑的发展变化过程和传统建筑工艺的交流，更是少数民族文化与汉民族文化互动的具体见证物，是反映湘西地区社会、经济、教育发展、文化传播的重要实证。溪书院开湘西苗疆设馆办学之先河，亲身记录并承载了湘西教育的发展与变迁，它是研究湘西地区五百年教育发展史的重要实物遗迹，是传承湘西历史文化的重要载体，因此具有其独特的历史、文化、教育、社会、艺术、科学价值。

第四编"溪书院杰出人物"，撰稿人为明跃玲、杨晓波、张佑华、贾霓。本编以民族教育的倡导者、溪书院的修建者、溪书院文化的传播者、溪书院文化的传承者为顺序介绍了35名溪书院的杰出人物，其中不乏清政府派驻三厅两县的官员，如辰沅永靖兵备道傅鼐、乾州厅同知王玮等。他们不负溪书院"顶天立地，继往开来"的校训，以身作则，大力推动了湘西地区的教育与文化发展。乾州厅的乡绅徐凤翔、王相皋、罗荣光、肖朝汉等创办书院，让当地少数民族子弟都有机会受教育。在民族精英石宏规、石启贵、陈庆梅的带领下，溪书院开始了近代新式师范的发展历程。此后，还涌现出如罗盛教这样伟大的国际主义战士，又如彭五一、伍新福这样的民族研究者，更为湘西地区培养出一代代教育者，为湘西地区文化教育的发展作出了不可磨灭的重大贡献。溪书院在当地人心中，已然是一种精神、一种文化符号，它是数百年来一代代少数民族人民努力和智慧的凝结。

第五编"溪书院口述史"，撰稿人石伶亚、刘艳芳、向芳、梁峰。口述史作为一种用汇总"个体历史记忆"的独特方式来再现历史的途径，能够让读者通过"微观历史"的视角深入了解官方文字未能描述的历史细节，因而研究区域历史，不仅需要文字资料的佐证，更离不开基层人物的亲身经历。这一编的执笔者通过收集十余名在溪书院就读过的校友的口述材料，再现了以溪书院为标志的省立九师的发展过程，展示了一个更鲜活更生动的书院。本编的首位被采访者是校友龙再宇，他先后于从溪书院发展而来的湖南省立第九师范学校完成了四年简师和三年中师的学习，毕业后投身于湘西地区的发展建设中。包括龙再宇在内的多数被采访者都已过古稀之年，他们见证和创造了湘西民族师范教育历代以来的辉煌时刻。

第六编"鳌峰弦歌盛——吉首大学师范学院办学历程"，撰稿人孙丹。该编总结性地陈述了吴鹤创办潕溪书院到如今吉首大学师范学院成立的发展历程。从历史发展脉络来看，不论是两度历经兵火还是近十次的办学结构的调整，"潕溪书院"在一次次的调整中发展，在一次次的发展中壮大。吉首大学师范学院也将"顶天立地，继往开来"的办学精神传承发扬，扎根湘西服务于武陵山区这片少数民族聚居之地。据统计，自民国二十五年（1936）开办现代师范教育至今，培养了7万余名服务于民族地区基础教育的师资及各类人才，对少数民族地区文化教育事业作出了重大贡献。一代又一代的"书院人""师院人"在先辈们的激励下将教育之光播撒在湖湘大地之上。

## 三 评论与问题

潕溪书院因明代"心学"学子吴鹤于湘西地区开设蒙馆办学发展而来，历经500余年的历史，虽几经移址但主体建筑依旧保存至今。作为湘西地区唯一一个保留了藏书、讲学、祭祀三大功能并使用至今的书院，它见证了湘西民族地区的教育发展，尤其是汉文化与少数民族文化互动的重要过程，为当前开展湘西地区教育研究，乃至民族地区各民族之间的交往交流交融及铸牢中华民族共同体意识的相关探讨提供了重要实证。

《潕溪书院研究》一书，对潕溪书院进行了较为全面和深入的研究，跨学科视角的引入、大量的史料考证以及口述材料，无不体现出以石群勇教授为首的编撰者们深厚的学术功底。潕溪书院研究得以展开与深入，离不开每一位编撰人的辛勤付出。如此的全情投入，源于他们对潕溪书院的深厚情感，这亦是当代"书院人"对先辈们的致敬。然而，由于历史上关于创始人吴鹤的相关史料极其有限，故而十分可惜的是，此作未能对其生卒年进行详细的考证，并还原创立书院时的具体细节。由于相关史料存在一定的欠缺与不足，此作仅能瞥见吴鹤与潕溪书院的渊源，若要对潕溪书院展开进一步研究，亟须有关学者搜寻现有史料以外的更多其他资料，以弥补当前研究的遗憾。

幸于在此书编撰结束后，关于潕溪书院的研究仍在继续，关于潕溪书院的展示利用工作也在持续完善。2006年5月，潕溪书院被公布为省级文物保护单位，确定为州级爱国主义教育基地，此为书院发展新机遇。历经4年修缮之后，潕溪书院于2021年正式对外开放，使得书院再次焕发生机。近几年，地方政府与有关部门重视潕溪书院文物保护及开发利用，越来越多的专家学者开始关注其历史文化价值，并着手对其进行系统的研究。潕溪书院也在当代继续为湘西及周边地区发挥文化教育功能，为新时代民族教育及民族交融作出更多的贡献。

# 《湘学研究》征稿启示

千年湘学，源远流长，博大精深，是中华传统文化的重要组成部分，湖南以其厚重的文化底蕴和独特的文化张力，孕育了一大批经邦济世的杰出人才，为推动中国社会变革和发展做出了重要贡献。研究湘学、弘扬湘学乃发展湖南和当代中国、繁荣中华文明之要务。《湘学研究》系湖南省湘学研究院主持的学术丛书，拟收录湘学研究的高水准成果。本书由湘潭大学出版社出版，每年出版两辑。

《湘学研究》主要设置以下栏目：中华优秀传统文化研究；湘学理论研究；湘学与国学的关系研究；湖南区域历史与文化研究；国内各地域文化与湘学的比较研究；湘学传统与湖南现代化研究；湘学与当代湖南发展研究；湘学与当代中国发展研究；湘学文献整理与研究等。

本书不收版面费，出版后奉致稿酬并样书两本。

本书来稿要求如下：

一、硕士研究生或初级职称为第一作者的文章，原则上须有副高（含）以上职称作为第二作者。

二、本书只接受与湖南地区相关的历史与文化研究论文，或与中国传统文化相关的研究论文。

三、来稿须是未经发表的学术论文，一般以不超过1.2万字为宜，要求政治导向正确，学术观点新颖，论据充足，论证严密，文字通达。

四、来稿须提供中文摘要200—300字，关键词3—5个。

五、作者简介务必简洁,所任职务、职称不超过 2 个,并在文末附以联系电话与电子邮件地址。

六、所有来稿,编辑部有权做适当修改,如不同意者请予以注明。

七、文献整理来稿请同时提供原文献影印附件。

八、正文采用 5 号字体;注释采用小 5 号字体,一倍行距,A4 纸页面。文内章节序次语采用如下顺序:"一、""(一)""1.""(1)"。

九、注释格式:

(一)总要求

1. 来稿需仔细核对引文。注释及引用文献标注采用页下注形式。注释序号用①,②,③……标识,每页单独排序。卷数、册数、页码均使用阿拉伯数字。多页码之间使用一字线连接。

2. 责任方式为著时,"著"可省略,著者后接":";其他责任方式不可省略,不接":"。

3. 中国作者无须标明所属朝代;国外作者须加国别,例如:[美]。

(二)出版物主要引用格式

1. 专著

(1)标注顺序

责任者与责任方式:文献题名,出版者出版年版,页码。

(2)示例

赵景深:《文坛忆旧》,北新书局 1948 年版,第 43 页。

谢兴尧整理《荣庆日记》,西北大学出版社 1986 年版,第 175 页。

[日]实藤惠秀:《中国人留学日本史》,谭汝谦、林启彦译,生活·读书·新知三联书店 1983 年版,第 11—12 页。

2. 析出文献

(1)标注顺序

责任者:析出文献题名,"载"文集责任者与责任方式:文集题名,出版者出版年版,页码。

文集责任者与析出文献责任者相同时,可省去文集责任者。

（2）示例

［荷马］杜威·佛克马：《走向新世界主义》，载王宁，薛晓源编《全球化与后殖民批评》，中央编译出版社1998年版，第247—266页。

鲁迅：《中国小说的历史的变迁》，载《鲁迅全集》第9册，人民文学出版社1981年版，第325页。

3. 古籍

（1）标注顺序

责任者：析出文献题名，文集责任者与责任方式：文集题名卷册次数，丛书项，卷册次数，版本或出版信息，页码。

（2）示例

管志道：《答屠仪部赤水丈书》，《续问辨牍》第2卷，《四库全书存目丛书》第88册，齐鲁书社1997年版，第73页。

4. 期刊

（1）标注顺序

责任者：文章题名，期刊名年期。

（2）示例

何龄修：《读顾城〈南明史〉》，《中国史研究》1998年第3期。

5. 网络

若存在相同内容的纸质出版物，应采用纸质出版文献。若唯有网络来源，则标注顺序为：

责任者：电子文献题名，网站名，文献标注日期，访问途径。

6. 其他文献类型请参考本书往例。

十、原则上只接收邮箱投稿，不再接收纸质稿件。投稿邮箱：xiangxueyj@163.com。

十一、文责自负，谢绝抄袭等学术不端行为，若发现有任何学术不端行为，将不再进行审稿，已刊录论文将被撤回。

如有其他问题请联系：xiangxueyj@163.com。